미처 알지 못했던 전도의 비밀 -

관계중심 전도

Concentric circles of concern

W. 오스카 톰슨 주니어, 클로드 V. 킹 공저 / 이혜림 역

생명의말씀사

CONCENTRIC CIRCLES OF CONCERN
by W. Oscar Thompson and Claude V. King

Copyright ⓒ 1999 by Claude V. King and Carolyn Thompson Ritzmann
Originally published in English under the title Concentric Circles of Concern:
Seven Stages for Making Disciples
by B&H Publishing Group, 27 Ninth Avenue North, Nashville, TN 37234-0188, USA.
All rights reserved.

Korean Edition Copyright ⓒ 2009 by Word of Life Press, Seoul, Republic of Korea
Translated and used by permission of B&H Publishing Group,
through arrangement of rMaeng2, Seoul, Republic of Korea.

본 저작물의 한국어판 저작권은 알맹2 에이전시를 통하여
B&H Publishing Group과 독점 계약한 생명의말씀사에 있습니다.
신저작권법에 의하여 한국 내에서 보호받는 저작물이므로
무단전재와 무단복제를 금합니다.

관계중심전도

ⓒ 생명의말씀사 2009

2009년 10월 30일   1판   1쇄 발행
2024년 3월 28일   12쇄 발행

펴낸이 | 김창영
펴낸곳 | 생명의말씀사

등록 | 1962. 1. 10. No.300-1962-1
주소 | 서울시 종로구 경희궁1길 6 (03176)
전화 | 02)738-6555(본사) · 02)3159-7979(영업)
팩스 | 02)739-3824(본사) · 080-022-8585(영업)

기획편집 | 유선영, 김귀옥
디자인 | 조현진, 이정아
인쇄 | 영진문원
제본 | 다온바인텍

ISBN 978-89-04-10107-8 (03230)

저작권자의 허락 없이 이 책의 일부 또는 전체를
무단 복제, 전재, 발췌하면 저작권법에 의해 처벌을 받습니다.

Concentric circles of concern

관계중심 전도

사랑하는 나의 딸

다마리스에게

이 책에 담긴 글 한마디 한마디가

네 삶의 실체가 되고,

하나님의 말씀 한마디 한마디가

네 마음과 삶을 향한

그분의 말씀이 되기를 기도한다.

W. 오스카 톰슨 주니어

| 들어가는 말 _ 클로드 V. 킹

우리의 전도 프로그램에 대한 질문들

뉴올리언스의 신학대학원에 들어가기 전, 나는 테네시 내슈빌의 역동적이고 복음주의적인 교회에서 간사로 섬겼다. 당시 내가 배운 전도 방법은 팀을 이끌고 나가 생면부지의 낯선 사람들에게 복음을 전하는 것이었다. 물론 전도 대상자의 영적 필요를 이야기하기에 앞서 어색함을 없애고 일종의 관계를 쌓을 준비도 했다. 말씀을 연구하며 그리스도를 믿는 믿음의 의미를 더 잘 이해할 수 있도록 훈련받은 것에 대해 감사한다. 나는 훈련을 통해 하나님의 말씀을 가지고 다른 이들에게 구원을 위한 하나님의 조건을 전하는 법도 배웠다.

그 훈련 코스를 몇 번 거친 후, 나는 한동안 리더로서 훈련 과정을 이끌게 됐다. 리더가 되고 보니 전에는 보지 못했던 몇 가지가 눈에 들어왔다. 꽤 많은 사람들이 자신의 집에서 그리스도를 영접하는 기도를 하는

데도 불구하고, 그리스도께 헌신된 공동체에 들어가는 후속 과정이 뒤따르는 경우가 드물었다. 영접 이후 성장을 경험할 수 있는 그리스도의 공동체에서 자리를 잡을 수 있게끔 도와주는 데 별다른 성공을 거두지 못했다는 얘기다.

많은 이들이 다른 사람들 앞에서 그리스도를 향한 믿음을 고백했지만, 그것이 방문 전도의 직접적인 결과라고 보기는 어려웠다. 자세히 살펴보니 그들 대부분은 우리 전도 팀원의 가족이나 친지, 이웃, 친구였다. 다른 이들에게 복음을 전하는 법을 배운 이들이 하나님께 쓰임받아 자신의 영향권 안에 있는 이들을 그리스도께 인도한 경우였다. 그리고 이런 경우 교회에 성공적으로 정착하는 사례가 많았다.

사실 처음부터 그런 전도 방식을 계획한 것은 아니었다. 그것은 단지 하나님의 사람들이 가장 가까이 있는 이들에게 복음을 전하는 과정에서 일어난 일이었다. 우리가 계획했던 전도 전략은 그리스도를 전하도록 사람들을 준비시키고 무장시키는 역할을 했고, 하나님은 그렇게 준비된 이들을 들어 관계를 통해 복음을 전하는 데 사용하셨다. 그 사실을 깨닫게 되자 우리의 전도 프로그램이 아닌 전혀 계획하지 않았던, 지체들의 경험과 관계를 통해 가장 큰 전도의 열매가 맺히고 있다는 사실에 마음이 불편해졌다.

관계의 원

1980년대 초 신학대학원을 다니면서 우연히 『관계 전도』라는 책을 보게 됐다. 오스카 목사님과 캐롤라인 사모님의 경험을 읽으며 나는 "그래, 바로 이거야!" 하고 무릎을 쳤다. '관계의 원'은 하나님이 내가 이전에 섬겼던 교회에서 관계를 통해 행하셨던 일을 정확하게 설명해주었다.

왜 이 책이 모든 신학생들의 필독서로 지정되지 않았는가 의문이 들었다. 개인적으로 『관계 전도』는 하나님의 백성들이, 자신들이 알고 있거나 사랑하는 사람들에게 아주 자연스럽게 그리스도를 전하도록 도울 수 있는 방법을 제시해줬다. 이 책을 통해 하나님의 사랑을 보여줌으로써 하나님께 쓰임받는 것은 물론, 사랑하는 사람들이 예수님께 나아갈 수 있도록 돕는 법을 깨닫게 되었다.

평신도 제자훈련을 위한 교재를 개발하고 저술하면서 크게 두 가지 유형의 책들을 본다.

한 가지 유형은 영감과 유익한 정보가 가득하지만 변화의 동기는 부여하지 못하는 책이다. 복음의 메시지를 선포만 하고 그 메시지에 반응하라는 초대는 하지 않는 식이다.

또 다른 유형은 배운 것을 적용하고자 하는 동기를 불어넣어주는 책이다. 이런 책을 소그룹에서 활용하면 배운 내용을 철저하게 적용할 수 있도록 다른 지체들의 도움도 받을 수 있다. 무엇보다 이를 통해 내 삶이 변화될 수 있다. 『하나님을 경험하는 삶』(요단출판사 역간), 『하나님과의 신선한 만남』(요단출판사 역간), 『그리스도의 생각』(The Mind of Christ) 같은 책을 통해 하나님이 하시는 일을 보면서, 글을 쓰는 사람으로서 독자들로 하여금 배운 진리에 반응하고 그 진리를 적용하도록 계속해서 독려하고 초대해야 한다고 확신하게 되었다.

정말 오랫동안 『관계 전도』 개정판을 내고 싶은 마음을 품어왔다. 『관계 전도』의 메시지가 내 삶에 미친 영향이 너무나 지대했기에 그리스도인들이 이 메시지를 삶과 사역에 적용하도록 도울 수 있다면 하나님이 『관계 전도』를 더 크게 사용하실 거라는 감동이 있었다. 당신이 『관계 전도』 개정판을 공부할 때 바로 이런 일이 일어나기를 기도한다.

제자 삼기 7단계

오스카 톰슨의 원고를 연구하면서 그가 학생들로 하여금 복음을 들고 자신들의 세상에 다가가기까지 밟아야 하는 7단계를 제시했음을 알게 되었다. 각 단계를 보다 명확하게 볼 수 있도록 7단계를 관계의 원 표에 추가했다. 당신의 관계 역시 그 단계들을 밟아가도록 당신을 초대한다. 성령님의 도움으로 주위에 있는 이들이 당신을 통해 하나님의 사랑을 보게 되는 길을 오스카 톰슨에게서 배우게 될 것이다.

개인적 적용

각 장의 마지막에, 각 장에서 배운 진리를 삶과 관계에 개인적으로 적용할 수 있도록 질문과 활동을 덧붙였다. 이것은 오스카가 가르쳐준 내용을 실천에 옮기는 지침이 될 것이다. 이 과정과 관련해 내가 가장 좋아하는 말씀은 잠언 16장 3절이다. "너의 행사를 여호와께 맡기라 그리하면 너의 경영하는 것이 이루리라." 다시 말해 옳은 일을 행하면 당신을 통해 역사하시는 하나님을 경험함으로 말미암아 당신의 생각과 태도까지 바뀌게 된다. 우리는 대개 정반대로 접근한다. 즉, 우리 행동을 쇄신하기 전에 우리 사고를 바꾸려 한다. 물론 하나님은 두 가지 방법 모두를 사용하시지만 때로는 순종과 행함이 하나님의 방법에 생각을 맞추는 최선의 길이 되기도 한다. 각 장의 활동을 통해 개인적으로 진리를 적용하다보면 하나님이 당신의 관계를 통해 역사하시며 다른 이들을 그리스도께로 인도하시는 것을 경험하게 될 것이다. 그렇게 역사하시는 하나님을 경험하게 될 때, 당신의 생각과 태도와 행동 역시 하나님의 역사에 맞춰 움직이게 된다.

소그룹 가이드

이번 개정판에는 각 장의 마지막에 소그룹 활동도 추가했다. 제목은 '몸 세우기'로 붙였다. 하나님은 관계를 위해 우리를 창조하셨다. 그래서 우리가 그리스도께 나아가면 그분은 우리를 그리스도의 몸 가운데 두신다. 우리에게는 서로가 필요하기 때문이다. 우리는 "서로 돌아보아 사랑과 선행을 격려"(히 10:24)해야 한다. 때문에 혼자서 이 책을 읽고 공부하지 않기를 강력히 권하는 바다. 부디 다른 그리스도인들과 소그룹을 만들어 함께 공부하라. 함께 나누고 기도함으로써 혼자서는 결코 배울 수도, 깨달을 수도 없는 것들을 하나님께로부터 배우게 될 테니 말이다. 당신의 소그룹을 통해 다른 이들이 그리스도께 나아오도록 역사하시는 하나님을 경험하게 될 것이다.

『관계 전도』를 각자의 속도에 맞춰 공부할 수도 있다. 주일 성경공부와 같은 기존 그룹에서 보조 교재로 사용할 경우 매주 한 장씩 읽고 나눌 수 있다. 매주 성경공부 모임을 가질 때마다 몇 분간 경험을 나누고 서로를 위해 기도하는 시간을 가져도 좋다. 삶의 방식 전도를 위한 훈련도구로 지정해 사용하는 경우 한 번에 서너 장씩 공부할 수도 있다. 이 경우 모임 시간에 소그룹 활동을 묶어 진행하면 된다.

코이노니아의 작은 유익

다른 이들과 함께 이 책을 공부함으로써 작은 유익을 누리게 되리라 믿는다. 자신의 관계에 대해 다른 이들과 나누고 함께 기도하면서 믿는 형제 자매들과 친밀한 교제를 쌓아가게 된다. 이것이 바로 하나님께서 그의 백성들이 누리기를 바라시는 코이노니아, 즉 친밀한 사랑과 교제다. 하나님의 뜻과는 달리 우리는 바쁜 생활에 매몰되어 코이노니아의 경험을 잃어버리고 말았다. 그러나 하나님은 오늘을 사는 그분의 백성들이 그 사랑과 교제의 경험을 회복하기 바라신다. 그러므로 당신이 '모든 성도와 함께' 그리스도의 사랑을 충만하게 경험하기를 기도한다 (엡 3:18-19).

아칸소에서 일어난 일

올해 초 집회 참석차 아칸소에 갔을 때 집회를 인도한 목사님이 하나님께서 관계를 통해 어떻게 사랑을 보이시고, 사람들을 믿음으로 인도하시는지에 대해 담임하는 교회의 예를 들어 간증했다. 그때 나는 하나님께서 자신의 모든 백성들이 한 명도 빠짐없이 그 목사님의 간증과 같은 하나님의 능력과 임재를 경험하기 원하신다는 감동을 받았다. 이 개정판을 내면서 당신과 당신의 소그룹, 당신의 교회가 관계를 통해 끝없이 흘러가는 하나님의 구원의 은혜를 경험하게 되기를 기도한다.

목사님의 간증에 의하면 그 집회가 있기 몇 달 전, 한 젊은 부부가 그리스도를 영접했다고 한다. 어느 주일, 목사님이 그 부부에게 물었다.

"별 일 없으시죠?"

"아뇨, 이번 주에 누가 저희 차를 훔쳐갔어요. 목사님, 좀 도와주시겠어요? 경찰에서는 차를 훔친 사람을 찾아냈을 때를 대비해 미리 신고를 해두라고 하더라고요. 저희가 그리스도인이 된 지 얼마 안 돼서 성경은 이럴 때 어떻게 하라고 말씀하시는지 모르겠네요. 어떻게 해야 할까요?"

목사님은 질서를 유지하고 범법자를 처벌하는 정부의 역할에 대해 설명하면서 일단 신고 절차를 밟되 차를 훔친 사람을 위해 기도하라고 권했다.

"차를 훔친 사람은 아마 그리스도인이 아닐 겁니다. 하나님이 이 일을 통해 그 사람을 그리스도께로 이끄실 수도 있습니다."

부부는 기도하기 시작했다. 한 달 후, 마침내 도난 차량을 찾았고 15세 소년이 절도범으로 교도소에 들어갔다는 전화를 받았다. 부부는 그 소년을 면회하러 갔다. 두 사람은 소년을 만날 수 있다는 사실에 무척 흥분했고, 자신들이 소년을 위해 한 달 동안 기도해 왔노라고 얘기해주었다. 아마 그 소년이 기대했던 반응은 아니었을 것이다.

그 소년과 이야기하면서 부부는 소년의 어머니가 병원에 입원했다는 사실을 알게 되었다. 그들은 하나님의 사랑을 보여주기 위해 병문안을 갔다. 소년의 어머니는 경제적인 어려움으로 집을 잃었고, 퇴원을 해도 갈 곳이 없다고 말했다. 이 말을 들은 젊은 부부는 소년의 어머니를 집으로 데려와 필요를 채워주기 시작했다. 이 사실을 알게 된 교인들도 함께 돕겠다고 나섰다.

　소년의 어머니에게 스스로를 돌볼 만한 경제적 여유가 없음을 알게 된 부부는 돈을 모아 그녀가 들어가 살 수 있는 아파트를 마련했다. 아들에게 자동차를 도난당한 젊은 부부가 자신에게 부어준 사랑에 완전히 압도당한 소년의 어머니는 회심하고 예수 그리스도를 믿게 됐다. 또 아들에게도 그리스도를 전하여 아들도 회심하게 되었다. 이 모든 일이 일어나는 동안 전남편이 교도소에서 풀려나 가족을 찾기 위해 집으로 돌아왔다. 그 역시 교도소에서 그리스도인이 되었고, 성경통신과정(Bible correspondence course)을 수강했다. 또 하나님이 자신을 사역자로 부르신다는 감동도 받았다. 그는 혹시 가족과의 관계를 회복할 가능성이 조금이라도 있지 않을까 하는 마음으로 집에 돌아왔다.

　이 모든 것이 하나님이 하시는 일이라고 생각되지 않는가? 사실 이처럼 모든 일이 합당한 때에 일어나도록 환경을 움직일 수 있는 분은 오직 하나님뿐이시다. 젊은 부부가 주님과 사랑에 빠지고, 그분을 삶의 주인으로 모실 것을 결정하게 하신 하나님께 감사한다. 지금 아칸소의 이 작은 교회는 사랑의 표현을 통해 삶을 변화시키시는 하나님의 능력을 경험하며 벅찬 감동에 휩싸여 있다.

　『관계 전도』 개정판을 내면서 우리 모두가 열방의 모든 족속을 제자 삼으시는 하나님 사역의 통로로써 대 추수에 적극적으로 참여하는 자가 되기를 기도한다.

| 목차

들어가는 말 _ 클로드 V. 킹 6

1장 관계의 중요성 20

가장 중요한 단어 | 이 책의 목적 | 개인적 적용 | 몸 세우기

2장 복음은 관계를 타고 움직인다 31

삶의 방식의 중요성 | 신약의 패턴 | 패턴의 경험 | 처음부터 다시 | 바른 관계의 필요성 | 개인적 적용 | 몸 세우기

3장 당신의 세계에 다가가기 위한 전략 50

그리스도의 사신 | 제자 삼음의 7단계 | 개인적 적용 | 몸 세우기

4장 전도를 방해하는 세 가지 장애물 64

복음이란 무엇인가? | 장애물 1 : 개인적으로 예수님을 알지 못한다 | 장애물 2 : 두려움 | 장애물 3 : 깨어진 관계 | 개인적 적용 | 몸 세우기

1단계 : 바로잡기 – 하나님과 자신, 타인과의 관계를 바로잡으라 76

5장 하나님과의 관계를 바로잡으라 78

할리우드 프로듀서 | 수직적 관계 | 일상의 관계 | 개인적 적용 | 몸 세우기

6장 원1 : 자신과의 관계를 바로잡으라 94

나를 향한 하나님의 계획 | 균형이 필요하다 | 영적인 사람들 | 균형 이루기 | 개인적 적용 | 몸 세우기

7장 영적 결실 맺기 117

진정한 삶의 목적 | 열매 맺음의 결과 | 개인적 적용 | 몸 세우기

8장 열매 맺음의 장애물 132

빼앗긴 씨앗 : 하나님의 말씀이 싹트지 못함 | 얇은 밭에 떨어진 씨앗 : 시험을 당할 때 하나님을 의지하지 않음 | 기운이 막힌 씨앗 : 근심으로 에너지를 소진함 | 많은 열매를 맺음 | 개인적 적용 | 몸 세우기

9장 타인과의 관계를 바로잡으라 144

관계에 대한 하나님의 조건 | 하나님은 회복된 관계를 통해 일하신다 | 개인적 적용 | 몸 세우기

2단계 : 설문 – 관계를 설문조사하라 154

10장 원2와 3을 설문하라 – 가족과 친지 156

설문이 왜 필요한가? | 족보 흔들기 | 개인적 적용 | 몸 세우기

Concentric circles of concern

11장 원4-7을 설문하라 : 친구부터 X라는 사람까지 168
원4 설문 : 가까운 친구 | 원5 설문 : 이웃과 직장 동료 | 원6 설문 : 지인 | 원7 설문 : X라는 사람 | 개인적 적용 | 몸 세우기

3단계 : 기도 - 기도로 하나님과 동역하라 184

12장 기도로 하나님과 동역하라 186
가장 중요한 일 - 중보기도 | 지혜를 구하라 | 어떻게 중보할 것인가 | 소그룹 기도 계획 | 교회에서 관계의 원 활용하기 | 개인적 적용 | 몸 세우기

4단계 : 다리 놓기 - 사람들에게로 가는 관계의 다리를 놓으라 212

13장 사람들에게로 가는 관계의 다리를 놓으라 214
접점 활용하기 | 기쁨의 순간에 다리 놓기 | 아픔의 순간에 다리 놓기 | 개인적 적용 | 몸 세우기

5단계 : 사랑의 표현 – 필요를 채워 하나님의 사랑을 보여주라 234

14장 필요를 채워 하나님의 사랑을 보여주라 236
하나님 사랑하기 | 타인 사랑하기 | 개인적 적용 | 몸 세우기

15장 관계의 원 안에서 사랑하기 254
가족의 필요 채우기 | 길을 잃은 아들 | 사랑하기 힘든 사람 사랑하기 | 교회에서 연습하기 | 개인적 적용 | 몸 세우기

6단계 : 제자 삼기 – 제자 삼고 성장을 도우라 278

16장 사람들을 예수 그리스도께 소개하기 280
대면할 만큼 아끼라 | 르노의 십자군 | 그리스도를 알지 못하는 잃어버린 자들 | 당신의 하나님은 누구신가? | 개인적 적용 | 몸 세우기

Concentric circles of concern

17장 제자 삼기 297

제자 삼으라는 명령 | 제자란 무엇인가? | 제자의 성장을 도우라 | 개인적 적용 | 몸 세우기

7단계 : 다시 시작하기 – 새신자들이 제자 삼을 수 있도록 도우라 312

맺음말 _ 나의 깨달음 314
관계의 원 설문 양식 319

관계의 중요성

어느 날 짐이라는 학생이 나를 찾아왔다.

"톰슨 교수님, 저희 아버지는 무늬만 그리스도인이세요. 제가 사역자가 되려는 걸 아셨을 때 아버지는 무척 화를 내셨죠. 그리스도인으로 사는 건 괜찮지만, '얼빠진 광신도'가 되는 것은 보기 싫다는 거예요."

화물 운송회사에서 트럭을 모는 짐의 아버지는 대형 트럭 한 대를 소유하고 있었고 짐이 가업을 잇기 원했다. 하지만 짐은 신학대학원에 들어갔고 그로 인해 부모님과의 관계에 금이 갔다.

"그 전까진 부모님과 무척 가까웠어요. 하지만 그 일이 있은 후, 부모님께서는 저를 못본 체하시고 저도 부모님을 무시해 왔습니다. 마음이 아프지만 그래도 저는 예수님을 섬길 겁니다. 가족들이야 각자가 알아서 살면 되겠죠."

"짐, 정말 하나님과 바른 관계를 가진 사람이 부모님과의 관계에 금이 간 채 살 수 있다고 생각해요? 짐은 부모님의 필요를 채워드려야 해요. 부모님을 사랑해야 합니다."

"예, 맞는 말씀입니다. 하지만 어떻게 해야 할지 모르겠습니다."

"먼저 마음에 있는 쓴뿌리를 해결하세요. 그리고 부모님을 위해 중보하세요. 깨어진 관계를 바로잡아야 합니다."

짐은 아버지와 어머니를 위해 기도하기 시작했다. 그리고 그날 상한 마음을 안고 수업에 들어와 동급생들에게 도움을 청했다.

"여러분, 제발 저를 위해 기도해 주세요."

그는 기도했다.

"하나님 아버지, 저희 아버지가 하나님을 아시는지조차 저는 알 수 없습니다. 그러나 부모님에 대한 저의 태도가 잘못되었음을 고백합니다. 제 태도를 용서해 주시고 제가 부모님의 필요를 채워드릴 수 있도록 도와주세요."

짐은 부모님께 편지를 써서 자신의 쓴뿌리와 깨어진 관계에 대해 용서를 구했다. 부모님께 편지로 사랑을 고백했다.

편지가 부모님께 도착하기도 전인 바로 다음 날, 짐은 달라스를 지나는 아버지로부터 전화를 받았다. 한 번도 달라스를 지난 적이 없었던 짐의 아버지는 그에게 전화를 걸어 이렇게 말했다.

"아들아, 이번 주에 내가 달라스를 지나게 됐구나! 네 얼굴을 좀 봤으면 하는데…."

"좋아요, 아버지!"

토요일 오후, 대형 트럭 한 대가 짐의 기숙사 앞에 멈춰 섰다. 그리고 기숙사 문을 나서자마자 짐은 눈물을 흘리며 서 있는 아버지를 보았다.

"짐, 하나님과 나의 관계는 분명 잘못됐어. 날 좀 도와줄 수 있겠니?"

가장 중요한 단어

고유명사를 제외하고 이 세상에서 가장 중요한 단어는 바로 '관계' (relationship)다. "사랑이 가장 중요한 단어 아닌가요?"라고 묻고 싶은가? 그러나 관계가 없다면 사랑이 어디에 서겠는가? 관계는 길이다. 사랑이 흘러가고 퍼져가는 길이다. 사랑은 관계를 통해 움직인다. 그러므로 우리 존재의 가장 깊은 갈망을 채우는 것은 바로 누군가와의 관계다.

자연생활 예찬론자 헨리 데이비드 소로(Henry David Thoreau)처럼 살고 싶다거나 그가 오랜 시간 머물렀던 월든 호수에서 살고 싶다는 생각을 하고 있는지 모르겠다. 하지만 그도 끝까지 그런 삶을 고수하지 못했고, 당신도 언제까지나 그렇게 살 수는 없다. 왜일까?

인간의 본성에 내재되어 있는 한 가지 요소 때문이다. 즉, 인간에게는 누군가가 원하는 존재, 누군가에게 필요한 존재가 되고 무언가를 채우고자 하는 열망이 내재되어 있다. 그리고 이 열망은 오직 관계를 통해서만 해결될 수 있다.

삶에서 우리가 맺는 관계에는 내적인 관계도 반드시 포함되어야 한다. 우리는 혼자서 살 수 없다. 물론 사람들과 잘 지내지 못할 때는 오히려 혼자 지내는 것이 최선의 방책인 듯 보이기도 한다. 그러나 우리의 본성이 교제를 갈망하며 울부짖기 때문에 홀로일 때의 우리는 만족감을 느끼지 못한다. 정말로 외톨이가 되고 싶은 사람은 거의 없다. 사람은 외톨이가 되면 존재의 목적을 상실한다. 왜냐하면 하나님이 그리스도인의 삶을 통해, 즉 당신이 다른 사람들과 관계를 맺을 때 당신을 통해 그들을 사랑하심으로써 그분의 성품을 나타내기를 원하시기 때문이다.

사도 요한은 말했다. "우리가 보고 들은 바를 너희에게도 전함은 너희로 우리와 사귐이 있게 하려 함이니 우리의 사귐은 아버지와 그 아들 예수 그리스도와 함께 함이라"(요일 1:3).

바른 관계
따뜻하고 행복하고 즐거웠던 기억들을 모두 떠올려보라.

- 부모님의 따뜻한 손길
- 햇살이 눈부신 어느 여름날 오후 친구들이나 언니, 오빠와 뛰어놀면서 나도 모르는 사이에 터져 나온 웃음
- 맑은 눈동자의 남자아이, 또는 여자아이와의 첫 데이트
- 동료의 얼굴에서 뿜어져 나오던 기쁨과 열정

이런 것들이 떠오르지 않는가? 당신은 이런 관계들을 통해 빚어진다. 부모님과 바른 관계를 맺고 있는 사람은 그 관계를 통해 결혼을 하고 가정을 이룰, 즉 새로운 관계를 맺을 정서적, 정신적 준비가 되어 있다. 생일이나 기념일, 추수감사절, 성탄절 같은 특별한 날이 가슴 뿌듯하고 벅찬 이유는 따스하고 아름다운 관계가 있기 때문이다. 바른 관계는 인생의 가장 좋은 것들을 경험하게 해준다.

가정은 관계의 학교

하나님은 그 어떤 제도보다 가정을 먼저 세우셨다. 가정은 하나님이 우리에게 관계의 신성함과, 관계를 세우고 키워나가는 방법을 가르치시는 기본적인 제도다. 가정은 관계를 가르치기 위해 창조된 유일한 제도이며 이것이 실패할 경우, 아이는 평생 동안 정신적·정서적·영적 절름발이가 된다.

하나님의 주권 아래 있는 가정은 남편과 아내, 부모와 자녀, 형제, 자매간의 관계를 배우는 곳이다. 또한 사람이 사랑하는 법을 배우고 필요를 채워주는 법을 배우는 곳이다. 혼자서는 아무것도 할 수 없는 아기를 돌보며 부모는 성숙해지고, 사랑하며 필요를 채워주는 법을 배우게 된다. 가정에서 아이는 자기 고집과 자기 중심성을 굽히고 부모의 뜻에 순종하는 법을 배운다. 가정 안에서 죄의 뿌리인 이기심은 관계를 맺는 과정에서 다른 이들의 필요를 채워주는 절제로 성숙해진다.

하나님은 관계를 가르치는 학교로 우리 가정을 지으셨다. 이 세상에서 두 인간 사이에 가장 살갑고, 가장 가깝고, 가장 친밀한 관계는 부부 관계여야 한다. 친밀한 부부 관계를 통해 우리는 자녀들에게 관계를 가르친다. 한마디로 가정은 관계의 학교다.

깨어진 관계

관계의 중요성을 조금만 더 깊이 생각해보면 미처 깨닫지 못했던 놀라운 사실을 분명히 알게 된다. 삶에서 맞닥뜨렸던 위기의 순간들을 떠올려보라.

- 어린 시절 부모님과의 분리
- 어린 시절 부모님께 느꼈던 분노
- 십대 때 경험한 첫사랑과의 이별
- 분노와 오해로 친구와 멀어진 기억
- 부모님이나 배우자의 죽음, 그로 인한 쓰라림과 공허함
- 배우자와의 논쟁 또는 이혼
- 직장 동료나 상사와의 충돌
- 가족들에 대한 분노와 불화
- 교회나 직장에서 경험했던 좌절감

이처럼 당신 삶에서 어둡고 슬프고 불행했던 시간들을 떠올려보면 대부분 소원해졌거나 금이 갔거나 깨어진 관계가 그 원인임을 깨닫게 될 것이다. 사업의 실패나 가정 파탄, 친구와의 절교도 결국은 관계의 깨어짐이다. 이를 도시, 국가, 나아가 국제적인 문제까지 확장하여 적용해보자. 잘못된 관계에서 비롯되어 결국 꿈과 희망과 삶을 산산이 부숴버리는 모든 범죄와 전쟁에까지 적용해보자.

관계를 소중히 여기지 않는 사회는 결국 쇠퇴할 수밖에 없다. 예절이 형식으로 전락하여 무시당하고, 사람들은 상식을 망각하게 된다. 마음에서 감사가 사라지고 더 이상 감사를 표현하지 않게 된다. 인류의 역사는 나쁜 관계의 결과를 극명하게 보여준다.

- 깨어진 결혼
- 파탄난 가정

- 사업 실패
- 교회의 분리
- 약한 정부
- 국가의 혼란

관계의 회복

관계의 문제를 해결할 수 있다면, 이 땅에 이혼, 전쟁, 노사 갈등이나 분쟁이 발붙일 수 없을 것이다. 이 세상에 있는 관계의 문제들을 해결하면 인류의 가장 복잡하고 힘든 문제가 해결될 것이다. 바른 관계를 통해

- 부부사이가 견실해지고
- 가정이 안정되며
- 사업이 성공하고
- 교회의 사역이 제대로 움직이며
- 정부가 선정을 펼치고
- 국가가 강력해지기 때문이다.

그리스도의 몸은 하나님의 병원

하나님은 우리의 필요를 채우기 원하신다. 그리고 하나님은 그리스도의 몸 안에서 우리와 아름다운 관계를 맺으신다. 하나님은 그분이 우리를 사랑하셨듯이 우리가 서로 사랑하기를 원하신다. 또한 그리스도의 몸을 통해 우리의 필요를 채우사 우리 모두가 건강하게 움직이는 몸의 건강한 지체가 되기를 바라신다. 그러므로 우리에게는 서로가 필요하다.

예수님은 우리의 가장 깊은 필요를 채워주시기 위해 이 땅에 오셨다.

이 땅을 구속하여 자신에게로 돌리시기 위해 십자가에서 죽으셨다. 그분은 하늘로 올라가셨고, 믿는 이들의 몸 된 교회를 성장시키고 견고하게 하시기 위해 육신의 몸을 떠나셨다.

교회를 하나님의 병원이라고 생각해보자. 이 세상에는 온갖 질병이 난무하고 있다. 수많은 이들이 도움을 받기 위해 병원을 찾고 있다. 마땅히 할 일을 제대로 하고 있는 교회는 우리 모두에게 지속적인 도움이 필요하다는 사실을 안다. 도움을 받기 위해 우리는 계속해서 교회라는 병원을 찾고 그때마다 도움을 받는다. 하지만 우리가 성장하지도 않고, 나아가 다른 이들의 필요도 채워주지 못한다면 우리는 병원(교회)의 짐이 되고, 도움의 흐름은 항상 내 쪽으로만 향하게 된다. 결국 우리는 제자리걸음을 하게 되고 그로 인해 도리어 상처를 입는다. 이는 결국 교회이신 그리스도의 몸에도 상처가 된다.

하나님은 우리가 도움을 청하여 필요한 도움을 받고 난 후에는, 밖으로 나가 다른 이들과 관계 맺기를 원하신다. 그럴 때 비로소 우리는 구조대의 일원이 될 수 있다. 다른 이들의 필요를 채워주기 위해 그들에게 다가갈 때 비로소 우리의 필요가 채워짐을 깨닫게 된다.

이 책의 목적

지금 당신의 삶이 혼란에 휩싸여 있다면 나는 감히 지금 누군가와의 관계에 금이 가 있기 때문이라고 말하겠다. 이 책의 목적은 관계가 깨어진 원인이 무엇인지, 어떻게 깨어진 관계를 고칠 수 있는지 알아내는 것이다. 즉 당신의 필요가 채워지도록 돕는 것이 이 책의 목적이다.

당신이 관계의 회복을 경험하고 최고의 삶을 누리는 데 내가 보탬이 되기를 바란다. 바로 선 관계는 당신뿐 아니라 당신 주위에 있는 이들에게도 축복이 된다. 당신의 가정이 복을 받게 된다. 당신의 친구, 친지, 동료들이 복을 받게 된다.

충만한 삶의 열쇠는 관계다. 소유는 만족을 주지 못하지만 관계는 우리에게 만족을 준다. 첫 번째 관계는 하나님 아버지와의 관계다. 그분이 우리 삶의 주인이 되시는 순간, 우리는 사랑할 사람을 선택할 권리를 영원히 박탈당한다. 하나님이 우리의 주님이 되시면, 그분은 우리가 바른 관계를 맺을 수 있도록 우리 안에 그분의 사랑을 풀어주신다.

이 장 서두에서 나눈 짐과 아버지의 이야기를 기억해보라. 짐과 하나님의 관계가 바로 서게 됐을 때, 부모님과의 관계를 바로잡고 싶은 마음이 생겨났다. 하나님은 짐을 준비시키신 후 짐의 삶이 아버지를 예수 그리스도께로 인도하는 사랑의 통로가 될 수 있도록 아버지를 달라스로 보내셨다. 하나님은 이렇게 일하신다.

그렇기 때문에 나는 가장 중요한 단어가 '관계'라고 굳게 믿는다. 바른 관계를 통해 하나님의 사랑이 흘러가면 그 사랑이 닿는 곳마다 축복으로 변한다. 당신의 삶과 관계를 하나님이 다른 이들에게 흘려보내시는 사랑의 통로로 사용하시도록 하겠는가?

"예"라고 답했는가? 좋다! 다음 장에서는 그의 백성들을 통해 세상에 복 주기 원하시는 하나님의 계획을 함께 살펴보자.

개인적 적용

묵상노트나 일기장에 다음 질문의 답을 적으라. 1장의 진리를 이해하고 삶에 적용할 수 있도록 자세히 기록하라.

1. 주님께 관계의 중요성을 가르쳐 달라고 구하라. 짐과 아버지의 관계처럼 화목하게 되어야 할 관계가 있다면, 화목할 수 있도록 인도해 주시기를 하나님께 구하라. 관계를 바로잡을 용기를 구하라.

2. 인생에서 가장 행복하고 기뻤던 기억을 두세 가지 적어보라. 그리고 그 기억과 관련된 사람의 이름을 쓰라.

3. 인생에서 가장 어둡고, 슬프고, 불행했던 기억을 두세 가지 적어보라. 그 기억과 관련된 사람 이름의 이니셜을 써보라.

4. 지금까지 살면서 가장 기억에 남거나 의미 있었던 관계 Top5를 적어보라.

5. 오늘 개선하거나 화목하게 할 수 있는 관계가 있다면 누구와의 관계인가? 그 관계를 바로잡기 위해 하나님은 당신이 어떻게 하기를 원하신다고 생각하는가? 하나님께 물으라.

몸 세 우 기

1장의 진리를 각자의 삶에 적용하고 그리스도의 몸을 세우기 위해 소그룹에서 다음의 질문과 활동을 함께 하라.

1. 원하는 사람이 다음 내용 중 1개 이상을 나누도록 하라.
   - 성장하면서 가장 기쁘고 행복했던 기억
   - 지금까지 가장 어둡고 슬프고 불행했던 때
   - 현재, 과거를 통틀어 가장 의미 있고 긍정적이었던 관계

2. 성장기 당신의 가정이 관계의 성공 또는 실패에 어떤 영향을 미쳤는지 나누라. 가정에서 관계에 대한 긍정적인 교훈을 얻었는가?

3. 교회에서의 경험이 관계를 치유하는 '하나님의 병원' 역할을 해준 부분과 그렇지 못했던 부분을 나누어보라. 이 책의 소그룹 활동이 어떤 도움을 줄 것이라고 생각하는가?

4. 하나님이 화목하기를 원하시며 보여주신 관계가 있다면 이야기를 나누어보라. 솔직하게 나눈 한 사람 한 사람을 위해 화목을 경험할 수 있도록 하나님이 인도해 주시기를 구하고 기도하라.

5. 다음 중 하나 이상의 제목을 가지고 각 사람을 위해 기도하라.
   - 과거, 의미 있는 관계를 주심에 대한 감사
   - 지난 관계로 인한 상처의 영적 치유
   - 지금 맺고 있는 관계 가운데 화목하게 되어야 할 관계
   - 필요를 채워줌으로써 사랑을 표현해야 하는 현재의 관계
   - 하나님이 당신의 삶을 통해 하나님 나라로 이끌기 바라신다는 감동이 드는 사람들

6. 모든 소그룹 지체들에게 "이번 주에 당신을 위해 어떻게 기도할까요?"라고 물어보라. 그 기도제목을 놓고 구체적으로 기도하라.

2장

복음은 관계를 타고 움직인다

텍사스 포트워스의 사우스웨스턴 신학대학원 교수가 되기 전까지 나는 설교자로 24년, 목회자로 20년을 살았다. 그때까지 전도에 대해 내가 읽고 배운 내용들은 대부분 생면부지의 X라는 사람에게 주님을 전하도록 그리스도인을 훈련시키는 데 초점을 맞췄다. 신학대학원에서 전도에 대한 강의를 준비하는 내내, 난 내게 맡겨진 책임에 대해 진지하게 고민했다. 강의를 준비하는 동안 나는 "내 형제들아 너희는 선생 된 우리가 더 큰 심판받을 줄을 알고 많이 선생이 되지 말라"(약 3:1)는 야고보의 권면을 마음속 깊이 간직했다. 즉 많이 받은 자에게 많은 것을 요구하신다는 사실을 분명히 인식했다.

삶의 방식의 중요성

한 해 동안 나는 천여 명의 학생을 가르친다. 내가 가르치는 학생들은 복음을 전하기 위해 정말로 땅 끝까지 나아가게 될 사람들이기에 나는 그들을 위해 기도한다. "아버지, 제가 그들을 가르칠 수 있도록 먼저 나를 가르쳐 주세요." 나는 개념만 가르치는 데 그치고 싶지 않았다. 학생들에게 필요한 것은 머리에만 남는 지식이 아니었다. 개념이 아닌 삶의 방식이 필요했다.

누군가를 주님께로 인도하면서 그를 당신보다 주님께 더 가까이까지 이끌 수 있을 거라는 생각은 버려라. 전도는 주님과 깊은 사랑에 빠져있는 삶에서부터 흘러나와야만 한다. 전도는 교과서를 통해 배우고 시험을 치르고 A학점을 받으면 성공이 보장되는 방법론이 아니다. 전도가 바른 삶의 방식으로 녹아들지 않은 상태에서 세상에 나가면 처참히 실패할 수밖에 없다. 즉, 삶을 통해 당신이 누구인지, 어떤 존재인지가 드러나야 한다.

강단에서 복음을 선포하고, 예배를 통해 많은 이들의 결신을 이끌어내는 능력 있는 전도자들이 있다. 하지만 그런 사람들이 식당 직원이나 외판원들을 함부로 대하고 세속적인 쾌락을 좇으면서 최고의 그리스도인이라 자칭하는 모습도 본다. 이런 상반된 삶의 방식에 대해 그리스도인에게는 변명의 여지가 조금도 없다. 그런 모습을 통해 세상이 누구를 보겠는가? 예수님을 볼 수 있겠는가?

예수님은 그분의 성품을 그리스도인 안에 나타내기 원하시며, 이것이 예수 그리스도 안에 거하는 삶의 본질이다. 그리스도인이라면, 당신은 곧 사역자다. 그리고 그 사역은 당신이 어디를 가든 당신을 따라다닐 것이다. 하나님은 당신의 삶을 통해 당신 주변의 세계에 다가가기를 원하신다. 당신을 통해 당신의 세계를 사랑하고 그 세계를 자신에게로 이끌기 원하신다. 만일 당신이 장애물에 가로막혀 이 일을 하지 못한다면 인생에서 이룬 다른 업적도 아무 의미가 없다. 당신의 삶에는 극도의 공허함만 남을 것이다.

신약의 패턴

신학생들에게 전도를 가르치는 임무가 얼마나 중차대한지 깨달은 후 내가 두 번째로 한 일은 매달 신약을 일독하며 전략을 찾는 것이었다. 우리는 항상 새로운 방법을 찾아다닌다. 마찬가지로 모든 교육자들과 목회자들도 언제나 새로운 방법을 찾는다. 다양성은 삶에 풍미를 더해주는 양념이다. 모든 일을 늘 하던 방식대로만 하려는 사람은 거의 없을 것이다. 하지만 우리가 기억해야 할 점이 있다. 모든 일을 성경적인 방법으로 해야 한다는 것이다.

그렇다면 신약의 초대 교회 그리스도인들은 어떻게 전도했을까?

신약을 공부하면서 나는 전략, 즉 아이디어를 찾아보았다. 그리고 마침내 숲에서 피어오르는 희미한 아침 안개처럼 전략이 내 눈 앞에 모습을 드러냈다. 처음에는 그런 전략이 정말 있는지조차 분간할 수 없을 만큼 불분명해 보였으나 어느 순간 아주 또렷해졌다. 사실 처음부터 말씀 속에 있었던 전략이었는데 내가 미처 보지 못한 것이었다. 그것은 바로 세상에서 가장 중요한 단어 '관계'였다.

신약에 언급된 교회에서 복음은 언제나 관계의 선을 따라 움직였다.

예루살렘, 유대, 사마리아와 땅 끝, 복음은 밖으로 퍼져나가는 파도처럼 관계의 선을 따라 움직였다. 연못에 돌을 던져본 적이 있는가? 돌이 떨어진 자리에서 시작된 물결은 파문을 그리며 사방으로 퍼져 연못 가장자리까지 퍼진다. 신약에서 나는 그런 패턴을 봤다. 즉, 예수 그리스도의 복음이 관계를 통해 원을 그리며 퍼져나가는 모습을 목도했다.

신약 전체를 읽다보면 관계가 핵심이라는 것을 알 수 있다. 누군가에게 무엇을 전한다는 것은 대단히 심오한 일이 아니라 지극히 당연하고 자연스러운 일이다. 내 삶과 당신의 삶에 너무나 좋은 무언가가 있다면 사람들과 그것을 나누고 싶어진다. 당연히 그렇지 않겠는가?

지금까지 우리는 어딘가에 있을 X라는 사람에게 복음을 전하도록 훈련해왔다. 하지만 X라는 사람과는 기존에 형성되어 있는 관계가 전혀 없다. 신약에서 제시하는 삶의 방식 전도는 X라는 사람으로부터 시작하지 않는다. 이미 형성되어 있는 관계를 통해 이루어졌다. 몇 가지 예를 살펴보자.

안드레와 시몬 베드로

공생애를 시작하시면서 예수님은 함께할 제자들을 택하셨다. 첫 번째는 안드레였다. 예수님을 처음 만나고 안드레가 어떻게 했는지에 주목하라.

"요한이 자기 제자 중 두 사람과 함께 섰다가 예수의 다니심을 보고 말하되 보라 하나님의 어린 양이로다 두 제자가 그의 말을 듣고 예수를 좇거늘 예수께서 돌이켜 그 좇는 것을 보시고 물어 가라사대 무엇을 구하느냐 가로되 랍비여 어디 계시오니이까 하니(랍비는 번역하면 선생이라) 예수께서 가라사대 와 보라 그러므로 저희가 가서 계신 데를 보고 그날 함께 거하니 때가 제 십 시쯤 되었더라 요한의 말을 듣고 예수를 좇는 두 사람 중에 하나는 시몬 베드로의 형제 안드레라 그가 먼저 자기의 형제 시몬을 찾아 말하되 우리가 메시아를 만났다 하고(메시아는 번역하면 그리스도라) 데리고 예수께로 오니 예수께서 보시고 가라사대 네가 요한의 아들 시몬이니 장차 게바라 하리라 하시니라(게바는 번역하면 베드로라)(요 1:35-42)."

세상의 구세주, 메시아 예수님을 만났을 때 안드레는 거의 본능적으로 예수님께 자기 형제 시몬을 소개하고 시몬은 예수님으로부터 베드로라는 이름을 받는다. 안드레에 대한 말씀은 성경에 그리 많이 기록되어 있지 않지만, 베드로는 초대 교회의 위대한 지도자가 되었고 신약성경 중 두 권을 기록했다. 안드레가 하나님 나라에 얼마나 큰 기여를 한 것인가! 그는 관계를 통해 직계가족 한 사람에게 예수 그리스도의 복음을 전했다.

빌립과 나다나엘
예수님은 안드레와 베드로를 만난 그 마을에서 또 다른 제자를 찾으셨다.

"이튿날 예수께서 갈릴리로 나가려 하시다가 빌립을 만나 이르시되 나를 좇으라 하시니 빌립은 안드레와 베드로와 한 동네 벳새다 사람이라 빌립이 나다나엘을 찾아 이르되 모세가 율법에 기록하였고 여러 선지자가 기록한 그이를 우리가 만났으니 요셉의 아들 나사렛 예수니라 나다나엘이 가로되 나사렛에서 무슨 선한 것이 날 수 있느냐 빌립이 가로되 와 보라 하니라 예수께서 나다나엘이 자기에게 오는 것을 보시고 그를 가리켜 가라사대 보라 이는 참 이스라엘 사람이라 그 속에 간사한 것이 없도다 나다나엘이 가로되 어떻게 나를 아시나이까 예수께서 대답하여 가라사대 빌립이 너를 부르기 전에 네가 무화과나무 아래 있을 때에 보았노라 나다나엘이 대답하되 랍비여 당신은 하나님의 아들이시요 당신은 이스라엘의 임금이로소이다 예수께서 대답하여 가라사대 내가 너를 무화과나무 아래서 보았다 하므로 믿느냐 이보다 더 큰 일을 보리라 또 가라사대 진실로 진실로 너희에게 이르노니 하늘이 열리고 하나님의 사자들이 인자 위에 오르락 내리락하는 것을 보리라 하시니라(요 1:43-51)."

빌립은 예수님을 만났고, 자신을 따르라는 그분의 초청을 받아들였다. 그리고 친구 나다나엘을 예수님께로 데려갔다. 예수님을 만난 나다나엘은 예수님이 하나님의 아들이시며 이스라엘의 임금이심을 깨닫고 인정했다. 많은 이들이 나다나엘과 다른 복음서의 바돌로매가 동일 인물이라고 믿는다. 나다나엘과 빌립, 두 친구는 예수님이 가장 가까이에서 교제하고자 택하신 열두 제자 중 두 사람이 됐다. 빌립은 예수님의 좋은 소식을 친구에게 전했고, 두 사람의 삶은 그렇게 완전히 바뀌었다.

우물가의 여인과 이웃들

제자들과 함께하신 여정 중에 예수님은 대부분의 유대인들이 편견 때문에 극도로 기피했던 사마리아 지역을 지나셨다. 그리고 야곱의 우물이라 불리는 우물 곁에서 예수님은 한 여인에게 자신이 그리스도, 즉 메시아이시며 '생수' 이심을 말씀하셨다. 여인은 예수님을 믿고 즉시 이웃들에게 이 기쁜 소식을 전하러 갔다.

"여자가 물동이를 버려두고 동네에 들어가서 사람들에게 이르되 나의 행한 모든 일을 내게 말한 사람을 와 보라 이는 그리스도가 아니냐 하니 저희가 동네에서 나와 예수께로 오더라… 여자의 말이 그가 나의 행한 모든 것을 내게 말하였다 증거하므로 그 동네 중에 많은 사마리아인이 예수를 믿는지라 사마리아인들이 예수께 와서 자기들과 함께 유하기를 청하니 거기서 이틀을 유하시매 예수의 말씀을 인하여 믿는 자가 더욱 많아 그 여자에게 말하되 이제 우리가 믿는 것은 네 말을 인함이 아니니 이는 우리가 친히 듣고 그가 참으로 세상의 구주신 줄 앎이니라 하였더라(요 4:28-30, 39-42)."

보통 여인들은 이른 아침이나 저녁 늦게 물을 길러 나왔지만, 이 여인은 다른 여인들의 따돌림 때문에 한낮에 물을 길러 나왔다. 여인은 다섯 남편을 거쳐 지금은 결혼도 하지 않은 남자와 동거 중이었다. 하지만 예수님이 그토록 기다리던 메시아이심을 깨달았을 때 여인은 이 기쁜 소식을 이웃과 친지들에게 전하기 위해 마을로 달려갔다. 예수님과 고작 이틀을 함께했을 뿐인데, 많은 이들이 예수님을 믿게 됐다. 한 여인이 고을 전체를 그리스도께 돌리는 통로가 됐다.

다른 사례

그밖에도 관계를 통해 복음을 전한 이들의 사례를 신약 곳곳에서 발견할 수 있다.

- 바울은 에베소의 장로들에게 자신이 그리스도의 메시지를 "공중 앞에서나 각 집에서나 꺼림이 없이" 선포했다고 말했다(행 20:20).
- 이방인이었던 고넬료는 말씀을 듣기 위해 유대인인 베드로를 청하면서 온 가족을 모았다. 종들까지도 포함되었을지 모른다. 결국 그는 베드로가 전하는 말씀을 믿었고, 성령이 이들 모두에게 임했다 (행 10장).
- 바울과 실라가 빌립보 감옥에서 하나님을 찬송할 때 큰 지진이 일어났다. 죄수들이 도망한 줄 알고 간수가 자결하려 했을 때 바울과 실라가 개입했고, 두 사람은 간수와 그 가족에게 예수님을 전했다. 그날 밤이 지나기 전에 온 가족이 그리스도를 믿고 세례를 받았다 (행 16:22-34).
- 거라사의 광인에게서 귀신을 쫓아내신 후 예수님은 그를 보내시며 말씀하셨다. "집으로 돌아가 하나님이 네게 어떻게 큰 일 행하신 것을 일일이 고하라 하시니 저가 가서 예수께서 자기에게 어떻게 큰 일 하신 것을 온 성내에 전파하니라"(눅 8:39).

패턴의 경험

한 친구가 성경연구학교 전도 강좌에서 이틀 간 특강을 해달라고 요청했다. 첫날 나는 강의를 위해 학교로 가는 동안 관계라는 개념에 대해 생각했다. 강의실에 도착한 나는 머릿속으로 계속 관계의 개념을 생각하면서 칠판에 일곱 개의 원을 그렸다. 과녁처럼 보이는 동심원이었다.

"복음은 가까이 있는 선, 즉 관계의 선을 타고 움직입니다."

나는 학생들에게 각 원이 의미하는 바를 설명했다.

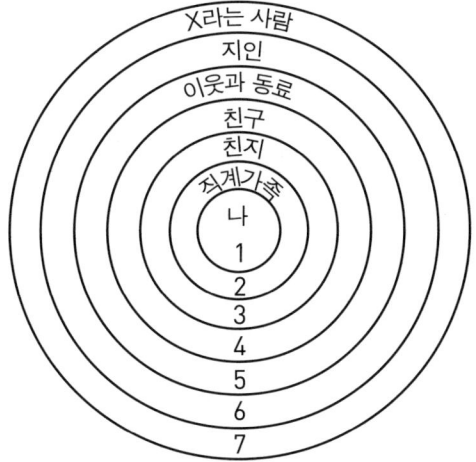

원1 : 나

원2 : 직계가족

원3 : 친지

원4 : 친구

원5 : 이웃과 동료

원6 : 지인

원7 : X라는 사람

"저는 하나님이 여러분의 영향권 아래 두신 모든 사람들에 대해 여러분에게 책임을 물으신다고 생각합니다. 많은 이들이 원1에서 원7로 바로 가려는 전도를 공부합니다. 원2부터 원6까지 깨어진 관계가 있으니 건너뛰고, 그래도 양심의 가책은 덜어야 하니 원7로 바로 가자는 것이죠. 수평적인 관계에 금이 가 있다는 말은 하나님과의 수직적인 관계에도 금이 가 있다는 뜻입니다. 물론 하나님과의 관계에 금이 가 있다고 해서 주님을 알지 못한다는 의미는 아닙니다. 하지만 그런 경우에 하나님은 우리 삶의 진정한 주인이 되실 수 없습니다. 이럴 때 우리는 하나님을 모든 것의 주인으로 받아들이지 않고, 그분의 조건대로 사람들을 용납하고거나 사랑하거나 용서하지도 않습니다. X라는 사람에게는 내 삶의 방식에 일관성이 좀 떨어져도 상관이 없죠. 가서 할 말만 하고 가던 길 가면 되니 말입니다. X라는 사람에게 예수님을 전하는 것이 나쁘다는 뜻이 아닙니다. 예수님을 전하는 것은 우리가 마땅히 할 일입니다. 이들은 하나님이 우리 삶에 보내주신 사람들입니다. 하지만 우리가 원2부터 원6에 있는 이들에게 주님에 대해 말할 수 없다면 우리는 가식덩어리 위선자요, 진실성 없이 연극을 하는 배우일 뿐입니다. 주님과 참된 관계를 맺고 있다면, 분명 우리와 가장 가까이 있는 이들에게 그리스도의 좋은 소식을 전하고 싶어질 것입니다."

먼저 가정에서

강의를 하고 있는데 뒤쪽에 앉은 한 자매가 눈에 들어왔다. 내 강의를 듣던 자매는 어느 순간 표정이 굳어버렸다. 그녀는 아파하고 있었다. 마치 누군가에게 얻어맞은 듯한 표정이었다. 나의 말이 찔림으로 다가오는 것이 분명했다. 그 자매는 강의가 끝나기 무섭게 허겁지겁 강의실을 나갔다. 다음 주에 내 얼굴을 한번 더 봐야 한다는 사실을 전혀 모른 채 말이다.

일주일 후 다시 강의실에 들어섰을 때 그녀는 이렇게 말했다. "세상에, 이 목사님이 또 오셨네!" 이런 말을 들을 때마다 가르치는 사람으로서 어찌나 격려가 되는지…. 결국 그 자매는 내게 "목사님, 수업 끝나고 좀 남아주세요!"라고 말했다. 초등학교 2학년 때 사고를 쳐서 선생님께 꾸중을 들은 이후로 한 번도 들어본 적 없는 말이었다.

강의가 끝난 후 그녀는 내게 이렇게 말했.

"지난 주 저는 목사님 때문에 상처를 받았어요."

"무슨 말씀이신지 모르겠네요."

"목사님이 저더러 X라는 사람에게 주님을 전하려고 공부한다고 말씀하셨잖아요."

그녀는 내 강의를 개인적으로 하는 말로 받아들였다.

"저는 원래 남편, 두 아들과 따로 살고 있었어요. 이렇게 된 건 다 제 잘못이죠. 전 제 마음의 짐을 덜기 위해 여기 왔어요. 하지만 지난 주 이후 성령님이 저를 사로잡으셨어요. 집으로 돌아가야 한다는 확신이 들었어요."

한동안 흐느껴 울고난 후, 그녀는 말을 이어갔다.

"가족들과 화해하기 위해 예수 그리스도가 제시하시는 조건을 제가 받아들였다는 걸 말씀드리고 싶었어요. 제가 내건 조건으로는 결코 가족과 화해할 수 없었을 거예요. 전 예수 그리스도의 조건을 받아들이지 않을 수 없었어요."

한 가지 반드시 기억해야 할 것이 있다. 우리는 관계를 맺을 때 상대방이 제시하는 조건을 따르거나 그 관계에 대한 내 나름의 조건을 만들곤 한다. 하지만 예수 그리스도의 조건을 받아들이지 않는 한 그 관계는 지속될 수 없다. 왜일까? 우리가 그렇게 만들어졌기 때문이다. 얼마 후 그 자매는 눈물을 흘리며 말했다.

"이제 가족들과 함께 살게 됐어요. 그런데 무슨 일이 일어났는지 아세요? 낯선 사람에게 다가갈 때마다 느꼈던 두려움이 사라졌어요. 예수님이 제 관계의 주인이 되시면서 두려움도 제거해 주셨어요."

"주님께 영광을 돌립니다! 바로 그겁니다. 관계요!"

처음부터 다시

다음날 나는 정규수업 강의를 위해 신학대학원으로 갔다. 학생들은 무슨 일이 벌어질지 전혀 예상하지 못했다.

"여러분, 지금까지 배운 것은 모두 잊어버리세요. 처음부터 다시 시작합니다."

학기가 절반이나 지난 시점이었다. 학생들은 어리둥절한 표정으로 나를 쳐다봤다.

"새로운 숙제를 내드리겠습니다. 여러분이 이번 학기 중에 절대로 마칠 수 없는 숙제입니다. 하나님이 천국으로 여러분을 부르실 때까지 끝나지 않을 숙제입니다."

나는 칠판에 관계의 원을 그리고 난 후 말했다.

"복음은 인구조사를 하듯 한 집 한 집 순서대로 전해지지 않았습니다.

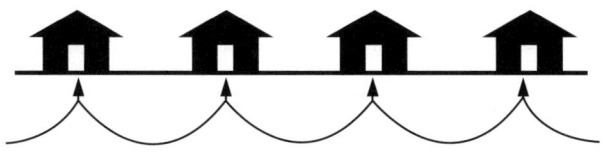

이 집 저 집을 가로질러 전해졌습니다.

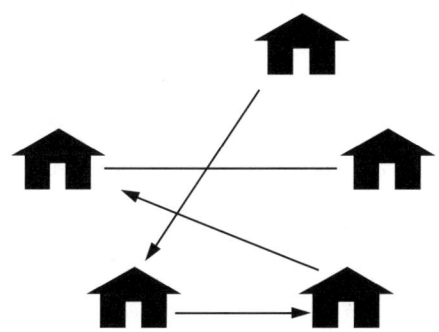

하나님은 여러분의 영향권, 즉 여러분의 관계의 원 안에 있는 모든 사람들에 대해 여러분에게 책임을 물으십니다. 여러분의 원 안에는 여러분이 매일 만나는 사람도 있고 한 번도 본 적 없는 사람도 있습니다. 유난히 심술궂은 사람도 있고 여러분이 싫어하는 사람도 있습니다. 절대 사랑하고 싶지 않은 사람도 있을 겁니다. 하지만 그 사람들도 여러분의 관계의 원 안에 있는 사람들입니다. 모두가 여러분이 사랑하고 필요를 채워주어야 하는 사람들입니다. 하나님이 그 아들 예수께로 그들을 이끄실 수 있도록 말입니다.

여러분 중에 주님을 알고 있는지 아닌지가 확실치 않은 사람들을 사랑한 사람이 얼마나 될까요? 여러분 중에 X라는 사람에게 주님을 전하는 법만 배우기 위해 신학대학원에 들어오신 분이 얼마나 될까요?"

2장 복음은 관계를 타고 움직인다 | 43

부재한 아버지와의 관계 회복

다음 말을 하려는 순간 왼편에 앉은 한 학생이 외쳤다.

"톰슨 교수님, 그 부분에서 전 정말 문제투성이입니다."

"짐, 왜 그런가요?"

그에게는 그 순간이 감당할 수 없을 만큼 버거웠다. 내가 내준 숙제가 그동안 그가 어떻게 해결해야 할지 몰랐던 삶의 쓴뿌리를 건드렸기 때문이다.

"교수님은 절대 이해 못하실 겁니다. 전 믿는 가정에서 자랐습니다. 하지만 아버지는 26년 하고도 6개월 전에 저희 어머니와 저를 버리셨어요. 전 지금 스물일곱 살입니다. 아버지란 사람은 얼굴조차 본 적이 없습니다. 보고 싶지도 않아요!"

나도 모르게 숨이 멎었다. 그 순간 자신에게 무슨 일이 일어났는지 짐은 전혀 깨닫지 못하고 있었다. 그동안 억눌려 있던 분노가 일순간 모두 터져 나왔다. 나는 조용히 칠판을 향해 몸을 돌리고 마음속으로 기도했다. '주 예수님, 저를 통해 짐을 사랑해 주십시오. 그의 필요를 채워 주십시오.'

말씀 한 구절이 떠올랐다. 나는 마태복음 6장 14절부터 15절의 말씀을 생각하며 칠판에 이렇게 적었다.

'내 삶에 나타난 예수님의 사랑과 그분의 용서하심 때문에, 용서받기 위해서는 나도 기꺼이 용서해야 한다.'

나는 학생들을 향해 몸을 돌렸다. 성령님은 그분의 일을 하고 계셨다.

"짐, 나는 짐이 하나님의 섭리에 따라 이 강의실에 앉아 있다고 생각해요. 하나님이 나와 짐과 여기 있는 모든 학생들에게 무언가를 깨닫게 하실 겁니다. 하나님의 무한한 은혜를 깨닫고도 다른 사람을 용서할 수 없다면 하나님도 우리를 용서하시기가 너무 어려우실 겁니다(마 6:14-15). 짐, 당신의 아버지는 용서받을 자격이 없습니다. 하지만 그건 당신이나 나도 마찬가지입니다."

짐의 볼을 타고 눈물이 흘러내렸다. 성령님이 학생들 위에 임하셨다. 짐이 물었다.

"제가 어떻게 해야 합니까? 저는 아버지가 어디 계신지도 몰라요. 어쩌면 벌써 돌아가셨을 거예요."

"그건 중요하지 않습니다. 짐, 이건 자세의 문제입니다. 당신의 문제를 하나님께 가지고 가서 그분의 음성을 들으세요. 그리고 그 문제를 하나님 앞에 내려놓으세요. 아버지를 찾을 수 있도록 하나님이 도우시면 그 다음에 어떻게 해야 할지 알게 될 겁니다."

"네."

나는 학생들과 함께 기도했다. 실로 영광스러운 시간이었다.

그로부터 몇 주가 지난 어느 날, 짐이 껑충껑충 뛰면서 강의실로 들어왔다. 어찌나 날아갈 듯 신나게 달려오는지 마치 짐의 어깨에 날개가 돋은 것 같았다.

"교수님, 드릴 말씀이 있어요. 꼭 말씀 드려야 해요. 지금 당장요!"

짐의 갑작스런 출현에 그전까지 무슨 생각을 하고 있었는지조차 잊어버렸다.

"무슨 일이죠?"

"어젯밤에 두 통의 전화를 받았어요. 첫 번째는 이모님이 하늘나라로 가셨다는 소식의 어머니 전화였어요. 그런데 제가 지금까지 이모님으로 알고 있던 그분이 사실은 고모님이셨어요. 아버지가 저희를 떠나신 후에도 저희 가족과 가까이 지내셨던 거예요. 그리고 밤 11시에 또 한 통의 전화를 받았어요. '짐? 아들아?… 내가 너를 아들이라 부를 자격도 없다는 거 안다. 하지만 네가 지금 사우스웨스턴 신학대학원에 다니며 사역을 준비하고 있다는 소식을 들었어. 나도 얼마 전에 내 삶을 예수 그리스도께 드렸다는 걸 너에게 알려주고 싶었단다. 이 애비를 용서해줄 수 있겠니?' 울음을 그치고 진정된 후에 아버지와 저는 많은 이야기를 했어요. 한 시간이나 통화했죠. 아버지는 제게 졸업식에 가도 되냐고 물으셨어요."

그 해 5월, 나와 학생들은 졸업식 가운을 입고 마치 훈장이라도 단 듯 자랑스럽게 졸업식 행렬을 연습했다. 모두가 쾌걸 조로 같은 위풍당당한 모습이었다. 그런데 갑자기 누군가 내 팔을 잡아당겼다. 짐이었다. 짐은 돋보기안경을 쓴 작은 체구의 한 노신사에게로 나를 데려갔다.

"톰슨 교수님, 제 아버지세요. 아버지, 이분이 저희 교수님이세요."

무슨 말이 필요하겠는가? 우리 셋은 서로를 부둥켜안은 채 한참을 그렇게 서 있었다. 이것이 바로 예수 그리스도의 복음이다.

바른 관계의 필요성

당신과 당신의 관계의 원 안에 있는 사람들과의 관계에 균열이 있으면 당신의 삶을 통한 성령의 흐름도 단절될 수밖에 없다. 예수님은 마태복음 5장 23절과 24절에서 이를 분명히 말씀하셨다. "그러므로 예물을 제단에 드리다가 거기서 네 형제에게 원망 들을 만한 일이 있는 줄 생각나거든 예물을 제단 앞에 두고 먼저 가서 형제와 화목하고 그 후에 와서 예물을 드리라"(마 5:23-24).

예수님은 아버지께 예배하러 나오기 전에 어긋난 관계를 고백하고 그 관계를 바로잡으라고 가르치셨다. 그러므로 하나님과의 바른 관계를 위해서는 다른 이들과의 관계가 화목되어야 한다.

만약 당신이 영적 우물을 유난히 깊이 파야만 생수를 얻을 수 있다면, 어딘가 관계에 잘못된 부분이 있기 때문이다. 관계가 바로 섰을 때 성령의 강물은 수맥이 터져 나오듯 흐르게 될 것이다. 마찬가지로 잘못된 관계를 바로잡지 않는 한 모든 전도훈련은 무용지물일 뿐이다.

개인적 적용

묵상노트나 일기장에 다음 질문의 답을 적으라. 2장의 진리를 이해하고 삶에 적용할 수 있도록 자세히 기록하라.

1. 이 장에서 배운, 관계를 통해 다가가는 패턴을 직접 확인하기 위해 신약, 특히 복음서와 사도행전을 읽으라.

2. 묵상노트나 일기장에 관계의 원 안에 있는 사람들의 명단을 작성하라. 더 상세한 설문은 나중에 할 것이다. 먼저 각각의 원에 있는 사람들의 이름을 한두 명씩 적어보라.

- 원2 : 직계가족
- 원3 : 친지
- 원4 : 친구
- 원5 : 이웃과 동료
- 원6 : 지인

3. 작성한 명단을 보고 개인적으로 예수 그리스도를 영접하지 않은 사람의 이름에 동그라미를 치라. 확실치 않은 경우는 이름 옆에 물음표를 해두라.

4. 지금 작성한 명단에 있는 사람들을 위해 기도를 시작하라.
- 회복해야 할 깨어진 관계가 있다면 주님께서 보여주시기를 구하라. 그 관계에서 어떻게 화목을 이루어야 할지 기도하며 물으라.
- 당신이 그 사람들에게 주님의 사랑을 전하는 통로가 되게 해달라고 기도하라.
- 그들의 필요에 민감할 수 있게 해주시기를 구하라.
- 예수 그리스도를 구세주로 영접하지 않은 이들의 환경을 움직이셔서 그들을 하나님께로 인도해 주시기를 구하라.

몸 세 우 기

2장의 진리를 각자의 삶에 적용하고 그리스도의 몸을 세우기 위해 소그룹에서 다음의 질문과 활동을 함께 하라.

1. 그리스도인의 삶의 방식이 다른 이들이 그리스도께 나아오는 데 어떤 식으로 영향을 끼쳤는지 자신의 경험을 나누라.

2. 어떻게 예수 그리스도를 알게 됐는지 원하는 사람이 나누도록 하라. 그리스도께 나아오는 데 가장 큰 역할을 했던 사람은 누구인가? 그 사람과 당신의 관계는 어떠했는가?

3. 관계를 통해 믿음을 갖게 하시는 하나님의 역사를 어떤 식으로 경험했는가?

4. 잠시 기도하는 시간을 가지라. 소그룹 지체 한 사람 한 사람에게 관계의 원 안에서 그리스도를 구세주로 영접해야 할 사람을 알려주시기를 하나님께 구하라. 기도한 후에 '긴급수배' 명단에 올려야 할 사람의 이름을 밝히라. 서로를 위해 기도하고, 주님이 필요한 그 사람들을 위해 기도하라.

5. 모든 소그룹 지체들에게 "이번 주에 당신을 위해 어떻게 기도할까요?"라고 물어보라. 그 기도제목을 놓고 구체적으로 기도하라.

3장
당신의 세계에
다가가기 위한 전략

그리스도의 사신

종교는 하나님에 대한 좋은 견해다. 하지만 복음은 하나님으로부터 온 좋은 소식이다. 개혁은 인간도 할 수 있지만, 변혁은 오직 하나님만이 일으키실 수 있다. 성령님은 하나님의 사랑을 우리 마음에 비춰 주시면서 우리가 삶 속에서 그분의 사랑의 사역을 행하게 하신다. 그리스도인으로서 당신 삶의 주제는 무엇인가? 하나님의 종으로서 당신은 어떤 존재가 되어야 하는가? 고린도 교인들에게 보내는 편지에서 바울은 이 질문에 부분적으로 답한다.

"그런즉 누구든지 그리스도 안에 있으면 새로운 피조물이라 이전 것은 지나갔으니 보라 새 것이 되었도다 모든 것이 하나님께로 났나니 저가 그리스도로 말미암아 우리를 자기와 화목하게 하시고 또 우리에게 화목하게 하는 직책을 주셨으니 이는 하나님께서 그리스도 안에 계시사 세상을 자기와 화목하게 하시며 저희의 죄를 저희에게 돌리지 아니하시고 화목하게 하는 말씀을 우리에게 부탁하셨느니라 이러므로 우리가 그리스도를 대신하여 사신이 되어 하나님이 우리로 너희를 권면하시는 것같이 그리스도를 대신하여 간구하노니 너희는 하나님과 화목하라 하나님이 죄를 알지도 못하신 자로 우리를 대신하여 죄를 삼으신 것은 우리로 하여금 저의 안에서 하나님의 의가 되게 하려 하심이니라(고후 5:17-21)."

이 말씀은 복음의 요약본이다. 즉, 그리스도가 십자가의 죽음을 통해 우리의 죄 값을 치르심으로써 하나님이 어떻게 우리를 그분께로 이끄셨는지에 대해 이야기하고 있다. 또한 하나님과 우리가 어떻게 화목하게 되었는지에 대한 좋은 소식을 전해야 할 책임이 왜 우리에게 있는지, 그리스도를 통해 다른 이들을 하나님과 화목하게 할 책임이 어떻게 우리에게 주어졌는지를 이야기하고 있다. 2장에서 살펴본 것처럼 하나님은 하나님의 백성들이 그들의 영향권 안에 있는, 즉 관계의 원 안에 있는 이들을 통해 복음이 전해지기를 원하신다.

우리는 잃어버린 자들이 예수 그리스도를 구세주로 모실 수 있도록 성령의 능력 안에서 그들에게 예수님의 복음을 전해야 한다. 그러면 그들이 또 다른 이들에게 예수님을 전할 것이다. 이것이 화목하게 하는 사역이며, 화목하게 하는 말씀이다. 그래서 하나님은 그리스도의 사신으로 우리를 부르셨다.

사신의 정의

사신은 다른 나라 왕실에서 누군가를 대변하는 사람을 뜻한다. 그리스도인이라면 당신은 예수 그리스도의 사신이다. 우리는 이 성경적 사상을 가지고 삶의 방식에 접근해야 한다. 어디를 가든 당신은 예수님을 대변한다. 사무실에서 당신은 그리스도의 사신이다. 학교에서 학생들을 가르치거나, 기업을 운영하거나, 가게에서 장을 보거나, 어디서 무엇을 하든 당신은 그리스도의 사신이다. 어디를 가든 당신은 예수 그리스도의 인격을 대변한다.

'그리스도인'이라고 하면서 이기적인 태도나 무신경함, 아집 때문에 그리스도를 제대로 대변하지 못하는 사람을 본 적이 있는가? 그 얼마나 큰 비극인가! 그리스도인은 어디서 살든 예수님을 대변하는 자다. 언제든, 어디를 가든, 그리스도인인 우리는 예수 그리스도의 사신이다. 사신으로서 우리는 다른 이들에게 하나님과 화목하라고, 하나님과의 관계를 바로 하라고 간청해야 한다.

사역은 언제 시작해야 하는가?

사역에 대해 잘못된 생각을 가지고 있는 사람들이 있다. 내가 이런 걸 배우고, 이 정도가 되면 사역을 시작할 거라고 말한다. 내가 가르치는 학생들 중에도 "대학원을 졸업하고 나서 사역을 시작하면…"이라고 말하는 사람들이 있다. 틀렸다! 당신의 사역은 지금도 진행되고 있어야 한다. 1분 1초도 낭비하지 마라. 하나님은 당신이 있는 그 자리에서 당신을 사용하신다. 그러니 지금 당장 사역을 시작하라. 당신에게 지금 사역이 없다면 앞으로도 없다. 당신이 작은 것에 충성하면 하나님은 더 많은 것을 당신에게 맡기신다(마 25:23). 그러니 먼 훗날 어딘가에서 사역을 시작하게 되리라는 생각을 버려라.

지금 이 순간이 당신의 사역이다. 예수님이 당신의 마음에 들어오시는 그 순간 당신의 사역이 시작된다. 예수님은 당신을 통해 자유롭게 역사하기를 원하신다.

가장 높은 부르심

이 세상에서 가장 높은 부르심은 복음 전파가 아니다. 이 세상 가장 높은 부르심은 그리스도인이 되라는 부르심이다. 그렇기 때문에 우리 한 사람 한 사람은 각자의 관계의 원 안에서 사역하는 사역자다.

많은 이들이 말한다.

"하나님은 저를 대단한 그리스도인으로 만들 계획이 없으세요."

맞는 말이다. 하나님은 당신을 대단한 뭔가로 만드실 계획이 애당초 없으셨다. 하나님은 그저 당신이 그분의 처소요, 그분으로 채워지는 당신 자신이 되기를 원하신다.

"제가 성령 충만한 그리스도인이 되면 선교사나 목사나, 뭔가 특별한 일을 해야만 하는 거 아닌가요?"

아니다! 내가 아는 성령 충만한 위대한 그리스도인들 중에는 부품 가게에서 부품을 팔고, 사업을 하고, 학생들을 가르치고, 집을 파는 사람들도 있다. 그들은 설교를 하지 않는다. 대신 날마다 설교 같은 삶을 산다.

성령 충만하다고 해서 내성적인 사람이 외향적인 사람으로 바뀌지는 않는다. 많은 사람들이 성령이 충만하면 성격이 바뀔 거라고 생각한다. 하지만 예수님은 우리의 성격이 그분의 복제판이 되기를 바라시지 않는다. 예수님은 당신의 성격을 사용해 그분의 성품을 당신의 성격 안에서 다시 나타내기를 원하신다. 예수님은 당신을 취해 그분의 생명을 당신 안에 다시금 나타내기를 원하신다. 그리고 당신의 삶을 통해 잃어버린 세상이 그분과 화목하게 되기를 원하신다.

당신의 세계에 다가가라

이 세상을 예수님께 돌리기 위해 우리는 여러 가지 방법을 생각해낼 수 있으며, 마땅히 그렇게 해야 한다.

예수님은 우리에게 온 세상을 제자로 삼으라고 명하셨다. "그러므로 너희는 가서 모든 족속으로 제자를 삼아 아버지와 아들과 성령의 이름으로 세례를 주고 내가 너희에게 분부한 모든 것을 가르쳐 지키게 하라 볼지어다 내가 세상 끝날까지 너희와 항상 함께 있으리라"(마 28:19-20).

내가 말하려는 것은 세계 전도가 아니다. '당신의' 전도다. 우리가 우리의 세계에 다가가기 위한 구체적 전략을 수립하는 것이 아버지의 계획이다. "아버지, 이곳이 저의 세계입니다. 제가 이 세계를 취하겠습니다!" 우리가 이렇게 기도하면 하나님의 성령이 우리에게 임하시고 우리를 채우시며 우리에게, 우리로 말미암아, 우리를 통하여 말씀하신다.

다행히도 하나님은 우리의 세계에 홀로 다가가라고 하지 않으신다. 예수님은 말씀하셨다. "성령이 너희에게 임하시면 너희가 권능을 받고 예루살렘과 온 유대와 사마리아와 땅 끝까지 이르러 내 증인이 되리라"(행 1:8). 모든 믿는 자들에게는 각자의 예루살렘이 있다.

당신의 관계의 원 안에 바로 당신의 예루살렘이 있다. 당신의 예루살렘은 나의 예루살렘과 다르다. 당신의 유대도 있다. 당신의 유대는 세상에 단 하나뿐이다. 당신의 사마리아도 있다. 유대인들은 사마리아인들과 달랐다. 어쩌면 당신의 사마리아에는 당신이 싫어하는 사람이 있을 수도 있다. 하지만 그들을 사랑하기 위해 반드시 그들을 좋아해야 하는 건 아니다. 하나님은 이렇게 말씀하신다.

"네가 사마리아인들의 필요를 채워주어라. 그 필요가 무엇이든 네가 채워주어라."

또한 하나님은 땅 끝을 당신의 원 안에 들여놓으신다.

제자 삼음의 7단계

하나님은 당신의 삶을 통해 당신의 세계, 즉 당신의 관계의 원 안에 있는 이들을 제자 삼기 원하신다.

새로운 것을 창조하는 일에 관한 한 그 누구도 따라갈 수 없는 하나님은 어떤 방법으로든 역사하실 수 있다. 당신의 삶을 통해서도 하나님은 이런 책을 읽는 것으로는 결코 배울 수 없는 아주 독특한 방법으로 역사하실 것이다.

하나님이 당신의 삶을 통해 역사하시는 데 보탬이 되는 몇 가지를 함께 나누고자 한다.

제자 삼음의 7단계를 정리해봤다. 다음의 표는 7단계가 관계의 원들을 어떻게 둘러싸고 있는지 보여준다. 이 7단계는 예수님께서 필요로 하는 이들을 제자 삼으시는 하나님의 일에 당신이 동참하는 과정에서, 어떤 관계의 원에든지 동일하게 적용된다.

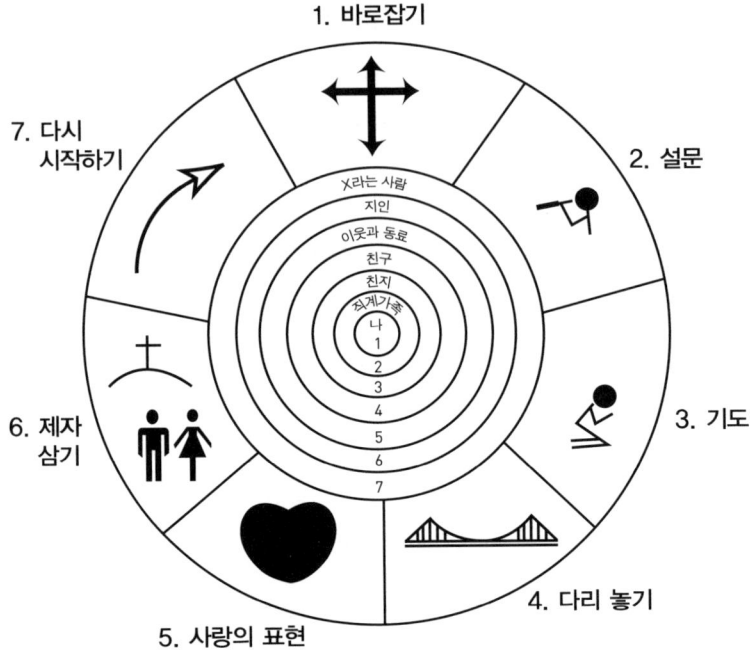

제자 삼음의 7단계

1단계 : 바로잡기 – 하나님과 자신, 타인과의 관계를 바로잡으라

2단계 : 설문 – 관계를 설문조사하라

3단계 : 기도 – 기도로 하나님과 동역하라

4단계 : 다리 놓기 – 사람들에게로 가는 관계의 다리를 놓으라

5단계 : 사랑의 표현 – 필요를 채워줌으로써 하나님의 사랑을 보이라

6단계 : 제자 삼기 – 제자 삼고 성장을 도우라

7단계 : 다시 시작하기 – 새신자들이 제자 삼을 수 있도록 도우라

1단계 : 바로잡기 – 하나님과 자신, 타인과의 관계를 바로잡으라

모든 것의 출발점은 하나님과의 바른 관계다. 우리는 먼저 용서와 구

원에 대한 하나님 아버지의 조건에 따라 그분께 나아가야 한다. 그리스도를 삶의 주인으로 모시는 순간, 우리는 사랑할 대상을 선택할 권리를 하나님께 영원히 내어드리게 된다. 그럴 때 하나님은 그분과 함께 임무를 수행할 수 있도록 우리 삶을 인도하신다. 구원을 받았어도 하나님과의 바른 관계, 순종의 관계 안에 서 있지 않다면 회개하고 하나님과의 바른 관계로 돌이켜야 한다. 그래야 하나님의 성령이 당신의 삶을 통해 흐를 수 있다.

또한 자신에 대해 바른 관점을 가지고 있어야 한다. 주님은 우리에게 우리 자신을 사랑하듯 다른 이들을 사랑하라고 명하셨다. 우리는 우리 자신을 사랑하고 그리스도 안에서 우리가 누구인지 이해해야 한다. 그리스도와 바른 관계를 맺을 때 삶의 균형이 잡힌다. 자신에게 보다 의미 있고 충만한 삶, 다른 이들에게 그리스도의 성품을 더 잘 드러내는 삶을 살게 된다.

하나님 아버지와의 수직적 관계가 바로 서고, 자신에 대해 균형 잡힌 관점을 갖게 되면, 하나님은 다른 이들과의 관계를 바로잡도록 당신을 이끄신다. 사람들과의 관계가 깨어진 채로 하나님과 바른 관계가 될 수는 없다. 다른 이들과의 관계가 회복될 때 삶의 통로가 깨끗해지고 당신을 통해 하나님의 사랑이 주위 사람들에게 흘러갈 수 있다. 복음은 바로 세워진 관계를 타고 움직인다.

2단계 : 설문 – 관계를 설문조사하라

오랜 세월 그리스도인으로 살아왔어도 잃어버린 이들과의 관계에 대해서는 전혀 생각하지 않는 경우가 많다. 하나님이 우리 삶에 보내신 사람들, 우리의 영향권 안에 놓으신 사람들에 대해 굳이 생각해보지 않는 것이다. 하지만 설문을 통해 관계의 원 안에 있는 사람들을 파악하기 시작하면 주님이 필요한 온갖 유형의 사람들이 모두 그 원 안에 있음을 깨닫게 된다.

나와 함께 사역하는 어느 중고등부 사역자가 학생들로부터 이런 말을 자주 들었다. "학교에서 친하게 지내는 애들은 몇 있지만, 주님을 알지 못하는 아이들이 그렇게 많은지는 잘 모르겠어요." 그 사역자는 수련회에 참석한 40명의 중고등부 학생들에게 관계의 원을 소개했다. 학생 한 명 당 여섯 장의 종이를 나눠주고 두 시간 동안 기도하고 설문을 작성하게 했다. 학생들은 모두 1,900명의 이름을 적었다. 그리고 이들 중 일부는 이미 주님께 돌아왔다. 바로 이런 이유 때문에 하나님이 당신의 관계의 원에 두신 사람들에 대해 설문을 작성해야 한다.

이번에는 당신의 영향권 안에 있는 이들을 발견하고, 기도하고, 다리를 놓고, 사랑하는 바탕이 될 기본적인 정보를 기록하는 데 도움을 주고자 한다. 먼저 당신과 가장 가까이에 있는 직계가족과 친지들을 살펴보고 다음으로 친구들, 이웃들, 직장 동료, 지인의 순으로 파악하고 설문을 작성할 것이다. 또 하나님이 당신의 삶에 보내주실 X라는 사람에 대해서도 함께 생각해보겠다. 이렇게 작성한 설문은 하나님이 당신의 관계의 원에 보내주신 이들을 위한 중보기도 목록이 될 것이다.

3단계 : 기도 – 기도로 하나님과 동역하라

기도는 주님과의 동역을 위한 준비 단계도, 종교적 행위도 아니다. 기도는 만유의 주인이신 주님과의 관계다. 기도할 때 우리는 온 우주를 통치하고 결정하는 천국 보좌 앞으로 나아가게 된다. 하나님은 기도하라고 우리를 초대하신다. 기도 응답이 하나님께로부터 왔음을 알고, 하나님께 영광을 돌리게 하시기 위함이다.

이 단계에서는 제자 삼는 과정에서 지혜와 분별을 구하는 기도를 하도록 당신을 돕고자 한다. 다른 이들의 삶의 환경을 움직이셔서 그들을 하나님께로, 그의 아들 예수 그리스도께로 이끄시도록 하나님께 기도하는 법을 배우게 될 것이다. 설문을 작성한 이들을 위해 기도하고, 하나님이 그들의 삶 어느 부분에서 역사하시는지 보게 될 것이다. 그리고 사람들의 필요를 깨닫게 됐을 때 하나님께 나아가자고 초대하고, 도움이 필요한 사람들에게 하나님의 사랑을 보여주게 될 것이다.

4단계 : 다리 놓기 – 사람들에게로 가는 관계의 다리를 놓으라

때로는 관계의 원에 있는 사람들과 너무 거리감이 있거나 깊이가 없어, 사랑으로 다가갈 방법이 마땅치 않은 경우도 있다. 하지만 어떤 사람에게 주님이 필요하다는 것을 알게 되고 그에게 다가가는 관계의 다리를 만들어, 하나님의 사랑이 그에게 흘러가도록 할 수 있는 경우도 있다.

관계의 다리를 놓는 방법은 아주 다양하다. 기쁠 때나 힘들 때 관심을 표현함으로써 다리를 놓을 수도 있고, 공통의 관심사나 취미를 통해 다리를 놓을 수도 있다. 다리 놓기가 결코 시간 낭비가 아님을 깨닫게 될 것이다. 당신과 관계를 맺고 그 관계를 통해 그리스도께 나아오게 되면 교회-어쩌면 당신이 출석하는 교회와 쑥쑥 자라는 관계를 구축하게 될 가능성이 높다.

5단계 : 사랑의 표현 – 필요를 채워 줌으로써 하나님의 사랑을 보이라

당신의 세계에 다가가면서 하나님께 쓰임받을 수 있는 좋은 방법은 하나님의 사랑을 보이는 것이다. 사랑은 필요를 채워주는 것이다. 하나님은 당신이 중보하는 이들의 삶 속에서 환경을 움직이심과 동시에 그들이 당신의 삶을 통해 하나님의 사랑을 경험할 수 있도록 기회를 주신다. 그들의 필요를 채워주는 당신을 통해 하나님은 그들을 예수님께로 이끄신다.

하나님은 당신이 그분의 사랑을 보일 수 있도록 환경을 움직이신다. 당신의 마음속에 역사하셔서 그다지 사랑스럽지 않은 사람을 사랑하게 하신다. 또한 당신에게 다른 이들의 필요를 채우실 자원을 공급하신다. 하나님의 사랑이 당신을 통해 흘러가게 할 때 당신의 삶은 하나님의 사랑의 통로가 되고, 사람들은 당신을 통해 하나님의 사랑을 경험하게 된다. 하늘 아버지의 사랑을 깨닫게 되고 하나님의 자녀로 입양되어, 그 아들의 구원의 은혜를 힘입어 하나님의 가족으로 초대받았음을 알게 된다.

6단계 : 제자 삼기 – 제자 삼고 성장을 도우라

누군가를 위해 기도하고, 관계를 가꾸고, 하나님의 사랑을 보이다 보면 그 사람의 삶을 향한 예수 그리스도의 말씀을 들고 대면해야 하는 때가 온다. 하나님의 눈으로 다른 이들을 볼 때 그들이 그리스도 없이 잃어버린 자임을 깨닫게 되고 그들과 그리스도의 좋은 소식을 함께하고 싶어진다. 그들에게 하나님과, 구원을 위한 그분의 뜻을 알리게 된다.

우리는 우리 안에 계신 그리스도를 증거하고 그분을 믿는 우리 믿음을 나누기만 하면 된다. 죄를 깨닫게 하는 일은 성령님의 책임이다. 복음의 진리를 깨닫게 하는 분도 성령님이시다. 한 사람이 그의 삶을 그리스도께 내어드릴 때 우리는 하늘의 천사들과 함께 기뻐한다. 그리고 하나님께 쓰임받아 삶을 변화시키는 기적을 목도하는 기쁨을 경험하게 된다.

그리스도께 나아온 후에는 주님의 제자로 성장해야 한다. 우리는 기도와 하나님의 말씀을 통해 새신자들이 예수님과의 개인적 관계를 발전시켜나가도록 도와야 한다. 그리스도의 주 되심에 순복해 그리스도가 그들의 주인이 되시도록 도와야 한다. 또한 자신에 대해 죽고 주님이 그들을 통해 사시게 함으로써 그리스도의 성품이 그들 안에 자라도록 도와야 한다.

7단계 : 다시 시작하기 – 새신자들이 제자 삼을 수 있도록 도우라

그리스도를 따르겠다는 결단은 제자 삼는 과정의 끝이 아니라 시작이다. 새신자가 온전히 헌신된 예수 그리스도의 제자가 되도록 돕는 것은 교회의 임무이기도 하다. 한 사람이 그리스도인이 되었다고 해서 제자 삼는 과정이 완료되지 않는다. 그 사람에게는 그 과정이 처음부터 다시 시작된다.

이 단계를 통해 당신은 그 사람이 하나님과 자신, 또다른 이들과의 관계를 바로잡을 수 있도록 도와주게 될 것이다. 설문을 작성하고, 기도하고, 그들이 관계의 원 안에 있는 이들에게 다가가는 다리를 놓도록 돕게 될 것이다. 그들이 하나님의 사랑의 통로가 될 때 용기를 불어넣어 줄 수도 있다. 그렇게 할 때 그들의 사랑하는 친구와 가족, 지인들이 예수 그리스도의 제자가 되는 모습을 보며 그들과 함께 기뻐하게 된다.

개인적 적용

묵상노트나 일기장에 다음 질문의 답을 적으라. 3장의 진리를 이해하고 삶에 적용할 수 있도록 자세히 기록하라.

1. 고린도후서 5장 17절부터 21절 말씀을 다시 한 번 읽고 그리스도의 사신이 된다는 것이 당신에게 어떤 의미인지 당신의 말로 표현해보라.

2. 제자 삼는 것을 포함하여 당신에게 하나님의 사역이 있음을 언제 어떻게 알게 되었는가? 그리고 지금까지 당신은 그 사역에 얼마나 충성했으며 하나님이 어떤 평가를 내리실 거라 생각하는가?

3. 묵상노트나 일기장에 제자 삼음의 7단계를 순서대로 써보라(다시 시작하기, 다리 놓기, 바로잡기, 제자 삼기, 기도, 사랑의 표현, 설문).

4. 이 장의 설명을 바탕으로 생각할 때, 당신의 관계의 원에 적용하기 가장 어려울 것 같은 단계는 몇 번째 단계인가? 또한 하나님이 이미 특별한 은사를 주시고 준비시키셨다는 감동이 드는 단계는 몇 번째 단계인가?

5. 관계의 원 안에 있는 잃어버린 자들을 제자 삼는 주님의 일에 동참할 수 있도록 은사를 주시고 인도해 주시기를 하나님께 구하라. 사신으로 부르시는 주님의 부르심을 받아들이고, 왕이신 주님께 충성을 맹세하라. 관계를 통해 제자 삼는 일에 있어 염려되는 부분을 무엇이든 주님께 털어놓으라.

몸 세우기

3장의 진리를 각자의 삶에 적용하고 그리스도의 몸을 세우기 위해 소그룹에서 다음의 질문과 활동을 함께 하라.

1. 그리스도의 사신이 된다는 것이 무슨 의미인지 함께 이야기하라. 아는 사람 가운데 그리스도의 사신 역할을 효과적으로 감당하는 이가 있다면 나누어보라.

2. 왜 그리스도인은 자신의 세계에 다가가기 위한 개인적인 전략을 가지고 있어야 하는가?

3. 돌아가면서 제자 삼음의 7단계를 복습하라. 그리고 개인적으로 가장 적용이 어렵다고 생각하는 단계를 말하라.

4. 지금까지의 공부를 통해 지난 한 주 어떤 활동, 혹은 경험을 했는가? 하나님이 당신의 관계에서 어떻게 역사하고 계신가?

5. 하나님이 관계의 원이나 제자 삼음의 7단계에 대해 당신에게 알려주시는, 가장 의미 있고 소중한 진리는 무엇이라고 생각하는가?

6. 모든 소그룹 지체들에게 "이번 주에 당신을 위해 어떻게 기도할까요?"라고 물으라. 그 기도제목을 놓고 구체적으로 기도하라.

전도를 방해하는
세 가지 장애물

복음이란 무엇인가?

복음을 나타내는 영어 단어 'gospel'은 '좋은 소식'이라는 뜻이다. 이 단어는 신약에 모두 76번 등장한다. 복음의 헬라어 원어는 유앙겔리온 (euangelion)이다. 이 단어의 앞에 붙은 '유(eu)'라는 글자를 주목하라. 헬라어에서 '유(eu)'는 언제나 '좋다'는 뜻이다. 예를 들어 유포노스 (euphonos)는 좋은 소리라는 뜻이다. 유로고스(eulogos)는 좋은 말이라는 뜻이다.

사실 웹스터 대사전을 보면 영어 고어에서는 복음이 'gospel'이 아니라 'godspel'로 표기되어 있다. 'Godspel'이 번역되는 과정에서 'gospel'로 알려지게 된 것이다.

좋은 소식을 알게 됐을 때 우리는 가까운 사람들에게 그 소식을 알리고 싶어한다. 우리와 관계를 쌓아온 이들과 좋은 소식을 함께 나누고 싶어한다.

그러나 그리스도인인 우리는 때로 가식적이고 위선적으로 행동한다. 좋은 소식을 어딘가에 있는 X라는 사람에게 전하고 싶어하면서 곁에 있는 사람들에게는 전하고 싶어하지 않는 것이다. "잘 아는 사람들에게는 복음을 증거하기가 힘들어서요." 이 말이 진심이라면 그건 당신이 맺고 있는 관계가 참되지 못하기 때문이다. 실은 자기 자신을 향한 사랑과 염려가, 당신과 가까운 이들을 향한 사랑과 관심보다 더 크기 때문이다.

이번 장에서는 당신의 관계의 원에서 좋은 소식을 나누지 못하게 가로막는 세 가지 장애물을 살펴보도록 하자. 장애물이란 당신의 삶의 방식 중 다른 사람과 복음을 나누지 못하게 방해하는 요소다.

장애물 1 : 개인적으로 예수님을 알지 못한다

관계의 원에 있는 이들을 사랑하기 위해 다가가지 못하는 첫 번째 이유는 사랑이신 그분을 우리가 아직 만나지 못했기 때문이다. 당신은 예수님을 만났는가? 다른 이들에게 복음을 전하기 위한 첫 번째 단계는 예수 그리스도와의 바른 관계다. 먼저 우리 개개인과 하나님과의 관계가 바로 서 있어야 한다.

우리는 오감(五感)으로 세상을 인식한다. 오감을 통해 얻은 지식으로 우리 생각을 채운다. 머리로 하나님을 알 수도 있다. 하지만 그 결과 많은 이들이 하나님에 '관해서만' 안다. 하나님에 '관한' 많은 개념을 제시하지만 경험을 통해 하나님을 알지는 못한다.

육체는 세상을 인식하게 하고, 생각은 자아를 인식하게 한다. 그리고 영은 하나님을 인식하게 한다. 하지만, 내 영이 죄악에 빠져 죽어 있으면 거룩하신 하나님은 내 영 가운데 계실 수 없다. 내게 여전히 영이 있으나 그 영은 하나님에 대하여 죽은 영이다. 거듭남으로 말미암아 하나님은 내 안에 오셔서 거하시며 나를 영적으로 살리신다. 그럴 때 나는 위로부터 난 자가 된다.

그러므로 그리스도인의 삶의 주권은 더 이상 육에 있지 않다. 그리스도인이 위로부터 거듭나면 하나님의 성령이 그 사람의 영 안에 거하시며, 그의 생각을 통해 흘러가시고 그의 육신을 통해 움직이신다. 그러면 그리스도인 된 우리는 "우리 몸을 거룩한 산 제사"로 드린다(롬 12:1). 그 이유는 무엇일가? 그렇게 함으로써 "그 배에서 생수의 강이 흘러"나오게 되기 때문이다(요 7:38).

당신은 성령님이 역사하시고 이 세상에 그분 자신을 드러내시는 통로다. 우리가 거듭날 때 이런 일이 일어난다. 하나님께 대하여 살아있는 자가 된다.

당신의 삶에 먼저 깊은 필요가 있을 수도 있다. 당신 자신이 아파하고 있을 수도 있다. 하지만 당신을 사랑하시는 하나님이 이미 공급할 준비를 해두시지 않은 필요는 당신 삶에 하나도 없음을 기억하라. 무엇보다 큰 공급은 바로 당신의 죄를 사하셨다는 것이다. 교회에 가고 도덕적인 삶을 살고, 사람들을 돕고 교회에 헌금을 한다 하더라도 그로 인해 죄가 사라지지는 않는다.

예수 그리스도는 우리를 죄에서 구원하기 위해 역사 속에 오셔서 죽으셨다. 우리가 죄 사함을 받을 수 있도록 죽음으로 우리의 죄 값을 치르셨다. 예수님의 죽음은 우리의 필요에 대한 하나님의 공급이다. 그분으로 인해 우리는 영생을 얻었다. 하나님과의 바른 관계를 위해 필요한 모든 작업은 이미 완료됐다. 그러므로 하나님께 나아갈 때는 하나님의 뜻을 따라야 한다. 아직까지 그렇게 하지 않았다면 예수님의 구원의 복음을 증거할 수 없다.

장애물 2 : 두려움

하나님과의 관계가 바로선 다음에는 자기 자신과의 관계를 바로잡아야 한다. 당신의 자아가 회복되어 하나님이 창조하셨을 때의 모습을 되찾게 됐을 때, 예수님이 당신을 통해 그분의 생명을 나타내실 수 있다. 그러나 자기 자신과의 관계가 바로 세워지지 않는다면 다른 이들과의 관계도 위태로울 수밖에 없다.

가까운 이들에게 복음을 전하지 못하게 가로막는 두 번째 장애물은 거절과 실패에 대한 두려움이다. 그리스도와의 관계에 확신이 없고, 그리스도 안에서 자신이 누구인지를 제대로 이해하지 못하면 다른 이들의 생각이나 행동을 두려워하게 된다. 이 두려움을 이해하기 위해 먼저 하나님의 말씀이 두려움을 어떻게 정의하고 있는지 살펴보자.

디모데후서 1장 7절은 두려움이 하나님으로부터 온 것이 아님을 명확하게 밝히고 있다. "하나님이 우리에게 주신 것은 두려워하는 마음이 아니요 오직 능력과 사랑과 근신하는 마음이니."

또한 우리는 두려움 없이 증거하라는 명을 받았다.

"너희 마음에 그리스도를 주로 삼아 거룩하게 하고 너희 속에 있는 소망에 관한 이유를 묻는 자에게는 대답할 것을 항상 예비하되 온유와 두려움으로 하고 선한 양심을 가지라 이는 그리스도 안에 있는 너희의 선행을 욕하는 자들로 그 비방하는 일에 부끄러움을 당하게 하려 함이라"
(벧전 3:15-16).

하버드대학

암 환자들을 대하는 것이 내 일이고, 스트레스로 고통받는 이들을 돕는 것이 내 사역이다 보니 하버드대학 심리학과에서 스트레스를 주제로 강의할 기회가 생겼다. 나는 강단에 서서 이렇게 말했다.

"제 직업은 학자입니다. 하지만 오늘 아침에는 학자의 모습으로 여러분 앞에 서 있고 싶지 않습니다. 이 시간에는 여러분에게 저의 약함을 그대로 보이고 암에 관한 제 경험을 나누고 싶습니다. 저는 이곳에 학술논문을 발표하려고 오지 않았습니다. 저는 여러분의 삶의 필요를 채워드리기 위해 왔습니다. 다시 말해, 여러분을 사랑하러 왔습니다. 저는 여러분을 사랑하고 싶습니다. 삶의 필요를 채워드리고 싶습니다. 여러분의 가정, 혹은 여러분이 만나는 사람, 어쩌면 여러분 자신이 암에 걸릴 수도 있습니다."

이 이야기를 하고 난 후 나는 삶의 중심 되시는 예수 그리스도와 그분이 우리를 어떻게 만드셨는지, 그리고 스트레스가 인간의 몸에 어떠한 영향을 미치는지에 대해 이야기했다. 강의가 끝나자 많은 사람들이 나와 이야기를 나누기 위해 앞으로 나왔다. 그리고 내게 "저는 그리스도라는 분에 대해 이런 이야기를 들은 적이 한 번도 없습니다."라고 말했다.

많은 지성인들이 명료하게 제시된 복음, 즉 예수 그리스도에 관한 참된 이야기를 한 번도 들어본 적이 없다. 그러니 학자들을 비롯해 세상에 있는 사람들을 무서워하지 말라. 다른 모든 사람들처럼 그들에게도 상처가 있다. 다가가 그들을 사랑하라. 그들이 당신에 대해 어떻게 생각할지 걱정하지 마라. 두려워할 필요가 없다. 당신은 왕의 사신이다.

하나님께 동의하고 순종하라

듣는 것과 들은 것을 실제로 적용하는 것은 별개다. 하나님이 그분과 그분의 뜻을 이해하게 하시고 나면, 그분은 우리에게 가르치신 것에 대해 책임을 물으신다. 하나님이 우리에게 진리를 알려 주셨는데 우리가 그 진리에 순종하지 않으면 우리는 영적으로 고통을 느끼게 된다. 한 학생이 솔직하게 시인했다. "그렇다면 차라리 전 모른 채 살고 싶습니다." 그러나 그 학생의 선택도 답이 될 수 없다. 우리는 디모데후서 1장 7절의 말씀을 취하고 선포하며 하나님과 동의해야 한다. 겁먹지 말고 앞으로 발걸음을 내딛으며 순종해야 한다.

"나의 계명을 가지고 지키는 자라야 나를 사랑하는 자니 나를 사랑하는 자는 내 아버지께 사랑을 받을 것이요 나도 그를 사랑하여 그에게 나를 나타내리라"(요 14:21).

우리에게 원하시는 바를 하나님이 말씀하셨을 때 우리가 그 뜻을 따르고 순종하면, 하나님은 우리에게 자신을 분명하게 나타내시고 우리 삶 가운데 실체가 되신다고 약속하셨다.

예수님이 당신의 삶을 향한 그분의 뜻을 보이셨을 때 순종하면, 예수님은 자신을 분명하게 나타내신다. 삶의 실체가 되신다. 예수님이 내 삶에 뚜렷한 실체로 나타나셨을 때는 내가 순전한 순종의 마음으로 "아버지, 제가 무엇을, 왜, 어떻게 해야 할지 알지 못하지만 아버지께 순종하겠습니다."라고 고백했던 때다. 하나님께 대한 순종은 눈금자로 잴 수 없다. 순종의 척도를 특정 이론으로 만들고 싶은 생각도 없다. 다만 우리가 그분에게 순종할 때 삶 가운데 자신을 나타내시고 삶의 실체가 되어 주시는 것이 그분의 본질이시라는 것만은 분명히 말하고 싶다. 두려움은 하나님으로부터 온 것이 아니라는 하나님의 말씀에 동의하라. 당신에게 '능력과 사랑과 근신하는 마음'을 주시는 그분을 신뢰하라.

반석 위에 집을 지으라

마태복음 7장 24절부터 27절에서, 예수님은 말씀을 듣고 행하는 자는 그 집을 반석 위에 지은 사람 같다고 말씀하셨다. 반석 위에 지은 집은 인생의 폭풍이 닥쳐도 무너지지 않는다. 즉, 두려워하지 말고 증거하라는 하나님의 말씀에 순종하면, 예수님은 우리 삶에 분명하게 나타나신다는 약속을 지키신다.

신학대학원으로부터 강의 요청을 받았던 순간을 잊을 수 없다. 캐롤라인과 나는 강의 요청을 받은 후 포트워스로 이사했다. 그리고 우리가 살 집을 직접 짓기로 했다. 우리는 직접 설계를 하고, 자재를 고르고, 건축에 들어갔다. 반석 위에 집을 지으라는 주님의 말씀에 나는 전적으로 순종했고, 한 학생의 도움을 받아 삽과 정을 들고 땅을 파내려갔다. 하루는 그 학생이 땅을 파다가 잠시 삽에 기대 서서 땀을 닦으며 말했다.

"교수님, 한 가지 정말 감사한 게 있어요."

"그게 뭔데요?"

"교수님이 지하실을 안 만들기로 하신 거요."

어느 날에는 벽난로 자리를 파느라 밤늦게까지 일을 했다. 우리는 거실과 2층 부부 침실에 벽난로를 만들기로 했다. 그래서 두 개의 벽난로를 지탱할 콘크리트를 붓고 철근을 심을 공간을 확보하기 위해 1.5m 깊이까지 바위를 뚫으며 땅을 팠다.

유난히 춥고 바람이 많이 불던 그날 밤, 낡은 코트를 입고 안전모를 쓰고 땅을 파는 나를 도와 캐롤라인이 손전등으로 땅을 비쳐줬다. 그러다 한 신참 경찰관이 차를 세우고, 내쪽으로 순찰차 라이트를 비추고는 창문을 내리며 고함쳤다.

"대체 지금 뭐하시는 겁니까?"

캐롤라인은 나를 쳐다봤고 나는 큰소리로 대답했다.

"무덤을 파는 중입니다!"

관심을 끌 수 있는 최고의 답이었다. 경찰관은 차에서 황급히 뛰어내려 우리에게로 달려왔다. 우리는 금세 친해졌고, 그 경찰관은 우리가 땅을 얼마나 팠는지 보기 위해 매일 밤 현장에 들렀다.

그날 밤 우리는 세들어 살고 있던 집으로 돌아와서 곧바로 침대에 몸을 던졌다. 온 몸에 힘이 하나도 없었다. 캐롤라인은 어느새 골아 떨어졌고, 온 집안은 쥐죽은 듯 조용했다. 그런데 갑자기 수도꼭지에서 물이 떨어지는 소리가 들렸다. 나는 생각했다.

'자는 듯 가만히 있으면 캐롤라인이 듣고 일어나서 수도꼭지를 잠그겠지.'

하지만 내 예상은 보기 좋게 빗나갔다. 캐롤라인은 나를 살며시 흔들면서 말했다.

"여보, 가서 수도꼭지 좀 잠그고 와요."

이 이야기를 통해 하고 싶은 말이 있다. 그날 그 방에서 가장 또렷하고 분명했던 건 한 방울씩 떨어지는 물소리였다. 도저히 다른 데로 관심을 돌릴 수가 없었다.

우리가 "아버지, 당신이 분명하게 나타나시기를 원합니다. 당신의 임재를 느끼기 원합니다."라고 기도하면 하나님은 그날의 물소리처럼 우리에게 또렷하고 분명하게 나타나실 것이다. 예수님은 우리 삶 가운데 분명하게 나타나기를 원하신다. 우리가 그분을 못본 척할 수 없을 만큼, 그분이 없이는 어떤 결정도 내릴 수 없을 만큼 또렷하게 나타나기 원하신다. 모든 그리스도인의 삶에 분명하고 실질적으로 자신을 나타내기를 원하신다. 그러므로 당신이 주님께 순종할 때 주님은 두려움이 아닌 능력과 사랑과 근신의 모습으로 나타나실 것이다.

장애물 3 : 깨어진 관계

하나님과의 관계, 자신과의 관계는 바로 서 있으나 다른 이들과의 관계가 깨어진 경우도 있다. 금이 간 관계는 그리스도인의 삶에서 하나님의 성령이 역사하지 못하게 가로막는다. 우리의 복음 증거와 그것의 의미를 무력화시킨다. 뿐만 아니라 우리가 속한 세계 전체를 채우고도 남을 하나님의 우물을 막아버린다.

그러므로 하나님의 우물이 계속 솟아나 흐르게 하기 위해서는 그리스도인 된 우리가 모든 깨어진 관계를 바로잡아야 한다. 깨어진 관계 때문에 양심에 걸리는 부분이 있을 수 있다. 자신의 행동에 죄책감을 느끼거나 다른 사람과 화목하지 못하면서 하나님과 화목하라고 사람들에게 권하는 자신이 위선자처럼 느껴질 수도 있다.

그러므로 깨어진 관계가 있다면 바로잡으라. 잘못된 부분이 있다면 어떻게 해서든 바로잡아 양심을 깨끗하게 하라. 그래야만 성령님이 흘러 역사하실 수 있는 깨끗한 통로가 된다. 관계의 원으로 복음을 전하기 위해서는 다른 이들과의 관계를 바로잡아야 한다.

개인적 적용

묵상노트나 일기장에 다음 질문의 답을 적으라. 4장의 진리를 이해하고 삶에 적용할 수 있도록 자세히 기록하라.

1. 당신과 하나님의 수직적인 관계를 어떻게 평가하는가?
   a. 내게는 하나님과의 관계라고 할 만한 것이 없다.
   b. 4장에서 설명한 예수 그리스도와의 믿음의 관계는 없지만 그런 관계를 맺고 주님을 알고 싶다.
   c. 예수 그리스도와 그와 같은 관계를 맺고 있지만 그분과의 친밀함은 없다. 죄를 고백하고 그분께 돌아가야 한다.
   d. 예수 그리스와 믿음의 관계를 맺고 있으며, 매일 그분과의 바른 관계 안에 살기를 구하고 있다.

2. 복음, 또는 예수 그리스도를 통한 구원의 좋은 소식을 설명해 달라고 요청받았을 때 당신의 개인적인 경험에 근거해 어떻게 설명하겠는가? 성경의 어느 구절을 인용하겠는가?

3. 두려움 때문에 다른 사람에게 당신의 신앙을 전하는 것을 주저했던 때가 있었는가? 왜 그런 두려움을 느꼈는가?

4. 친한 친구가 가족에게 복음 전하기를 두려워한다면 그 두려움을 극복할 수 있도록 어떤 이야기를 해주겠는가?

5. 하나님이 깨닫게 해주신 깨어진 관계나 화목이 필요한 관계는 없는가? 어떤 관계인가? 그 관계를 바로잡기 위해 어떤 노력을 했는가?

6. 복음을 전하는 데 있어서 방해가 되는 장애물이나 걸림돌을 기도하며 찾으라. 하나님께서 당신을 가르치시고, 인도하시며, 고치시고 하나님을 위한 좋은 증인이 될 수 있도록 용기 주시기를 구하라.

몸 세우기

4장의 진리를 각자의 삶에 적용하고 그리스도의 몸을 세우기 위해 소그룹에서 다음 질문과 활동을 함께 하라.

1. 각자의 경험을 돌아봤을 때 복음을 전하는 데 있어서 가장 큰 걸림돌은 무엇인가? 그 걸림돌을 극복할 수 있도록 하나님이 당신을 어떻게 도우셨는가? 그 장애물을 넘어설 수 있도록 당신을 인도하고, 바로 잡아주고, 용기를 주었던 말씀은 무엇인가?

2. 이 장에 기록된 세 개의 장애물 가운데 당신이 속한 교회 교인들에게 가장 큰 걸림돌이 되는 것은 무엇이라고 생각하는가? 그 장애물을 제거하여 교인들을 통해 복음이 세상으로 자유롭게 흘러가게 하기 위해 하나님이 당신에게 원하시는 것은 무엇이라고 생각하는가?

3. 관계의 원 속 관계를 회복시키기 위해 하나님이 어떤 일을 하신다고 느끼는가? 회복된 관계 안에서 어떤 하나님의 치유와 승리를 경험하고 있는가?

4. 지금까지의 공부를 통해 지난 한 주간 어떤 활동, 또는 경험을 했는가? 하나님이 당신의 관계에서 어떻게 역사하고 계신가?

5. 모든 소그룹 지체들에게 "이번 주에 당신을 위해 어떻게 기도할까요?"라고 물으라. 그 기도제목을 놓고 구체적으로 기도하라.

Stage 1

바로잡기 :

하나님과 자신, 타인과의 관계를 바로잡으라

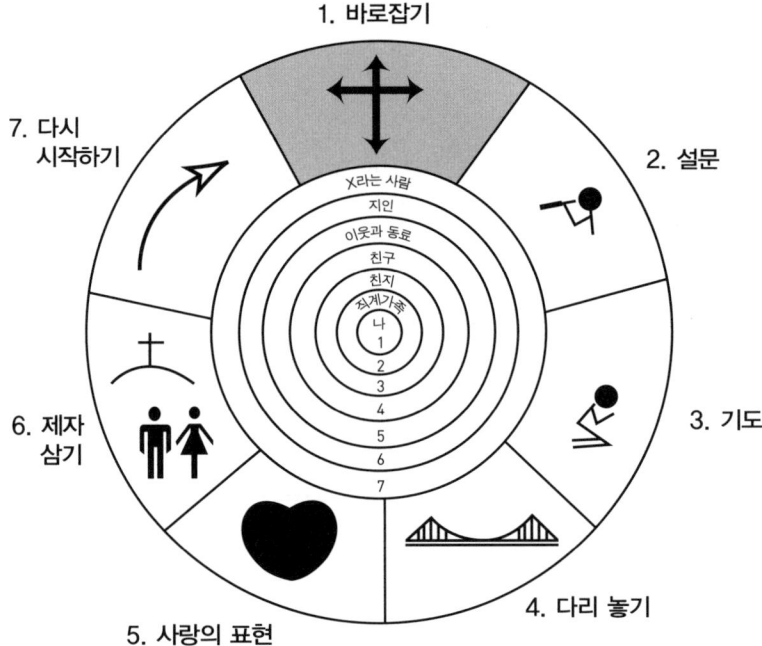

모든 것의 출발점은 하나님과의 바른 관계다. 우리는 먼저 용서와 구원에 대한 하나님 아버지의 조건에 따라 그분께 나아가야 한다. 그리스도를 삶의 주인으로 모시는 순간, 우리는 사랑할 대상과 선택할 권리를 하나님께 영원히 내어드리게 된다. 그럴 때 하나님은 그분과 함께 임무를 수행할 수 있도록 우리 삶을 인도하신다. 구원을 받아도 하나님과의 바른 관계, 순종의 관계 안에 서 있지 않다면, 회개하고 하나님과의 바른 관계로 돌이켜야 한다. 그래야 하나님의 성령이 당신의 삶을 통해 흐를 수 있다.

또한 자신에 대해 바른 관점을 가지고 있어야 한다. 주님은 우리에게 우리 자신을 사랑하듯 다른 이들을 사랑하라고 명하셨다. 그러므로 우리는 우리 자신을 사랑하고 그리스도 안에서 우리가 누구인지 이해해야 한다. 그리스도와 바른 관계를 맺을 때 삶에 균형이 잡힌다. 당신에게 보다 의미 있고 충만한 삶, 다른 이들에게 그리스도의 성품을 더 잘 드러내는 삶을 살게 된다.

하나님 아버지와의 수직적 관계가 바로 서고, 자신에 대해 균형 잡힌 관점을 갖게 되면, 하나님은 다른 이들과의 관계를 바로잡도록 당신을 이끄신다. 사람들과의 관계가 깨어진 채로 하나님과 바른 관계가 될 수는 없다. 다른 이들과의 관계가 회복될 때 삶의 통로가 깨끗해지고 당신을 통해 하나님의 사랑이 주위 사람들에게 흘러가게 된다. 복음은 바로 세워진 관계를 타고 움직인다.

하나님과의 관계를 바로잡으라

4장에서 다른 이들에게 복음을 전하지 못하게 가로막는 세 가지 장애물을 살펴보았다. 이 장애물을 극복할 때까지는 하나님께 쓰임받아 다른 이들을 제자 삼는 일에 제한이 있을 수밖에 없다. 1단계는 우리 삶에서 복음 증거를 가로막는 장애물들을 극복하기 위한 첫 단계다. 우리는 하나님과 우리 자신, 그리고 타인과의 관계를 바로잡아야 한다. 이 장에서는 첫째 되고 가장 중요한 관계인 하나님과의 관계를 살펴보자.

할리우드 프로듀서

12월 어느 날 샌프란시스코 행 비행기를 탔다. 좌석을 찾아 앉고 보니 내 왼편에 앉은 사람은 텍사스 대학 교수로 재직 중인 텍사스 오스틴 소재 교회의 집사였다. 유쾌한 성격의 그와 몇 분간 이야기를 나눴다.

내 오른편에 앉은 사람은 뭔가를 쓰느라 무척 분주해 보였다. 나도 굳이 방해하지 않았다. 그는 할리우드에서 일하는 프로듀서였다. 그와는 간단히 인사만 나눴다. 앞으로 그와 함께 할 시간이 세 시간이나 있었기 때문이다. 최소한 세 시간 동안은 그가 어디로 도망갈 것도 아니었기에 나는 초조하지 않았다.

시간이 조금 지난 뒤 그가 펜을 내려놓았고, 그때부터 우리는 이야기를 나누기 시작했다. "무슨 일을 하십니까?" 그가 물었다.

나는 사람들에게 내가 침례교 목사라는 사실을, 특히나 세 시간 동안 함께 비행기를 타고 갈 사람에게 누설해서는 안 된다는 사실을 오래 전에 터득했다. 사실대로 말해주면 극한의 공포에 질려 자리를 박차고 일어날 테니 말이다. 그래서 이렇게 대답했다. "네, 전 가르치는 일을 합니다." 그리고 기다렸다. 그러자 그가 물었다. "무엇을 가르치십니까?" 내가 신학대학원에서 전도학을 가르친다고 대답했을 거라 생각하는가? 틀렸다! 나는 이번에도 있는 그대로 답하지 않았다.

"참 흥미로운 질문을 하셨습니다. 저는 기본적으로 세상에서 가장 중요한 단어가 관계라는 걸 가르칩니다. 이 세상에 있는 관계의 문제를 해결할 수만 있다면 우리는 가정 문제, 이웃과의 문제, 도시 문제, 국제 문제까지 다 해결할 수 있을 겁니다."

그는 잠시 창 밖을 내다보며 생각에 잠기는 듯하더니 "정말 맞는 말입니다."라고 했다. 그 말을 듣고 나는 타임지를 꺼내 읽기 시작했다. 그런데 그가 계속 말을 이어갔다.

"그게 전부입니까? 더 해주실 말씀 없습니까?"

"더 알고 싶으신가요?"

그렇게 말문을 열고, 나는 지금부터 내가 당신에게 들려줄 이야기를 시작했다.

인간에게는 두 가지 관계가 있다. 사람들과 맺는 수평적인 관계가 하나고, 모든 관계의 기초를 세우신 만유의 주와의 수직적 관계가 다른 하나다. 우리는 그분의 설계에 따라 지어졌다. 따라서 우리가 그 설계에 따라 살아가면 만물이 제자리를 찾는다. 하지만 그 설계를 따르지 않으면, 일이 제대로 굴러가지 않는다. 기본적으로 관계가 제대로 움직이지 않는 이유는 인간이 하나님의 설계를 따르지 않기 때문이다. 하지만 감사하게도 하나님은 우리가 이 두 가지 관계를 바로 세울 수 있는 계획을 세워두셨다.

나는 옆자리에 앉아 있는 그 프로듀서에게 말했다.

"그 계획은 예수 그리스도의 가르침에 가장 잘 나타나 있습니다."

"아! 저도 성경을 읽어봤습니다. 저도 예수님이 하신 말씀에 상당히 공감합니다. 물론 성경에 기록된 것을 다 믿지는 못하겠습니다만…."

"어쨌든 그게 제가 가르치는 겁니다."

만약 45분짜리 짧은 비행이었더라면 그렇게 여유를 부릴 수 없었을 것이다. 하지만 샌프란시스코까지는 3시간이 소요되었다. 나는 다시 타임지를 집어들었다. 그리고 그는 잠시 멍하니 앉아 있었다. 그렇게 잠시 시간이 흘렀다.

"좀 더 말씀해 주세요."

그가 말했다. '그 말씀이 얼마나 반가운지 당신은 짐작도 못하실 겁니다.' 난 속으로 대답했다. 우리는 그 비행기 안에서 아주 긴 이야기를 나눴다. 물론 그는 성경에 대해 상당한 거부감을 가지고 있었다. 하지만 알

다시피 세상의 많은 사람들은 성경을 제대로 알기보다 희화된 일부분에 대해서만 들었기 때문에 성경을 거부한다.

나는 대부분의 사람들은 예수 그리스도를 거부하지 않는다고 믿는다. 단지 예수님에 대한 부분적 묘사를 거부할 뿐이다. 이들은 '종교가 되어버린 교회'를 거부하는 것이지 예수 그리스도를 기본적으로 거부하는 것은 아니다. 사실 이들은 예수님에 대해 제대로 들어본 적도 없다. 그러니 정말 비극이 아닐 수 없다. 내 옆자리에 앉은 프로듀서와 나는 그 부분에 대해 이야기를 나눴고 예수 그리스도에 대해서도 이야기했다. 그가 물었다.

"그가 누구인지, 어떤 분인지 어떻게 알 수 있습니까?"

나는 예수님이 자신을 설명하셨던 내용 그대로인 분이든지 아니면 정신병자나 희대의 사기꾼이든지 둘 중 하나라는, 익히 알고 있는 간단한 답을 제시했다.

"딕, 그분이 누구신지는 결국 증거를 바탕으로 결정할 수밖에 없어요. 그저 예수님이 역사상 가장 위대한 스승이었다는 결론으로 바로 넘어갈 수는 없는 겁니다. 이 위대한 스승은 '나는 하나님이다.'라고 했습니다. 위대한 스승이라면 그런 거짓말을 할 수는 없겠죠. 결국 예수님을 그분의 말씀 그대로 받아들이든지, 그분을 거절하든지 선택하셔야 합니다."

이 말을 마치고 나는 다시 타임지를 읽기 시작했다. 그동안 반대편에 앉아있던 집사님은 나를 위해 계속 기도했다. 비행기가 엘 캐피탄(El Capitan) 상공을 지나자 "지금 요세미티(Yosemite)국립 공원을 지나고 있습니다."라는 기장의 안내방송이 흘러나왔다. 우리는 모두 창 밖을 내다봤다. 이제 시간이 얼마 남지 않았기 때문에 나는 진심으로 기도했다.

'오, 아버지! 저는 이 형제를 설득할 수 없습니다.'

그는 직장 동료들과의 관계와 가족 관계에서 온갖 어려움을 겪고 있었다. 그는 가정을 회복시키기 위해 애쓰고 있었고, 그 초조함이 이루 말할 수 없을 정도였다. 비행이 중반에 접어들어 산악지대를 지나고 있을 때 나는 창 밖을 바라보는 그의 눈에 맺힌 눈물을 보았다. 그러다 그가 문득 나를 보며 말했다.

"오스카, 오늘 아침 달라스의 호텔방에서 무릎을 꿇고 기도했습니다. '오, 하나님. 정말 하나님이 계시다면 제발 저를 도와주십시오. 제게 누군가를 보내주세요.' 라고."

그는 손을 뻗어 내 팔을 붙잡으며 이렇게 말했다.

"하나님이 제게 당신을 보내주셨습니다. 이제 어떻게 해야 할까요?"

"가장 먼저 해야 할 일은 예수 그리스도의 절대적 권위에 순복하는 겁니다. 그리고 그분을 당신 삶의 주인으로 모시는 겁니다. 하나님께 나아가기 위해 그분이 제시하시는 조건을 받아들이셔야 합니다. 당신이 내거는 조건으로는 그분께 나아갈 수 없습니다. 딕, 위대한 그리스도인의 전기를 읽어보신 적이 있나요? 거기서 아주 흥미로운 점을 발견할 수 있습니다. 조지 휫필드(George Whitefield), 존 웨슬리(John Wesley), 마틴 루터(Martin Luther)를 비롯해 역사에 기록된 많은 기독교 위인들은 하나님을 찾는 과정에서 하나님과 거칠게 씨름한 위대한 하나님의 사람들이었습니다. 그들에게는 한 가지 기본적인 문제가 있었죠. 전심으로 하나님을 찾기는 했지만, 자신들의 조건을 움켜쥐고 있었습니다. 그러나 이들이 자신들의 조건을 버리고 하나님께 나아갔을 때 하나님이 비로소 이들을 받아주셨습니다. 이들이 두 손 두 발 다 들고 '당신의 조건이 무엇이든,

그로 인해 어떤 대가를 치르게 되든, 저는 당신의 조건을 받아들이겠습니다.' 라고 고백한 순간 하나님이 즉각적으로 자신을 나타내셨습니다."

딕은 비행기에서 내리며 이렇게 말했다.

"오스카, 감사합니다. 제 평생 필요했던 것을 알려 주셨군요."

수직적 관계

삶에는 가장 기본이 되는 두 가지 관계가 있다. 이미 알고 있겠지만, 하나는 하나님 아버지와의 수직적인 관계다. 그리고 나머지 하나는 다른 사람들과의 수평적인 관계다. 한 개인이 믿음으로 하나님 아버지와 수직적 관계를 바르게 맺으면 그 사람은 다른 사람들과 바람직한 수평적 관계를 맺으며 세상의 기본적인 문제들에 대처해나갈 수 있게 된다.

친애하는 독자여, 당신이 누구인지 알지 못하지만, 하나님과 개인적인 관계를 맺으며 그분을 친밀하게 아는 첫 단계가 그분의 조건을 따르는 것임을 분명히 알기 바란다. 나는 당신이 이미 예수 그리스도와의 구원의 관계 안으로 들어온 사람이라고 생각한다. 하지만 그 생각이 틀릴 때가 종종 있다. 그 구원의 관계를 아직 경험하지 못했다면 하나님과의 관계를 바로잡기 위해 반드시 그 관계를 맺어야 한다는 것을 기억하라.

다음의 성경구절들은 우리에게 구원이 필요하다는 것과 구원을 우리에게 공급해 주시는 하나님을 이야기하고 있다. 그러므로 각 구절들을 살펴보고 기도하라. 그리고 삶 속에서 하나님의 구원의 은혜를 경험했는지 분명하게 확인하라.

- 모든 사람이 죄를 지었다 : "모든 사람이 죄를 범하였으매 하나님의 영광에 이르지 못하더니"(롬 3:23).
- 모든 사람이 죽어 마땅하다 : "죄의 삯은 사망이요"(롬 6:23 상).
- 하나님이 우리를 사랑하셔서 우리에게 구원을 주셨다 : "하나님이 세상을 이처럼 사랑하사 독생자를 주셨으니 이는 저를 믿는 자마다 멸망치 않고 영생을 얻게 하려 하심이니라"(요 3:16).
- 그리스도가 우리를 대신해 죽음의 형벌을 받으셨다 : "우리가 아직 죄인 되었을 때에 그리스도께서 우리를 위하여 죽으심으로 하나님께서 우리에게 대한 자기의 사랑을 확증하셨느니라 그러면 이제 우리가 그 피를 인하여 의롭다 하심을 얻었은즉 더욱 그로 말미암아 진노하심에서 구원을 얻을 것이니"(롬 5:8-9).
- 구원은 거저 받는 선물이다 : "하나님의 은사는 그리스도 예수 우리 주 안에 있는 영생이니라"(롬 6:23 하).
- 구원은 행위가 아닌 믿음에 근거 한다 : "너희가 그 은혜를 인하여 믿음으로 말미암아 구원을 얻었나니 이것은 너희에게서 난 것이 아니요 하나님의 선물이라 행위에서 난 것이 아니니 이는 누구든지 자랑치 못하게 함이니라"(엡 2:8-9).
- 우리는 고백하고 믿음으로써 구원을 선물로 받는다 : "네가 만일 네 입으로 예수를 주로 시인하며 또 하나님께서 그를 죽은 자 가운데서 살리신 것을 네 마음에 믿으면 구원을 얻으리니 사람이 마음으로 믿어 의에 이르고 입으로 시인하여 구원에 이르느니라"(롬 10:9-10).
- 하나님은 구하는 자를 구원하신다 : "누구든지 주의 이름을 부르는 자는 구원을 얻으리라"(롬 10:13).

– 구원받은 자는 정죄받아 죽음에 이르지 않는다 : "그러므로 이제 그리스도 예수 안에 있는 자에게는 결코 정죄함이 없나니"(롬 8:1).

일상의 관계

우리는 그분이 우리에게 제시하시는 조건을 매일 받아들여야 한다. 골로새서 2장 6절은 "그러므로 너희가 그리스도 예수를 주로 받았으니 그 안에서 행하되"라고 기록한다. 이 말씀이 대체 무슨 뜻일까? 우리가 믿음으로 예수 그리스도를 받았기 때문에 날마다 믿음으로 그분과 동행해야 한다는 뜻이다.

아모스서 3장 3절은 "두 사람이 의합지 못하고야 어찌 동행하겠으며"라고 묻는다. 결국 뜻이 같다는 것은 내가 다시 돌아와 앞으로 펼쳐질 그 동행의 길에 대해 하나님께 온전히 동의하고 그분의 조건을 받아들인다는 의미다. 우리가 그렇게 할 때 주님은 "내가 네 삶 가운데 나를 드러낼 것이다."라고 말씀하신다.

순종의 삶

많은 이들이 구원의 기쁨을 잃어버리는 이유는 순종의 삶을 살지 않기 때문이다. 장애물이 생기면 이들은 길을 가로막힌 채 속수무책 서 있기만 한다. 예수님이 당신에게 실체가 되시기를 바라는가? 요한복음 14장 21절의 말씀을 적고 암송하라. "나의 계명을 가지고 지키는 자라야 나를 사랑하는 자니 나를 사랑하는 자는 내 아버지께 사랑을 받을 것이요 나도 그를 사랑하여 그에게 나를 나타내리라."

예수님은 실체로 자신을 드러내겠다고 말씀하신다. 한 가지 더 이야기하고 싶은 것이 있다. 우리가 예수님을 찾아 나선 결과로 그분을 발견하게 되는 것이 아니라, 예수님이 자신을 계시하신다는 것이다. 예수님은 자신을 실체로 나타내신다.

당신에게도 그분이 실체가 되시기를 원하는가? 그렇다면 그분께 순종하라. 예수님이 당신 삶의 실체가 되셨던 때는 당신이 중요한 결정을 앞에 두고 주님의 방법대로 하겠다고 결단했을 때였다. 우리는 고백해야 한다. "아버지, 어떤 대가를 치르게 되더라도 저는 개의치 않습니다. 제가 무엇을 해야 할지도 중요치 않습니다." 하나님과 날마다 동행하는 사람에게는 하나님의 임재와 현현(顯現)이 매일의 현실이요 실체다. 이것이 요한복음 14장 21절에 기록된 하나님의 약속이다. 하나님은 "그러므로 너희는 가서 모든 족속으로 제자를 삼아"(마 28:19 상)라고 명하셨다.

이 명령에 대해 어떤 교파는 '그럼 내년에는 올해보다 10만 명 더 세례를 주면 되겠군.' 하고 생각할 수도 있겠다. 하지만 몇 명에게 세례를 주느냐는 기준이 될 수 없다. 하나님의 기준은 '모든 민족을 제자로 삼는 것'이기 때문이다. 하지만 당신의 관계의 원 안에 있는 사람이 아니라면 당신이 책임지지 않아도 된다. 왜일까? 이유는 지극히 단순하다. 하나님께는 그들 모두를 구원하시고 그들의 모든 필요를 채우실 은혜가 넘치도록 있기 때문이다.

당신은 그저 쓰임받도록 자신을 신실하게 내어드리기만 하면 된다.

하나님은 당신 안에 살아계신다. 하지만 과연 그분께 당신의 통제권이 있는가? 아직 극복하지 못한 당신만의 장애물은 없는가? 당신 안에서 원하시는 모든 일을 하실 수 있는 자유를 하나님께 드렸는가? 당신은 그분께 순종하고 있는가? 요한복음 14장 21절은 우리가 하나님께 순종하면 하나님이 우리에게 자신을 나타내신다고 기록한다.

예수님이 우리 삶에 실체로 다가와야 한다. 예수님이 이전만큼 생생하게 느껴지지 않는다면 되돌아가 근본적인 문제를 확인해보라. 순종의 자세를 점검하라. 예수님이 당신에게 무엇이라 말씀하셨는가? 그분께 불순종했던 최종 지점은 어디였는가?

깨어진 관계 때문에 불순종의 문제가 발생하기도 한다. 마태복음 6장 14절과 15절은 이렇게 기록한다.

"너희가 사람의 과실을 용서하면 너희 천부께서도 너희 과실을 용서하시려니와 너희가 사람의 과실을 용서하지 아니하면 너희 아버지께서도 너희 과실을 용서하지 아니하시리라."

하나님은 이 구절에서 깨어진 관계에 대한 원칙을 말씀하신다. 우리는 관계에 금이 가도 통탄해하지 않는다. 그저 그 관계를 무시해버린다.

나는 신학대학원 학생들에게, 교회에 부임하자마자 어딘가에서 관계를 상하도록 만드는 것은 우리의 문제라는 얘기를 한다. '교만'이라는 단어를 들어봤을 것이다. 우리는 너무나 교만하기 때문에 우리 잘못을 인정하지 않는다. 물론 상대방이 잘못했을 수도 있지만, 그렇다 해도 우리는 화목하게 하는 자가 되어야 한다.

교만의 고삐를 제대로 잡지 않으면 결국 계속해서 관계에 금이 가고, 관계가 상할 수밖에 없다. 종국에는 주변 사람들과의 관계가 깨지면서 더 이상 목양을 하지 못하게 되고, 깨어진 관계가 계속 늘어나다 보면 다른 교회로 옮길 수밖에 없는 상황이 벌어진다. 옮긴 교회에서도 처음부터 그 주기를 반복할 뿐이다. 하나님이 화목하게 하는 자가 되시기 때문에 우리 또한 화목하게 하는 자가 되어야 한다는 사실을 우리는 언제쯤에나 제대로 깨닫게 될까?

삶을 한번 돌아보라. 인생에서 가장 행복했던 순간은 관계가 좋았던 때고, 가장 괴로웠던 순간은 관계가 상해 있을 때임을 깨닫게 될 것이다.

이처럼 당신이 맺은 관계는 당신을 세상에서 가장 행복한 사람으로 만들 수도 있고, 세상에서 가장 참담한 사람으로 만들 수도 있다. 왜 그럴까? 하나님이 우리를 관계 맺는 존재로 만드셨기 때문이다.

당신을 진정 행복하게 만드는 것

비록 이 세상은 소유가 행복을 보장한다고 외치지만, 실제로 소유는 행복을 가져다주지 못한다. 잠깐 동안은 무언가를 소유했다는 흥분이 밀려올지 모르지만 그렇다고 행복해지지는 않는다. 그렇다면 무엇이 우리를 진정 행복하게 만들까? 1장으로 되돌아가 보라. 존재의 가장 깊은 갈망을 채워주는 것은 누군가와의 관계다.

하지만 누군가와 관계를 맺을 때 그 관계의 조건은 우리가 제시하는 것이 아님을 기억하라. 우리의 조건은 항상 변한다. 우리는 하나님의 조건에 따라 관계를 맺어야 한다. 관계는 우리에게 만족을 준다. 관계는 우리의 필요를 채운다. 외톨이가 되어본 적이 있는가? 외로움을 느껴본 적이 있는가? 진심으로 당신을 사랑하고 염려하는 사람과 함께 해본 적이 있는가? 바로 그런 관계가 우리에게 만족을 준다.

우리는 "아버지의 조건에 따라 아버지께 나아가겠습니다."라고 고백하며 관계를 맺어야 한다. 하나님과의 이 수직적인 관계가 세워지면 그로부터 의미 있고 변치 않는 수많은 수평적인 관계가 세워진다.

환경 때문에 괴로워 말라

당신을 가로막는 환경 때문에 괴로워하거나 불안해하거나 짜증낼 필요는 없다. 하나님이 허락하시지 않고는 믿는 자의 삶에 어떤 일도 생길 수 없기 때문에 반드시 그 상황을 헤쳐나갈 수 있는 은혜도 함께 주어진다. 하지만 하나님의 은혜를 어떻게 받아야 하는가?

하루를 살아갈 은혜를 매일 받아야 한다. "네 사는 날을 따라서 능력이 있으리로다"(신 33:25).

예수님은 말씀하셨다. "아무든지 나를 따라오려거든 자기를 부인하고 자기 십자가를 지고 나를 좇을 것이니라"(마 16:24). 우리는 매일 이 작업을 해야 한다. 그런데 한 가지 문제가 있다. 우리 삶의 대부분은 어제와 내일이라는 두 강도들에 의해 갈기갈기 찢겨나가고 있다. 우리는 오늘을 살지 않는다. 하지만 우리는 지금 이 순간, 오늘을 살아야 한다.

예수님은 말씀하셨다. "너희도 만일 회개치 아니하면 다 이와 같이 망하리라"(눅 13:3). 회개란 하나님에 대한 태도, 죄에 대한 태도, 다른 이들에 대한 태도를 바꾸는 것이다. 이것은 하나님이 우리에게 요구하시는 것이기도 하다. 태도가 변하면 우리의 삶의 방식 또한 변한다.

아버지는 지혜롭고 말이 없는 분이셨다. 텍사스 목장주였던 아버지는 말이 곧 보증수표인 분이었다. 나는 아버지가 하나님을 욕되게 하는 말씀을 하시는 걸 한 번도 들은 적이 없다. 아버지는 진짜 그리스도인이셨다. 아버지는 면바지 아랫자락을 커다란 검은 부츠에 집어넣는 옷차림을 즐기셨다. 아버지는 "목장주는 소 75마리마다 이렇게 아랫자락을 한쪽씩 부츠에 집어넣는 거"라며 그 옷차림을 고수하셨다. 'W. O. T.' 라는 이니셜이 새겨진 금장 버클이 달린 아버지의 검은 벨트는 어머니의 결혼 선물이었다. 아버지는 회색 셔츠에 검은 넥타이를 매고, 카우보이모자를 쓰고 소떼를 모셨다. 나는 아버지에게 말했다.

"아빠, 넥타이를 왜 매요? 너무 덥잖아요!"

"폼나잖니."

"대체 누가 본다고요, 소들이요?"

우리 아버지 W. O. 톰슨은 이런 분이셨다. 아버지는 종종 내게 이런저런 일을 맡기셨는데 내가 그 일을 제대로 하지 못하면 "아들아, 좀 더 신경을 써야겠구나!"라고 말씀하셨다.

내가 일하는 방식에 대해서는 혼내시지 않았다. 아버지는 내가 어떤 일을 하느냐보다 일에 대한 내 태도에 더 신경을 쓰셨다.

내 태도가 좋지 않을 때는 "네 태도가 마음에 들지 않는구나. 바꿔라!"라고 하셨다. 바꾸라는 말은 당장 바꾸라는 뜻이었다. 아버지가 "네 태도는 너한테 달렸잖니. 지금 당장 바꿔!" 하고 말씀하시면 나는 즉시 "네, 아버지."라고 대답했다.

하나님이 나와 당신에게 회개하라고 말씀하시면, 그건 태도를 바꾸라는 뜻이다. 지금 당장! 우리는 태도와 행동에 있어 순종함으로써 하나님께 동의해야 한다. 하나님과의 관계를 바로 해야 한다.

하나님이 나를 사랑하신다는 확신이 있는가?

몇 년 전 나는 몇 주 안에 목숨을 잃을 수도 있다는 진단을 받았다. 그때 병문안을 온 한 학생은 내 병상 발치에 서서 이런 말을 했다.

"톰슨 교수님, 제가 교수님이라면 하나님이 원망스러울 것 같아요. 하나님을 위해 교수님이 지금까지 하신 일을 생각해 보세요."

"잠깐만요. 형제님은 하나님이 형제를 사랑하신다는 확신이 없군요."

"아뇨, 전 하나님이 저를 사랑하신다고 확실히 믿어요."

"아니요, 형제님께는 그 확신이 없습니다. 만일 하나님이 나를 사랑하신다는 확신이 있다면 온전한 사랑이 모든 두려움을 내쫓는다는 걸 압니다. 하나님의 허락 없이는 그리스도인의 삶에 어떤 일도 일어날 수 없습니다. 하나님이 그 일을 허락하셨다면 감당할 만한 은혜와 힘도 주실 겁니다."

어떤 상황에서든 우리가 하나님을 구하면 하나님은 우리가 그의 사랑 안에 안식할 수 있음을 보여주신다. 그럴 때 우리 삶의 모든 일들이 주님의 영광을 위해 쓰임받게 된다. 이제부터 "아버지, 우리가 관계의 원을 향해 다가갈 때 극복해야 할 장애물을 보여주세요. 아버지께 순종하고 당신의 사랑 안에서 위로를 얻게 해주세요."라고 기도하자.

하나님으로부터 당신의 자아와 다른 이들에게로

제자 삼음의 첫 단계는 하나님과 당신의 자아, 다른 이들과의 관계를 바로잡는 것이다. 하나님과의 수직적 관계가 바르게 서면, 그리스도 안에서 당신이 누구인지 제대로 볼 수 있도록 하나님이 당신을 도우신다. 참된 당신을 알 수 있도록 해주신다. 하나님과의 바른 관계, 건강하고 바른 자아상이라는 기초가 세워지면 하나님이 당신의 삶을 통해 다른 이들에게로 흘러가신다. 먼저 바른 자아상을 살펴보고 다른 이들과의 관계 또한 돌아보자.

개인적 적용

묵상노트나 일기장에 다음 질문의 답을 적으라. 5장의 진리를 이해하고 삶에 적용할 수 있도록 자세히 기록하라.

1. 하나님께 그분과의 관계에 대해 기도하고 물으라. 하나님과의 관계의 참 모습을 보여주시기를 구하라. 당신에게는 하나님의 아들 예수 그리스도를 믿는 구원의 믿음이 있는가? 날마다 주님께 동의하고 있는가? 주님께 순종하며 살고 있는가? 주님이 당신에게 죄를 이기고 승리를 얻게 하시는 분이심을 날마다 신뢰하고 있는가?

2. 하나님과의 관계를 바로잡아야 한다면 하나님이 그 관계에 대해 보여주신 것을 지금 당장 행하라. 깨달은 죄가 있다면 회개하고 그 죄에서 돌아서라. 다시 한 번 그리스도를 날마다 당신 삶의 주인으로 모시겠다고 선택하라.

3. 하나님과 바른 관계를 맺는 것은 해야 할 일과 하지 말아야 할 일을 나열하는 종교적 행위가 아니다. 하나님은 당신과 사랑의 관계를 맺기 원하신다. 그리고 그 관계를 키우는 최선의 방법은 그분과 시간을 보내는 것이다. 하늘 아버지와 이야기를 나누는 시간을 길게 가져보라(최대 한 시간까지). 집이나 밖에서 그분께 이야기할 수 있는 조용한 장소를 찾으라. 당신이 삶에서 어떤 일을 행하기 원하시는지 그분께 물으라. 그분께 당신의 걱정과 기쁨, 의문점과 필요를 털어놓으라.

몸세우기

5장의 진리를 각자의 삶에 적용하고 그리스도의 몸을 세우기 위해 소그룹에서 다음의 질문과 활동을 함께 하라.

1. 하나님과의 관계를 바로잡아야 했던 경험을 이야기해보라. 어떤 상황이었는가? 하나님과의 관계를 바로잡아야 한다는 사실을 하나님이 어떻게 알려주셨는가? 당신은 어떻게 반응했는가?

2. 하늘 아버지와 친밀하고 개인적인 관계를 느끼고 경험했던 때를 이야기해보라. 어떻게 해야 계속해서 그 같은 친밀함을 경험할 수 있는가?

3. '할리우드 프로듀서'가, 혹은 누구라도 "하나님께 나아가기 위해 하나님이 제게 제시하시는 조건은 무엇입니까?"라고 당신에게 묻는다면 당신은 무엇이라고 답하겠는가?

4. 지금까지의 공부를 통해 지난 한 주 동안 어떤 활동, 혹은 경험을 했는가? 하나님이 당신의 관계에서 어떻게 역사하고 계신가?

5. 모든 소그룹 지체들에게 "이번 주에 당신을 위해 어떻게 기도할까요?"라고 물으라. 그 기도제목을 놓고 구체적으로 기도하라.

원1: 자신과의 관계를 바로잡으라

이 장에서는 자아에 대해, 하나님의 사랑이 자아를 통해 흘러가지 못하게 막는 장애물에 대해 살펴보자. 자아가 바로 서지 않으면 어떤 방법을 써도 문제가 떠나지 않는다. 자아는 당신과 나의 가장 큰 문제이다. 본능에 충실할 때 우리는 "나는 나를 사랑해. 당신이 나를 행복하게 해 줬으면 좋겠어."라고 말한다. 그렇게만 된다면 얼마나 좋을까? 당신이 내 조건을 충족시켜 주기만 한다면 아무 걱정 없이 그저 순탄할 테니 말이다. 문제는 현실이 절대 그렇지 않다는 것이다!

나를 향한 하나님의 계획

우리는 왕 되신 주님과의 교제를 위해 창조되었다. 하늘을 위해 새가 창조되고 바다를 위해 물고기가 창조되었듯이 인간은 하나님과의 교제를 위해 창조되었다. 우리가 그분과 교제하기 전까지는 그 무엇도, 이 세상의 그 누구도 우리 존재 안의 가장 깊은 필요를 채울 수 없다. 하지만 그분과 교제하게 되면 우리는 그분의 조건에 따라 다른 이들과도 교제할 수 있게 된다.

진실하지 못한 사람

우리가 관계에 대해 가장 먼저 배우는 장소는 바로 가정이다. 학교에서나 직장에서 혹은 다른 곳에서 우리는 종종 가식적인 모습을 보인다. 사람들을 대할 때 가면 쓴 얼굴만 보여주기도 한다. 시시때때로 가면을 바꾸기도 한다. 이 사람 앞에서는 이 가면을, 저 사람 앞에서는 저 가면을 쓴다. 직장에서는 또 다른 가면을 쓴다. 고객이나, 상사, 부하 직원에게서 특정한 반응을 이끌어내기 위해서는 특정한 모습을 보여야 한다고 생각한다. 그 결과 우리는 다양한 가면을 쓴다. 그러다 얼마 지나지 않아 누구 앞에서 어떤 가면을 썼는지 잊어버리고 만다. 그래서 이 가면을 쓰고 있다가 황급히 다른 가면으로 바꿔 쓴다. 그러면 우리 앞에 앉아 있던 사람은 '우와!' 하고 놀란다.

그런 경험이 없는가? 나도 알 만큼 안다. 그러니 가만히 앉아서 경건한 척, 아무것도 모르는 척하지 마라. 이런 게 바로 우리의 문제점이다. 진실하지 못한 사람과 어떻게 관계를 쌓을 수 있겠는가? 우리는 하나님이 뜻하신 참된 사람이 되도록 하나님의 도우심을 받아들여야 한다.

자신을 사랑하기

하나님은 무엇보다 당신이 당신 자신에 대해 만족하기를 원하신다.

하나님은 당신이 참자아를 포장하고 가리는 것을 원치 않으신다. 성경은 "네 이웃을 몸과 같이 사랑하라"(마 19:19)고 기록한다. 자기 자신을 사랑하지 않고는 결코 다른 사람을 사랑할 수 없다. 우리는 자신에 대해 만족해야 한다.

하나님은 당신이 당신 자신에 대해 만족하기를 바라신다. 또한 당신 자신을 사랑하기 바라신다. 좀 이상하게 들리지 않는가? 당신이 자신을 사랑하면 어떤 일이 벌어질까? 에베소서는 남편들에게 아내를 자기 자신을 사랑하듯 사랑하라고 기록한다(엡 5:28). 그렇다면 거울 앞에 서서 "오! 나는 나를 사랑해."라고 해야 한단 말인가? 절대 아니다. 거울 속의 자신을 쳐다보고 있으면 너무 사랑스러워 소름이 끼치는가? 당신에게 그런 증상이 없으리라 믿는다. 그런 증상이 나타나고 있다면 뭔가 문제가 있다는 얘기다.

자신을 사랑하게 되면 자신의 필요를 채우게 된다. 필요한 음식을 먹고, 씻고, 빗질하고, 닦고, 칠하고, 입히고, 따뜻하게 하고, 시원하게 한다. 지금 나열한 행동 중에 잘못된 것이 있는가? 전혀 없다. 이것이 바로 자신을 사랑하는 것이다. 하나님은 우리가 우리 자신을 돌보기를 바라신다. 사랑은 필요를 채워주는 것이다.

성숙해지면 우리는 가정을 이루게 된다. 하나님은 우리에게 서로의 필요를 채우는 방법을 가르치신다. 하나님이 아버지와 어머니에게 아이를 주시는 것도 이 때문이다. 사람들은 가정에서 하나님 아버지가 어떻게 역사하시는지, 그 역사를 통해 자신들이 어떻게 자녀의 필요를 채우게 되는지 보게 된다. 필요가 채워질 때 아이들은 자신들이 사랑받고 있음을 알게 된다.

당신과 당신의 열등감

암 연구 및 상담 재단의 목회자 상담가로서 의학 학회에서 강연을 한 적이 있다. 스트레스와 그 영향에 대해 이야기하면서 나는 이런 말을 덧붙였다.

"한 산업 심리학자에 따르면 인구의 95%가 여섯 살이 되기 전에 열등감을 갖게 된다고 합니다. 자기 자신에 대해 확신하지 못한다는 얘기죠."

그때 동료 중 한 사람이 내 말을 가로챘다. 내가 틀렸다면서 말이다. 그런 얘기를 들으면 언제나 기분이 날아갈 것 같다. 그는 이렇게 말했다.

"95%가 아닙니다. 100%입니다. 여섯 살이 됐을 때 열등감이 없는 아이는 한 명도 없습니다."

정말 그런지도 모른다. 아이들은 성장하면서 '나는 나에 대해 어떻게 생각하는가?'라고 자문한다. 그리고 그 답을 찾기 위해 아이들마다 다양한 접근 방식을 취한다. 적극적인 아이도 있다. 그러면 어른들은 그 아이가 자신에 대해 확신을 가지고 있다고 결론 내린다. '저 아이는 자기 자신이 누구인지 알고 있는 거야. 괜찮을 거야.'

하지만 대개는 자기 자신에게 확신이 없기 때문에 관심을 끌기 위해 적극적인 행동을 하는 것일 뿐이다. 반대로 마치 벽지처럼 눈에 띄지 않게 행동하면서 입 열기를 두려워하는 아이도 있다. 수줍은 것이다. 나는 다양한 성격 유형을 고려해 이야기하고 있다. 우리는 그리스도인의 삶을 판단함에 있어 수많은 실수를 저지른다. 에스키모에게 아이스크림이라도 팔 수 있을 만큼 수완이 좋고 적극적이고 반듯한 영업 사원을 보면 우리는 이렇게 말한다.

"어이구, 저 사람이 구원만 받는다면 정말 대단한 일을 할 텐데…."

그러나 정말 그럴 수도 있고 아닐 수도 있다. 적극성이 곧 영성을 의미한다고 생각하지 마라. 가장 수동적인 성향의 사람들이 자기 자신에 대해 가장 강한 확신을 가지고 있고, 가장 위대한 사랑의 통로가 되는 경우도 있다. 우리 눈에 잘 보이지 않을 뿐 하나님이 그들을 얼마나 놀랍게 사용하시는지 모른다.

반드시 기억해야 할 것이 있다. 우리가 회심할 때 하나님은 우리의 성격이 아닌 성품을 바꾸신다는 것이다. 이 둘 사이에는 큰 차이가 있다. 하나님은 당신이 당신 자신이 되기를 바라신다. 하지만 동시에 그리스도가 당신 안에 거하시기를 원하신다. 하나님은 당신을 통해 다른 이들에게 다가가기를 원하신다.

우리 모두는 첫 사람 아담의 본성을 가지고 태어났다. 아담의 성향은 세 가지 인격 대명사에서 여실히 드러난다. 나, 나의, 나의 것, 우리는 이 본성을 우리가 하는 일에서도 고스란히 드러낸다. 가질 수 있는 것은 다 갖고, 취할 수 있는 것은 다 취하고, 절대 놓지 말고, 아무와도 나누지 마라. 그저 나, 나의, 나의 것만 있다. 이것이 옛 아담의 본성이다.

균형이 필요하다

우리의 자아는 균형을 추구한다. 우리의 삶은 시소와 같다. 얼마나 균형 잡혔는가가 당신과 나를 대변한다. 삶에 문제가 닥치고 스트레스가 우리를 짓누르면, 우리는 자신에 대한 확신을 잃어버리게 된다. 이런 상황에서 우리는 죄책감을 느끼고 옛 아담의 본성은 더욱더 아래로 짓눌리게 된다.

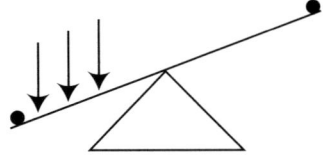

옛 아담의 본성은 다시 위로 올라오고 싶어한다. 하지만 그것을 위해 잘못된 방법을 사용한다. 이런 모든 일이 어렸을 때부터 시작된다. 우리가 원하는 것은 균형 잡힌 삶일 뿐인데 누군가 우리의 작은 시소에 올라타서 우리를 비난하며 아래로 아래로 우리를 누른다.

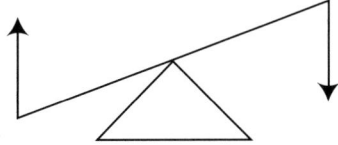

어떤 비난이든 우리는 즉각적인 반응을 보인다. 어떤 반응을 보일까? 당신이 나를 치면 나는 어떻게 할까? 아마도 당신을 맞받아칠 것이다. 당신이 나를 비난하면 나는 당신도 그리 잘난 거 없다며 되받아칠 것이다. 자기 보상의 자연적이고 정상적인 결과다. 나는 나를 돌봐야 하는 것이다.

누군가가 우리를 도와주려 할 때 우리는 민감하고 불안해진다. 다른 사람들이 우리를 누르고 있다고 생각한다. 그래서 다시 위로 올라가려 안간힘을 쓴다. 심리 분석을 하려는 게 아니다. 성경적인 관점으로 접근하려는 것뿐이다. 다른 사람들의 행동에 반응을 보이기 시작함과 동시에 우리는 통제력을 느끼기 시작한다. 타고난 능력을 자기 자신을 위해 사용한다.

우리를 짓누르는 요소들

마음 깊이 열등감을 가지고 있으면서 적극적인 유형의 사람은 주위의 모든 사람을 지배하고 자신이 모든 것을 주장해야 직성이 풀린다. 이들은 자신이 만족감을 느끼기 위해 교회와 가정, 또는 직장에서 사람들에게 위압감을 준다.

많은 소규모 지역 교회에서 가정에서나 볼 수 있는 위계질서 구조가 나타난다. 어떤 사람들에게는 교회가 권위를 휘두를 수 있는 유일한 곳이다. 하지만 이런 교회에서는 결코 하나님께 영광이 돌아가지 않는다. 다른 이들에게 위압감을 심어주는 사람들이 상황을 주도하려고 온갖 에너지를 다 빨아들이며 다른 이들에게 상처를 입힌다. 참으로 처참하지 않은가?

바로 이러한 것들이 우리를 아래로 짓누른다.

우리를 짓누르는 또 다른 요소는 죄책감이다. 죄책감에는 두 종류가 있다. 하나는 하나님 앞에서 느끼는 진정한 죄책감이다. 나는 여호와께 죄를 범했다. 하나님의 율법을 어겼다. 나는 자기중심적인 삶을 살아왔다. 이것이 진정한 죄책감이다.

다른 하나는 자기가 만들어낸 죄책감이다. 진정한 죄책감에 대해서는 용서를 받아들일 수 있지만, 자신이 만들어낸 죄책감에 대해서는 용서를 받아들이는 게 불가능하다. 하나님의 용서를 받아들였으나 자기 자신을 용서하지 못하는 이들이 있다. 그 결과 하나님이 자신을 용서하셨다고 확신하지 못하면서 상처 입고 마음 아파한다.

자신이 만들어낸 죄책감에 짓눌리게 되면 우리는 나름대로 계획을 세운다. 하지만 우리가 세운 계획은 무너지고 만다. 계란을 한 바구니에 담았는데, 갑자기 바구니가 찢어지는 것과 같다. 결국 빈 계란 껍데기밖에 남지 않는다. 이처럼 우리 삶을 소유에 모두 털어 넣더라도 결국에는 아무것도 남지 않는다. 왜일까? 바로 이 부분에 대해 여러분과 나누고자 한다.

성취의 추구

균형을 맞추려는 노력의 일환으로 우리는 무언가를 성취하려 한다. 뭔가를 성취하면 그로 인해 내가 다시 위로 올라갈 수 있고 균형을 찾았다고 느낄 수 있을 거라 믿는다. 그렇게 되면 사람들도 나를 비판하지 못할 거라고 생각한다. 사람들이 나를 칭찬할 것이고, 칭찬을 받으면 다시 위로 올라갈 수 있을 거라 믿는다. 그렇기 때문에 나는 반드시 성취가가 되어야 하는 것이다.

물론 성취 자체는 전혀 나쁘지 않다. 성취가적 성향을 주님으로부터 받았고, 무언가를 성취하도록 지음받았으니 그 자체는 잘못이 아니다. 하나님은 왜 어떤 사람들을 성취가로 지으셨을까? 하나님께 영광을 돌리도록 하기 위해서다. 하지만 대부분은 자기 자신에 대해 만족하기 위해 무언가를 성취하려고 한다. 자신에 대해 만족감을 느끼고 싶어하는 이유는 그래야 자신이 올라갈 수 있고, 주변 사람들보다 높아 보이기 때문이다. 즉 내가 남들보다 조금 더 높아져야 다른 사람들을 내려다볼 수 있다고 생각하는 것이다. 이런 적 없었는가? 나는 이 대목에서 젊은 사역자들의 고정관념을 흔들어놓고 싶다. 이런 말을 해주고 싶다.

"여러분은 교회로 가겠죠. 많은 사람들에게 세례를 주고, 돈을 더 많이 모으고, 건물을 더 많이 세우고, 많은 것들을 이루려고 노력할 겁니다. 탁월한 능력 덕분에 원하는 대로 할 수 있을 것입니다. 자부심도 대단할 것입니다. 하지만 그 동기가 잘못됐습니다. 하나님 앞에 서게 됐을 때, 여러분이 이룬 모든 것들은 금과 은과 보석이 아닌 나무 조각과 지푸라기에 불과할 겁니다."

많은 이들이 양심의 가책 때문에 하나님을 섬긴다. 교회에 가면 목사님은 증거하고 섬겨야 한다고 얘기한다. 안 그래도 양심에 가책을 느끼던 터라 말이 나온 김에 교회에서 분주히 일하기 시작한다. 그래야 어느 정도 지위를 확보하고 자신에 대해 만족할 수 있을 테니 말이다. 이런 증상을 목격한 적이 있는가? 여기서 무엇이 문제가 될까?

어떤 이들은 재계로 눈을 돌린다. 어떤 이들은 학계로 진출한다. 어떤 이들은 그냥 나간다. '의사'라는 명함을 얻기 위해 학위를 따려고 애쓰는 사람들을 본 적이 있다. 이들이 의대 학위를 얻고자 하는 유일한 이유는 의사의 지위를 얻어 자신에게 만족하기 위해서다. 하나님이 자신을 보내신 곳에서 일할 자격을 얻기 위해서가 아니다.

성취가에 대한 전도서 2장 1절부터 11절의 말씀을 읽어보자. 실로 비관적인 고백이다. 자신의 성취에 대해 그가 내린 결론을 들어보자.

"나는 내 마음에 이르기를 자, 내가 시험적으로 너를 즐겁게 하리니 너는 낙을 누리라 하였으나 본즉 이것도 헛되도다 내가 웃음을 논하여 이르기를 미친 것이라 하였고 희락을 논하여 이르기를 저가 무엇을 하는가 하였노라 내 마음에 궁구하기를 내가 어떻게 하여야 내 마음에 지혜로 다스림을 받으면서 술로 내 육신을 즐겁게 할까 또 어떻게 하여야 어리석음을 취하여서 천하 인생의 종신토록 생활함에 어떤 것이

쾌락인지 알까 하여 나의 사업을 크게 하였노라 내가 나를 위하여 집들을 지으며 포도원을 심으며 여러 동산과 과원을 만들고 그 가운데 각종 과목을 심었으며 수목을 기르는 삼림에 물 주기 위하여 못을 팠으며 노비는 사기도 하였고 집에서 나게도 하였으며 나보다 먼저 예루살렘에 있던 모든 자보다도 소와 양 떼의 소유를 많게 하였으며 은금과 왕들의 보배와 여러 도의 보배를 쌓고 또 노래하는 남녀와 인생들의 기뻐하는 처와 첩들을 많이 두었노라 내가 이같이 창성하여 나보다 먼저 예루살렘에 있던 모든 자보다 지나고 내 지혜도 내게 여전하여 무엇이든지 내 눈이 원하는 것을 내가 금하지 아니하며 무엇이든지 내 마음이 즐거워하는 것을 내가 막지 아니하였으니 이는 나의 모든 수고를 내 마음이 기뻐하였음이라 이것이 나의 모든 수고로 말미암아 얻은 분복이로다(전 2:1~10)."

이 사람에게는 '나' 문제가 있었다. 그에게는 비자카드, 마스터카드에 플래티넘 카드까지 있었다. 백지수표도 있었다. '나도 그럴 수 있다면 정말 좋을 텐데'라고 생각하는가? 꼭 그렇지만도 않다. 조금 더 들어보자. "그 후에 본즉 내 손으로 한 모든 일과 수고한 모든 수고가 다 헛되어 바람을 잡으려는 것이며 해 아래서 무익한 것이로다"(전 2:11). 그가 모든 것을 다 하지 말아야 했던 걸까? 그렇지 않다! 하지만 그는 잘못된 이유에서 이 모든 것을 원했다. 나, 나, 나, 나. 쾅! '그래서 그게 전도와 무슨 상관이 있는 거지?'라고 생각할지 모르겠다. 아주 많이 상관이 있다. 모든 사람의 삶에는 생명의 강이 흐른다. 그 강은 당신을 통해 흐르든지, 당신에게로 흐르든지 둘 중 하나다. 예수님은 우리의 "배에서 생수의 강이 흘러나리라"(요 7:38)고 말씀하셨다. 그러나 생명의 강이 언제나 '나에게로'만 흐르기 바란다면 그 강은 결코 '나를 통해' 흐를 수 없다. 나 자신의 세계에 대해 확신을 갖지 못한다면 결코 이 세상을 얻을 수 없다.

꼭대기에 선 사람들 – 성취의 문제는 사람들이 성공의 사다리를 실제로 올라갈 수 있다는 데 있다. 대부분은 꼭대기까지 올라가지 못한다. 하지만 차도 있고, 집도 있고, 가정도 있는 나름대로 성공적이고 '비교적 행복한' 삶을 사는 사람들도 있다. 어느 정도 성공을 거두고, 제법 화목한 가정을 꾸리고 있으며 종교가 없는 이들이다. 물론 우리가 보는 모습은 이들의 외관일 뿐이다.

대부분은 사다리를 오르느라 정신이 없어 자신이 행복한지 아닌지조차 모른다. 일을 하느라 너무 바빠서 가족에 대한 의무를 망각하는 경우도 종종 있다. 한 설교자가 말했듯 "회사가 쓰러질까 온 신경을 쏟느라 쓰러져가는 아들의 핏기 없는 얼굴은 완전히 잊어버린 사람들도 있다." 이들은 하나님이 아닌 소유에만 온 마음을 쏟는다. 왜일까? 균형을 잡지 못하고 있기 때문이다.

성취 자체는 결코 나쁘지 않다. 오히려 하나님은 우리가 성취하기를 바라신다. 하나님은 우리가 최고의 사업가, 최고의 교사, 그리고 어떤 분야에 몸담고 있든 최고가 되기를 바라신다. 최고가 되는 것, 좋다.

그렇다면 무엇이 문제일까? 성취 증후군은 최고가 되라고 우리를 부추긴다. 실제로 꼭대기까지 올라간 사람들도 여럿 있다. 헤밍웨이가 그랬다. 세계 최고의 작가가 되었고, 결혼도 몇 번씩 했고, 자신이 원하는 삶을 살았다. 헤밍웨이가 죽기 10년 전, 한 작가는 그에 대해 "그는 세상의 모든 법을 어기고도 죄의 대가가 없음을 입증한 사람이다."라고 말했다.

하지만 죽기 3년 전, 헤밍웨이는 정신적 능력의 4분의 3을 상실했고, 결국 권총 자살로 생을 마감했다. 마릴린 먼로, 엘비스 프레슬리 역시 무명에서 최고의 자리로 올라섰다.

모든 것을 다 이루고 최고의 자리에 오르고 나면 그 다음은 어떻게 되는 걸까? 더 이상 갈 곳이 없어진다. 계속 무언가를 성취하겠다며 찾아다니지만 더 이상 성취할 것이 없다.

바닥에 있는 사람들 - 현대사회에는 양극단의 사람들이 있다. 꼭대기에 선 사람들이 있는가하면, 바닥에 있는 사람들이 있다. 비록 선 곳은 극과 극이지만, 모두가 똑같이 말한다. "더 이상 살고 싶지 않아." 자살 성향이 드러나는 것이다. 부가 넘쳐나는 현대사회에서 우리는 이런 사람들을 많이 보게 된다. 실패와 질병, 상황의 변화, 게으름, 수없이 많은 이유 때문에 사람들은 처절한 절망과 실패의 나락으로 떨어진다.

인공적인 세계

다시 위로 올라가기 위해 인공적인 세계를 만드는 경우도 있다. 아주 다양한 방식으로 인공적인 세계를 만들 수 있는데, 현실 세계가 마음에 들지 않으면 몽상을 하고 자신의 마음에 드는 세계에 대한 환상을 품기도 한다. 심리학자들은 이 증상을 신경증, 즉 노이로제라 부른다.

누구나 어느 정도는 노이로제에 걸려 있다. "나와 내 앞에 앉아 있는 사람만 빼고는 온 세상이 다 이상해요. 사실 가끔은 내 앞에 앉아 있는 사람도 좀 이상하다는 생각이 듭니다." 그렇게 우리는 공상한다.

머릿속으로 모래성을 쌓는 것이 꼭 나쁘지만은 않다. 단, 그 집으로 들어가 살지만 않는다면 말이다. 그 집에 들어가 살기 시작하면 당신은 현실에서 뒤로 숨으며 당신만의 정신 세계에 빠져들게 된다. 그렇게 뒤로 숨는 사람들을 지금까지 많이 봐왔다. 그들은 삶을 피해 뒷걸음질 친다. 삶을 감당해내지 못하는 것이다.

"나는 이런 내 모습이 싫어요. 내 자신에게 만족할 수가 없어요."라고 말하며 인위적인 삶의 방식을 만들어내는 사람들도 있다. 자신을 직면하지 못해 자신과 완전히 동떨어진 삶의 방식을 좇기 시작한다.

어떤 이들을 술을 도피제로 삼는다. 이들은 일상의 스트레스에 완전히 지쳐버렸다는 이유로 술을 마신다. "시원하게 한 잔 들이키는 거야. 그럼 좀 피로가 풀리겠지." 하지만 그렇게 술을 마시며 도피한 사람들은 돌아오는 길을 알지 못한다. 때문에 술은 피로회복제가 아니라 도피제가 된다. 마약 문화에 취함으로써 인위적인 자기만의 세계를 만드는 사람들도 있다. 이유는 동일하다. 그들은 현실에서 도망치기 위해 마약을 하며 이렇게 말한다.

"난 균형 잡힌 사람이 되어야만 해."

영적인 사람들

안 그래도 아파하는 사람에게 돌을 던지는 우를 범하지 마라. 당신이 이렇게 아파하고 있다면, 나 역시 돌을 던지지 않겠다. 우리가 사는 이 세상의 문제가 뭔지 아는가? 바로 다음과 같은 사람들을 판단한다는 것이다.

- 참 자아를 숨기고 가면을 쓰는 사람
- 열등감에 사로잡혀 도리어 다른 사람들을 윽박지르는 사람
- 자기중심적 성취가
- 꼭대기에 선 성취가
- 성취의 바닥에 떨어진 사람
- 노이로제에 걸린 몽상가
- 현실에서 도피하는 신경증 환자
- 의미를 찾아 현실과는 다른 삶의 방식을 추구하는 사람
- 현실에서 도망치는 알코올 중독자나 마약 중독자

죄에 빠져 살면서 "나는 거룩해. 나를 좀 보고 배우시오." 식의 태도를 보이는 사람이 되지 말라. 자격도 없으면서 칭찬만 받으려고 하는 모습은 애처롭기만 할 뿐이다. 당신에게 진정 영적인 사람이 어떤 사람인지 알려주겠다.

"형제들아 사람이 만일 무슨 범죄한 일이 드러나거든 신령한 너희는 온유한 심령으로 그러한 자를 바로잡고 네 자신을 돌아보아 너도 시험을 받을까 두려워하라"(갈 6:1).

누군가에게 다가가서 "형제님, 저는 어디에 가야 먹을 것을 얻을 수 있는지 다른 거지에게 알려주는 거지일 뿐입니다."라고 부드러운 목소리로 말하는 사람이 있다면 그가 바로 영적인 그리스도인이다. 이것이

바로 필요를 채우는 모습이다. 이런 모습 속에 하나님의 거룩하심이 있다. 결국 이런 모든 과정 안에서 하나님은 이렇게 말씀하신다.

"네가 가서 한 사람을 회복시켜라. 네가 나아가라."

그 말씀을 듣고 오직 하나님의 은혜를 힘입어 나아간다. 이것이 진정 옳은 일이 아닐까? 이런 영적인 사람들로 가득 찰 때 교회는 내파가 아닌 외적 폭발을 경험하게 된다. 우리가 사람들에게 다가가게 된다. 사람들을 사랑하게 된다. 주변 모든 이들의 필요를 채우게 된다.

청소년들이 마약에 빠지고, 성적 부도덕에 걸려 넘어지고, 온갖 나쁜 일들을 하는 이유는 열등감 때문이다. 왜 열등감이 생겼을까? 청소년들은 용납받고 싶어한다. 자기 자신에 대해 만족하고 싶어한다. 그런데, 자신의 정체성을 제대로 깨닫지 못하고, 균형을 잡지 못하면 친구들이 자신을 얼마나 용납하느냐에 의존하게 된다. 그러다보니 친구들을 따라가게 된다.

자신에 대해 만족하는 아이는 굳이 군중에 섞일 필요가 없다.

"저 혼자 경건한 척하고 싶지 않아요. 제 신앙을 포기하지 않으면서 고등학교를 무사히 마치고 친구들과도 잘 지내야 하는데 대체 걔네들을 어떻게 대해야 할까요?" 이렇게 묻는 아이들이 종종 있다. 답은 아주 간단하다. 이런 식으로 말해주면 된다. "대마초를 함께 피우자고? 날 끼워줄 생각을 하다니 정말 고맙다. 나한테는 정말 중요한 문제거든. 하지만 있잖아. 만약 내가 대마초를 피우게 되면 내가 너무나 사랑하는 사람이 마음 아파할 거야. 네가 정말 나를 친구로 생각하고 나를 끼워주고 싶은 거라면 내가 사랑하는 사람에게 상처될 일을 하길 바라진 않겠지?"

상대방을 비난하지 않으면서 상대방에게 공을 넘기는 방법이다. 수많은 청소년들이 내게 와서 "그 방법이 정말 효과가 있었어요."라고 고백했다. 외톨이가 되지 않아도 된다. 상대방을 정죄하지 않아도 된다. 그저 다가가서 "내가 정말 상처주고 싶지 않은 사람이 있어."라고 말하면 된다. 그 말 한 마디가 변화를 일으킨다.

균형 이루기

그렇다면 어떻게 해야 균형점을 찾을 수 있을까? 지나친 단순화가 될지도 모르지만 균형을 찾을 수 있는 방법을 제시해 보고자 한다.

다른 사람으로부터 비난받았을 때 다시 올라가기 위해 나는 어떻게 해야 하는가? 예수 그리스도를 아는 자라면 내가 받은 비난을 십자가로 가져간다. 그리고 "주 예수님, 저를 사랑해 주셔서 너무 감사합니다."라고 고백한다. 합당한 비난을 받았다면 나를 비난한 사람에게 가서 이렇게 고백한다.

"당신이 맞습니다. 제가 어리석었어요. 제가 하지 말아야 할 말을 했어요. 저를 용서해 주시겠어요?"

그리고 십자가로 나아간다. 그러면 나는 분명하고 깨끗하고 균형 잡힌 자가 되고 그 누구와도, 그 어디서도 깨어진 관계와 지속적인 갈등으로 괴로워할 이유가 없다.

한 가지 분명히 기억하자. 예수님이 제안하시는 균형에 도달하기 위해 우리는 십자가로 나아가야 한다. 나에 대하여, 내 것에 대하여, 나를 목적으로 삼는 삶에 대하여 죽고 예수님이 주인 되시도록 해야 한다. 그렇게 할 때 우리는 이유 없이 비난받았을지라도 십자가로 그 비난을 가져갈 수 있다.

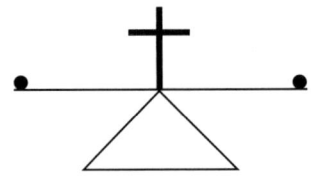

쓴뿌리가 자라나지 못하도록 할 수 있다.

"하지만 그 사람은 저를 항상 비난하는 걸요?"

그게 무슨 상관인가? 자기 자신이 그리스도 안에서 누구인지 분명히 알고 있다면, 무슨 상관이 있겠는가? 만유를 창조하신 하늘 아버지가 당신을 사랑하고 돌보시고 용납하시는데, 그것으로 충분하지 않은가! 균형 잡힌 사람은 비난에 쓰러지지 않는다. 하나님과의 관계 안에서 자기 자신이 누구인지 알고 있기 때문이다. 예수 그리스도와의 관계 안에서 쉼을 얻을 수 있기 때문이다.

잊지 마라. 우리가 거룩한 삶을 살기 시작하고 하나님이 우리를 통해 사람들을 사랑하시게 되면 어떤 사람들은 화를 낸다. 우리가 그들보다 더 숭고한 삶의 방식을 따라 살아가기 때문이다. 우리 삶의 방식 때문에 그들의 삶의 방식이 잘못되었음이 드러나기 때문이다. 사람들은 돌을 던질 것이다. 하지만 "그래, 나 정말 거룩하지 않아?"라고 말하지 말고 그저 그들을 사랑하자. "그 형제가 자기 입으로 스스로 겸손하다고 말하기 전까지 우리는 그가 정말 겸손하다고 생각했다."는 스펄전(Charles H. Spurgeon)의 말을 되새기자.

왜 성취하려 하는가? 왜 학교에서 전 과목 A를 받고 싶어하는가? 하나님은 당신을 최상의 존재로 지으셨다. 그러니 자신을 부끄러워하지 말

라. 자신을 다른 사람과 비교하지 말라. 당신은, 같은 모양이 단 하나도 없는 눈송이 같다. 당신은, 하나하나가 독특한 저만의 문양을 지닌 손가락 끝 지문 같다. 당신은 당신이다. 어떤 사람과도 당신을 비교하지 말라. 당신 같은 사람은 이 세상에 오직 당신 하나뿐이다. 하나님은 당신을 당신 되도록 지으셨다.

하나님은 우리를 비슷하게 짓지 않으셨다. 하나님은 나를 빌리 그래함(Billy Graham)으로 만들지 않으셨다. 오스카 톰슨으로 지으셨다. 하나님이 그렇게 하셨으니 나는 어쩔 수 없다. 어쩌고 싶지도 않다. 나는 나다. 나여야만 한다. 하나님의 계획 안에서 내가 나 되지 못한다면 그건 내 태도가 잘못됐다는 것을 의미한다. 나는 나의 나 됨을 인정해야 한다. 내가 예수님으로 채워졌을 때, 나를 인정할 수 있다. 균형을 잡을 수 있다.

나는 학생들에게 절대 "내가 누구누구 같았으면 좋았을 텐데…."라는 말을 하지 말라고 얘기한다. 하나님이 만드신 당신의 모습을 좋아하지 않는 것은 결국 하나님을 향한 비난이다. 하나님께는 당신을 위한 사역, 당신을 향한 계획이 있다. 다른 사람들의 사역이 얼마나 대단하든 나는 신경 쓰지 않는다. 당신이 할 수 있는 일에 충성하라. 친구들을 기준으로 자신을 판단하지 말라. 당신은 당신이다. 다른 사람의 기준으로 자신을 정죄하지 말라. 당신은 당신이다.

성취 수준 때문에 걱정하지도 말라. 성취의 목적은 하나님의 영광이다. 성취를 했으면 당신이 이룬 성공을 하나님의 발 아래 내려놓으면 된다. 멋지지 않은가? 하나님의 영광을 위해 최선을 다하라.

우리가 균형을 이룰 수 있는 곳은 오직 십자가뿐이다. 그래서 나는 십자가를 자랑한다. 십자가는 예수님이 우리를 위해 죽으신 이유이며, 우리가 죄 사함을 발견하는 자리다. 십자가에서는 내가 다른 사람을 비난할 이유가 사라진다. 십자가에서 하나님의 선하심과 사랑이 나를 향해 흘러온다. 십자가에서 나는 진정한 성취를 이룬다. 십자가에서는 좌절할 필요가 없다. 다른 사람과 나를 비교할 필요도 없다. 십자가에서 나는 나다.

"아버지 감사합니다. 이제 원1의 자아를 넘어 제 관계의 원으로 나를 이끄시고 나를 통해 흘러가시옵소서."

개인적 적용

묵상노트나 일기장에 다음 질문의 답을 적으라. 6장의 진리를 이해하고 삶에 적용할 수 있도록 자세히 기록하라.

1. 상처나 자신에 대한 불만으로 다음의 사람들처럼 행동했던 적은 언제인가? 그 때 느낀 상처나 공허함은 어땠는가?
 – 참 자아를 숨기고 '가면'을 쓰는 사람
 – 열등감에 사로잡혀 도리어 다른 사람들을 윽박지르는 사람
 – 자기중심적 성취가
 – 꼭대기에 선 성취가
 – 성취의 바닥에 떨어진 사람
 – 노이로제에 걸린 몽상가
 – 현실에서 도피하는 신경증 환자
 – 의미를 찾아 현실과는 다른 삶의 방식을 추구하는 사람
 – 현실에서 도망치는 알코올 중독자나 마약 중독자

2. 아직도 위와 같은 모습으로 살고 있다면 거짓 자아를 버리고 주님께로 돌아서겠다고 결단하라. 주님께 깨어진 것을 치유하고 공허함을 채워주시기를 구하라. 주님의 사랑과 용서, 용납을 경험하여 열등감이 사라지게 해주시기를 구하라. 주님이 창조하신 '당신'을 받아들일 수 있도록 주님께 도움을 구하라. 삶에 균형을 찾게 해주시기를 간구하라.

3. 하나님이 당신 안에서 이미 치유의 역사를 이루셨을 수도 있다. 위의 1번에 언급된 모습으로 살고 행동하는 사람을 알고 있는가? 그들을 당신의 관계의 원에 포함시키라. 하나님이 당신을 통해 그들을 사랑해주시기를 구하라. 당신의 말과 행동으로 그들을 격려하고, 축복하고, 세울 수 있는 방법을 찾아보라.

4. 십자가로 나아가는 연습을 하라. 다음의 행동들을 경고 시스템으로 삼아 옳은 반응을 보여야 할 때 십자가로 나아가 도움을 받으라. 다음과 같은 일들이 삶에서 빈번하게 발생할 때 어떤 행동을 취할 것인지 묵상노트나 일기장에 쓰라.

개인적 적용

- 누군가 당신이 잘못한 일에 대해 당신을 비난하고 질책하고 당신을 고치려 할 때, 십자가로 나아가라. 당신의 죄에 대해 그 사람과 하나님과 동의하고, 용서를 구하라. 하나님의 도움을 받아 다시는 같은 죄를 짓지 않겠다고 결단하라. 하나님의 용서를 받아들이고 그 문제로 다시 돌아가지 마라.
- 누군가 당신이 잘못하지 않은 일에 대해 당신을 비난하고 질책하고 당신을 고치려 할 때, 십자가로 나아가라. 하나님 앞에서 당신이 죄가 없음을 분명히 확인하라. 당신을 사랑하고 용납하신다는 하나님의 음성을 들으라. 까닭 없이 비난을 당하신 예수님처럼 고난당할 수 있는 특권을 주신 하나님께 감사하라. 쓴 뿌리를 품지 마라. 받은 대로 갚으려 하지도 마라. 주님 앞에 당신이 당한 일을 내려놓고 당신을 일으켜 세우시는 주님의 손길을 받아들이라.
- 현실에 상처 입고 아파서 도망치거나 도피하고 싶어질 때, 십자가로 나아가라. 하나님과 단 둘이 있는 시간을 갖고 그분께 당신의 모든 문제를 털어놓으라. 모든 염려와 근심을 주님께 맡겨 버리라. 주님의 도우심 없이는 아무것도 할 수 없음을 고백하라. 견뎌낼 수 있는 힘을 주시기를 구하라. 이런 경험을 통해 당신의 삶을 연단하시고, 자아와 교만을 깨뜨리셔서 당신을 더욱 예수님 닮게 해주시기를 구하라.
- 열등감이 밀려오고 자신이 아무런 가치가 없고 아무도 사랑해주지 않는 열등한 존재라는 생각이 들 때 십자가로 나아가라. 하나님이 당신을 너무 사랑하셔서 예수님이 당신을 위해 십자가로 나아가셨다는 하나님의 말씀을 기억하라. 하나님이 당신을 택하셨고, 그분의 가족으로 삼으셨다는 주님의 음성에 귀를 기울이라. 당신은 피조물 가운데서도 그분의 걸작품이고 주님은 결코 '쓰레기'를 만들지 않으심을 기억하라. 모든 생각을 사로잡아 그리스도께 복종케 하라 (당신에 대한 세상의 거짓말이 아닌 하나님의 진리를 선포하라. 고후 10:3-5 참고).
- 강한 성취 충동을 느낄 때 십자가로 나아가라. 주님께 당신의 동기를 점검해주시기를 구하라. 주님으로부터 오지 않은 동기라면 모두 끊어 주시기를 구하라. 주님이 바라시는 일을 주님의 영광을 위해서 하겠다고 결단하라.
- 자신이 보잘것없이 느껴지고 다른 사람에 대한 질투가 생길 때, 십자가로 나아가라. 하나님이 창조하신 참 자아를 보여주시기를 구하라. 하나님이 창조하시고 목적하신 존재가 되기 위해 거짓 자아를 바로잡아야 하는 부분은 없는지

개인적 적용

주님께 물으라. 당신이 질투하는 그 사람에게 하나님이 당신 안에서 보기 원하시는 거룩한 품성은 없는지 주님께 물으라. 하나님이 그 사람을 그분의 영광을 위해 사용하시고 복 주시기를 기도하라.

몸 세 우 기

6장의 진리를 각자의 삶에 적용하고 그리스도의 몸을 세우기 위해 소그룹에서 다음의 질문과 활동을 함께 하라.

1. 야고보서 5장 16절을 읽으라 – "이러므로 너희 죄를 서로 고하며 병 낫기를 위하여 서로 기도하라 의인의 간구는 역사하는 힘이 많으니라." 그리고 물으라 – 6장의 개인적 적용 1번 문항의 답을 바탕으로 생각해볼 때 당신은 어떤 경우에 상처받고 자신에 대해 불만을 느끼는가? 그런 감정들이 주님의 마음을 상하게 하는 행동에 어떤 식으로 영향을 끼치는가? 개개인의 답을 들으며 한 사람씩 둘러싸며 기도하라. 필요하다면 어깨에 손을 얹고 기도하면서 당신이 그 사람을 아끼고 지지한다는 사실을 느끼게 하라. 자신의 마음을 나눈 사람을 위해 기도하라. 하나님이 계획하신 영적 치유의 확증을 얻을 때까지 한 사람 한 사람을 위해 기도하라.

2. 하나님이 당신을 '십자가로 나아가도록' 어떻게 인도하시는지 이야기해보라. 그러한 인도하심이 어떤 경우에 나타나는가?

3. 서로를 격려하고 세우도록 하나님이 역사하시는 방법에는 어떤 것들이 있는가? 그 방법들이 소그룹 안에서 연습을 필요로 하는 것인가? 그렇다면 당장 시작하라!

4. 지금까지의 공부를 통해 지난 한 주 동안 어떤 활동, 혹은 경험을 했는가? 하나님이 당신의 관계에서 어떻게 역사하고 계신가?

5. 모든 소그룹 지체들에게 "이번 주에 당신을 위해 어떻게 기도할까요?"라고 물으라. 그 기도제목을 놓고 구체적으로 기도하라.

7장 영적 결실 맺기

진정한 삶의 목적

지난 수년 간 나에게는 사람들의 삶의 깊이와 넓이를 볼 수 있는 기회가 참 많이 주어졌다. 삶에 대해 생각하려면 무엇보다 우선순위를 명확히 해야 한다. 실제로 우리는 삶의 많은 부분, 그리고 사역의 너무 많은 부분을 중요하지 않은 일에 소진하고 있다. 그러므로 우리에게 주어진 시간 동안 하나님이 하라고 하시는 그 일을 하기 위해서는 먼저 우리의 우선순위를 알고, 그것에 집중해야 한다. 예수님은 우선순위를 정해주신다.

일을 정확하게 성취하기 위해서는 확인 목록이 있어야 한다. 첫 비행 수업에서 강사가 했던 말이 지금도 잊혀지지 않는다. "여기 확인 목록이 있습니다. 지금은 젊은 비행사지만 노인 비행사가 될 때까지 살고 싶다면 항상 확인 목록을 사용하세요."

내가 생각하는 그리스도인의 확인 목록은 요한복음 15장 1절에서 12절까지의 말씀이다. 초점을 잃고, 감을 잃고, 방향을 잃었다는 생각이 들 때면 나는 언제나 이 확인 목록을 펼쳐본다. 예수님은 말씀하셨다.

"내가 참 포도나무요 내 아버지는 그 농부라 무릇 내게 있어 과실을 맺지 아니하는 가지는 아버지께서 이를 제해 버리시고 무릇 과실을 맺는 가지는 더 과실을 맺게 하려하여 이를 깨끗케 하시느니라 너희는 내가 일러준 말로 이미 깨끗하였으니 내 안에 거하라 나도 너희 안에 거하리라 가지가 포도나무에 붙어 있지 아니하면 절로 과실을 맺을 수 없음같이 너희도 내 안에 있지 아니하면 그러하리라 나는 포도나무요 너희는 가지니 저가 내 안에, 내가 저 안에 있으면 이 사람은 과실을 많이 맺나니 나를 떠나서는 너희가 아무것도 할 수 없음이라 사람이 내 안에 거하지 아니하면 가지처럼 밖에 버리워 말라지나니 사람들이 이것을 모아다가 불에 던져 사르느니라 너희가 내 안에 거하고 내 말이 너희 안에 거하면 무엇이든지 원하는 대로 구하라 그리하면 이루리라 너희가 과실을 많이 맺으면 내 아버지께서 영광을 받으실 것이요 너희가 내 제자가 되리라 아버지께서 나를 사랑하신 것같이 나도 너희를 사랑하였으니 나의 사랑 안에 거하라 내가 아버지의 계명을 지켜 그의 사랑 안에 거하는 것같이 너희도 내 계명을 지키면 내 사랑 안에 거하리라 내가 이것을 너희에게 이름은 내 기쁨이 너희 안에 있어 너희 기쁨을 충만하게 하려 함이니라 내 계명은 곧 내가 너희를 사랑한 것같이 너희도 서로 사랑하라 하는 이것이니라(요 15:1~12)."

당신이 이 땅에 자리를 차지하고 산소를 들이마시는 목적, 즉 당신의 존재 이유는 열매 맺는 것이다. 다시 말해 열매를 맺지 못한다면 존재할 이유가 없다.

성경은 하나님 아버지를 영화롭게 하고 싶다면 열매를 맺으라고 말한다. 그러므로 당신이 그분의 제자임을 나타내고자 한다면 열매를 맺으라. 세상에서 축복의 통로가 되고 싶다면 열매를 맺으라.

요한복음 15장의 비유는 모든 그리스도인들이 반드시 이해해야 할 중요한 비유다. 나는 요한복음 15장에서 예수님이, 구원을 받고 못 받고의 문제를 말씀하신다고 생각하지 않는다. 예수님은 그리스도인의 열매 맺음에 대해 말씀하고 계신다. 예수님이 이 비유를 사용하신 까닭은 당시 사람들이 이 비유의 이미지를 이해했기 때문이다. 예수님은 사람들의 세계에 다가가 그들이 이해할 수 있는 방식으로 대화하셨다. 현대 문화나 우리의 생활 방식이 그때와는 워낙 다르기 때문에 우리는 포도나무에 대해 좀처럼 이해하기 어렵다. 때문에 우리는 열매의 개념과 예수님이 전하시고자 한 개념을 우리가 이해할 수 있는 말로 풀어야 한다.

영적 열매란 무엇인가?

"주님께 봉사하는 것입니까?" 아니다.
"예배에 참석하거나 기도하는 것입니까?" 아니다.
"우리가 얻은 영혼입니까?" 아니다.
"교회 건물, 세례 또는 재정입니까?" 아니다.
이 모두가 열매로부터 흘러나오는 것이지만 우리가 '열매 맺음'이라고 말할 때 의미하는 바는 아니다.

열매는 씨앗의 속성에 의해 결정된다. 즉 씨앗의 속성은 곧 열매의 속성이 된다. 복숭아 씨앗을 심으면 복숭아 나무가 자란다. 매실 씨앗을 심으면 매실 나무가 자란다. 만약 스파게티 씨앗이 있어서 그 씨앗을 심을 수 있게 된다면 분명 스파게티 나무가 자랄 것이다. 이처럼 열매는 씨앗의 속성에 의해 결정되며, 우리가 맺어야 할 열매의 씨앗은 바로 하나님의 말씀이다. 하나님의 인격, 그리고 문자로 주신 하나님의 말씀이다. "태초에 말씀이 계시니라 이 말씀이 하나님과 함께 계셨으니 이 말씀은 곧 하나님이시니라 만물이 그로 말미암아 지은 바 되었으니 지은 것이 하나도 그가 없이는 된 것이 없느니라"(요 1:1, 3).

성경은 하나님이 우리 삶에서 그분의 성품을 나타내기 원하신다고 기록한다. 그러므로 열매 맺는 삶이란 하나님의 성품이 우리 삶 가운데 나타나는 삶을 의미한다. 바울은 갈라디아서 5장 22절, 23절에서 성령의 열매를 제시했다.

- 사랑 – 관계
- 희락 – 관계의 결과
- 화평 – 바른 관계의 결과
- 오래 참음 – 관계의 유지
- 자비 – 관계의 태도
- 양선 – 관계에서 흘러가는 축복
- 충성 – 관계의 매체
- 온유 – 관계 안에서의 의지의 순복
- 절제 – 관계의 조절

씨앗의 속성, 말씀의 속성, 즉 하나님의 본성은 믿는 자들의 삶 속에서 재현된다. 그렇게 되지 않는다면 믿는 자의 삶에 심각한 문제가 있다는 뜻이다. 예수님은 이 땅에 오셔서 자신에게 주어진 삶을 사셨다.

- 예수님은 아버지가 행하시는 일을 보고 그대로 행하셨다. "내가 진실로 진실로 너희에게 이르노니 아들이 아버지의 하시는 일을 보지 않고는 아무것도 스스로 할 수 없나니 아버지께서 행하시는 그것을 아들도 그와 같이 행하느니라"(요 5:19).

- 아버지가 말씀하시는 것을 듣고 그대로 말씀하셨다. "나는 아버지 안에 있고 아버지는 내 안에 계신 것을 네가 믿지 아니하느냐 내가 너희에게 이르는 말이 스스로 하는 것이 아니라 아버지께서 내 안에 계셔 그의 일을 하시는 것이라 내가 아버지 안에 있고 아버지께서 내 안에 계심을 믿으라 그렇지 못하겠거든 행하는 그 일을 인하여 나를 믿으라"(요 14:10-11).

예수님은 아버지께 온전히 순복하는 삶을 사셨다. 그 결과로 아버지는 자신의 성품을 예수님을 통해 나타내셨다. 예수님이 이 땅에 오신 것은 우리를 위해 죽으시는 것뿐 아니라 아버지의 성품을 나타내어 사람들로 하여금 하나님이 어떤 분이신지 볼 수 있도록 하는 것이었다.

큰 제비의 비유

우리 집 뒷마당 경사진 곳에는 긴 막대 위에 세운 예쁜 새집이 있다. 모기나 해충을 먹고 사는 큰 제비와 새들을 위해 지은 집이다. 몇 달 전 출장을 떠나며 살펴보니 막대의 나사 몇 개가 헐거워져서 새집이 기울어져 있었다. 출장에서 돌아왔을 땐, 그것마저 쓰러지기 일보직전이었다.

새들은 별 신경을 쓰지 않는 것 같았지만 나는 그러다 혹시라도 고양이에게 잡혀 먹힐까봐 걱정이 됐다. 그래서 새집을 똑바로 세워줬다. 그때 기둥을 바로 세우면서 새집 안에 있던 새들과 눈이 마주쳤다. 새들은 메추라기 떼처럼 사방으로 흩어졌고 요란스레 울어대며 날개를 푸드덕거렸다. 나는 막대를 바로 세우고 땅에 단단히 박았다. 그런데 어미 새 한 마리가 내가 뭔가 못된 짓을 한다고 생각했던 모양이다.

그날 이후 어미 새는 내가 뒷마당에 갈 때마다 20m 상공까지 날아올랐다가 내 머리 위 30cm지점까지 급강하했다. 그리고는 내 머리를 휙 지나가면서 "짹짹!" 소리를 냈다. 나의 딸 다마리스에게는 그러지 않았다. 우리 집 강아지들에게도, 캐롤라인에게도 그러지 않았다. 손님들에게도 그러지 않았다. 오직 나한테만 그랬다.

며칠 후 나는 뒷마당으로 가서 그 새에게 말했다. "이 바보 같은 새야. 고양이나 스컹크가 너희 새끼들을 괴롭히지 못하게 내가 너희 집을 바로 세운 거야. 모르겠어?" 하지만 그때도 어미 새는 구름을 헤치고 나타나는 전투기마냥 급강하하면서 내 머리 위에서 울어댔다. "너랑 대화를 할 수 있었으면 좋겠다. 그런데 내가 너희 말을 모르니 대화를 할 수가 없구나." 시도는 해봤다. "짹짹" 소리를 내봤지만 어미 새는 요지부동이었다.

이 이야기의 요점을 알겠는가? 하나님은 '내가 사람들과 대화할 수 있었으면 좋겠구나' 생각하셨고, 그래서 예수 그리스도가 역사 속으로 들어오셨다.

요한복음 1장 14절은 예수님이 곧 말씀이시라고 기록한다. 하나님은 사람들에게 다가가는 다리를 놓기 위해, 사람들과 대화하기 위해, 사람들과 관계를 세우기 위해 예수님을 보내셨다. 예수님은 아버지의 성품을 드러내는 분이시다. 실로 아름답지 않은가? 예수님은 하나님과 인간 사이에 다리를 놓으셔서 우리가 하나님과 관계를 맺을 수 있도록 하셨다.

예수님의 본성

열매 맺음은 당신의 삶 속에 나타나는 예수님의 본성이다. 누군가 한 흑인 남성에게 물었다.

"그리스도인이란 어떤 사람입니까?"

그러자 그는 웃으며 이렇게 답했다.

"검은 피부를 입고 뛰어다니시는 예수님이죠."

그렇다. 흰색이든 붉은색이든 노란색이든, 어떤 색 피부든 그 피부를 입고 뛰어다니시는 예수님이 곧 그리스도인이다.

그러므로 열매 맺음이란, 그리스도가 우리 삶에서 자신의 성품을 나타내시는 것, 예수님의 삶의 방식이 우리 삶 속에 나타나는 것이다. 예수님은 당신의 삶 속에 그분의 삶의 방식이 나타나기를 원하신다.

바울은 하나님이 우리에게 두 가지를 주셨다고 기록한다. 하나는 화목하게 하는 말씀이고 나머지 하나는 화목하게 하는 직분이다(고후 5:18-19 참고). 이처럼 하나님이 그 은혜와 십자가로 우리를 그분께 묶으셨기에 우리 삶은 하나님과 연결되어 있다. 하나님은 우리에게 잃어버린 세상에 다가가고 그 세상을 향해 다리를 놓을 능력을 주신다. 이것이 바로 삶의 목적이다. 이것이 바로 열매 맺는 삶이다.

당신의 삶에 하나님의 열매가 맺힐 때 당신은 하나님의 생명을 품게 된다. 열매는 당신이 아닌 하나님이 만들어내신다. 당신은 그 열매를 붙들고 있을 뿐이다.

예수님은 말씀하셨다. "나는 포도나무요 너희는 가지라"(요 15:5). 다시 말해 당신은 영광을 입은 '포도걸이'다. 당신이 할 수 있는 일은 열매를 달고 있는 것뿐이다. 당신은 열매를 만들어낼 수 없다. 열매를 만드는 일은 포도나무이신 예수님이 하신다. "아, 내가 열매를 만들어야 하는데…."라고 말하는 나무를 본 적 있는가? 없을 것이다. 나무는 그저 창조된 목적만 다할 뿐이다.

열매 맺음의 결과

요한복음 15장의 세 구절은 열매 맺음의 결과를 이야기한다. 그 방향을 살펴보자.

위로 뻗어나감

영적 열매 맺음의 첫 번째 결과는 기도 응답의 결과로, 위로 뻗어가는 것이다. 예수님은 "너희가 내 안에 거하고 내 말이 너희 안에 거하면 무엇이든지 원하는 대로 구하라 그리하면 이루리라"(요 15:7)고 말씀하셨다. 주 예수 그리스도와 교제하며 가까이 거하는 자는 성령 안에서 사는 삶, 기도 응답의 삶을 살게 된다. 그런 사람이 기도하면 역사가 일어난다. 그리스도인의 삶의 확실한 표징 중 하나는 기도 응답이다.

하나님이 당신의 기도에 응답하고 계시는가? 당신이 기도하지 않으면 그분은 기도에 응답하실 수 없다. "너희가 얻지 못함은 구하지 아니함이요"(약 4:2). 따라서 중보자로서 시간을 들이지 않는다면 열매를 맺을 수 없다. 전도와 예수님을 위한 삶에서 가장 치열한 전투가 벌어지는 지점이 바로 기도다.

결국 내 모든 것이 아버지께 달렸음을 깨닫기에 나는 아버지께 나아가 아버지와 시간을 보내며 아버지께 이야기한다. 그러면 아버지의 성령이 내 삶 속에서, 내 삶을 통해 계시하신다. 믿는 자는 반드시 하나님과 수다를 아주 잘 떠는 사람이 되어야 한다. 당신은 기도의 사람인가? 당신의 삶 속에서 그리스도의 생명의 열매를 맺기 위해 기도를 주요 전략으로 삼고 있는가? 그렇지 않다면, 주님께로 몸을 돌려 "그리하면 이루리라"는 기도 응답을 경험할 때까지 기도하라.

내적 기쁨

영적 열매 맺음의 두 번째 결과는 내적 기쁨이다. 요한복음 15장 11절은 "내가 이것을 너희에게 이름은 내 기쁨이 너희 안에 있어 너희 기쁨을 충만하게 하려함이니라"고 기록한다. 또한 산상수훈을 유심히 들여다보면 각 문장마다 예수님은 "복이 있나니"라는 표현을 사용하신다.

> "심령이 가난한 자는 복이 있나니 천국이 저희 것임이요
> 애통하는 자는 복이 있나니 저희가 위로를 받을 것임이요
> 온유한 자는 복이 있나니 저희가 땅을 기업으로 받을 것임이요
> 의에 주리고 목마른 자는 복이 있나니 저희가 배부를 것임이요
> 긍휼히 여기는 자는 복이 있나니 저희가 긍휼히 여김을 받을 것임이요
> 마음이 청결한 자는 복이 있나니 저희가 하나님을 볼 것임이요
> 화평케 하는 자는 복이 있나니 저희가 하나님의 아들이라 일컬음을

받을 것임이요

의를 위하여 핍박을 받은 자는 복이 있나니 천국이 저희 것임이라

나를 인하여 너희를 욕하고 핍박하고 거짓으로 너희를 거스려 모든 악한 말을 할 때에는 너희에게 복이 있나니 기뻐하고 즐거워하라 하늘에서 너희의 상이 큼이라 너희 전에 있던 선지자들을 이같이 핍박하였느니라(마 5:3~12)."

"복이 있나니"는 헬라어로 '마카리오스'(makarios)다. 이 단어는 구브로(Cyprus) 섬을 설명하기 위한 단어로, 구브로에 사는 사람이라면 필요한 모든 것을 그 섬 안에서 얻는다는 의미다. 구브로는 복받은 섬이었다. 구브로 섬에는 만족과 충족이 있었다. 복에 대한 기쁨이 있었다.

이와 같이 예수 그리스도 안에 거하면, 그분으로 족함을 깨닫게 되면, 복 있는 자가 되었다는 기쁨이 삶을 가득 채우게 된다. 이것이 바로 내적인 기쁨이다.

외적인 환경에서 얻는 기쁨이 아니다. 오히려 외적인 환경은 끔찍할 수도 있다. 우연(偶然)이 당신을 행복하게 해줄 거라 기대하지 마라. 그런 기대를 가지면 좋은 일이 일어날 때는 행복하지만 좋은 일이 일어나지 않을 때는 행복할 수 없다. 그런 삶에서는 절대 평온함을 기대할 수 없다. 하나님이 당신에게 뜻하신 기쁨을 결코 경험할 수 없다.

기쁨은 평강과 희락을 주는 하나님과의 내적인 관계에서 비롯된다. 때문에 외적인 환경이 어떠하든지 영향을 받지 않는다. 당신에게는 내적 기쁨이 있는가? 영적인 열매를 맺으면 내적 기쁨을 누리게 된다.

기쁨은 관계에서 온다. 예수 그리스도와의 교제에서 온다. 세상에서

가장 중요한 단어가 '관계' 임을 잊지 말라. 예수 그리스도와의 관계가 우리에게 기쁨을 준다. 또한 그 관계는 다른 이들과 우리의 관계를 결정한다.

밖으로 향하는 아가페 사랑

열매 맺음의 세 번째 결과는 밖으로 향하는 아가페(Agape) 사랑이다. 사랑은 필요를 채워주는 것이다. 그런 사랑은 우리의 자원이 아닌 하나님의 자원으로만 가능하다. 우리는 그런 사랑을 달고 있기만 할 뿐, 만들어낼 수는 없다. 오직 하나님만이 그런 사랑을 만드실 수 있다. 우리는 하나님 사랑의 통로일 뿐이다. 하나님은 결코 우리의 필요를 채우지 않으시면서 우리를 사랑한다고 말씀하시지 않는다.

- "하나님이 세상을 이처럼 사랑하사 독생자를 주셨으니…"(요 3:16).
- "우리가 아직 죄인 되었을 때에 그리스도께서 우리를 위하여 죽으심으로 하나님께서 우리에게 대한 자기의 사랑을 확증하셨느니라"(롬 5:8).
- "그가 우리를 위하여 목숨을 버리셨으니 우리가 이로써 (하나님의) 사랑을 알고"(요일 3:16).
- "긍휼에 풍성하신 하나님이 우리를 사랑하신 그 큰 사랑을 인하여 허물로 죽은 우리를 그리스도와 함께 살리셨고"(엡 2:4-5).

우리를 사랑하시는 하나님의 모습을 발견할 때마다 우리의 필요를 채우시는 하나님을 보게 된다. 사랑하면 필요를 채워준다. 사랑이 감정이 아닌 경우도 있다. 필리아(Philia) 사랑은 감정과 결부되어 있지만 아가페 사랑은 감정에 좌우되지 않는다. 아가페 사랑은 "내가 하나님의 자원으로 그 필요들을 채우겠습니다."라는 의지의 결단이다. 감정이 의지를 따라 움직일 수도, 그렇지 않을 수도 있다. 하지만 예수님이 말씀하신 사랑, 우리를 통해 흐르게 될 그 사랑의 참된 본질은 하나님의 사랑법에 대한 예수님의 말씀에서 가장 잘 나타난다.

마태복음 5장 45절에서 예수님은 두 농부를 향한 하나님의 사랑을 말씀하신다. 한 농부는 의로웠고, 다른 농부는 불의했다. "하나님이 그 해를 악인과 선인에게 비취게 하시며 비를 의로운 자와 불의한 자에게 내리우심이니라." 하나님은 두 농부를 모두 사랑하셨고, 똑같이 대하셨다. 하나님은 편애하지 않으신다.

"잃어버린 자들을 사랑하겠습니다. 알지 못하는 그 사람을 사랑하겠습니다."라고 말할 수도 있겠지만, 관계의 원에 있는 모든 이들을 사랑하지 않는다면, 즉 차별 없이 그들 모두를 사랑하지 않는다면, 당신의 사랑은 성령님으로부터 흘러나온 사랑이 아닐지도 모른다. "나는 나를 사랑하니 당신이 나를 행복하게 만들어 달라."는 식의 사랑일지도 모른다. 그런 조건부 사랑은 하나님의 사랑이 아니다.

내가 우리 딸 다마리스를 사랑하지 않고(필요를 채워주지 않고), 우리 아내 캐롤라인을 사랑하지 않고, 내 관계의 원에 있는 사람들을 사랑하지 않는다면 나는 제대로 사랑을 하는 게 아니다. 예수님을 사랑한다는 것은 눈에 보이는 모든 사람을 사랑한다는 의미다. 하나님이 내게 맡기신 이들을 사랑한다는 의미다. 캐롤라인의 필요가 무엇이든 그 필요를 채워주고, 다마리스의 필요를 채워주는 것이 나의 책임이다. 그들의 필요를 채워줌으로써 하나님의 사랑을 나타내야 한다.

하나님이 누군가를 내 삶에 보내실 때는 그 사람이 누구든 하나님의 분명한 목적이 있다. 그 사람을 보내시고 하나님은 말씀하신다. "오스카, 그 사람의 필요를 너의 자원이 아닌 나의 자원으로 채워주렴. 너를 통해 내가 그 사람을 사랑할 수 있게 해주렴." 그렇게 나는 필요를 채우는 통로가 된다. 예수님이 하신 말씀의 의미가 이것이다. 차별 없이 사랑하는 삶에 영적 열매가 맺힌다. 영적 열매를 맺게 되면 하나님처럼 무조건적으로 사랑하게 된다. 관계의 원 안에 있는 한 사람 한 사람에게 하나님의 사랑을 보여줄 기회를 찾아다니게 된다.

우리가 차별 없이 사랑하고, 성령님께 눈에 보이는 모든 이들을 교회를 통해 사랑하실 자유를 드릴 때 교회에 부흥이 일어난다. 그 사실을 당신도 알고 있는가? 그렇게 될 때 세상은 '불타는 가시나무 떨기'를 보려고 몸을 돌릴 것이다.

개인적용

묵상노트나 일기장에 다음 질문의 답을 적으라. 7장의 진리를 이해하고 삶에 적용할 수 있도록 자세히 기록하라.

1. 하나님이 당신의 농부가 되시게 하라(요 15:2). 당신의 삶과 영적 열매를 점검하라. 하나님이 보시는 것을 당신 또한 보게 해주시기를 구하라.
   - 기도 응답을 경험하고 있는가? 기도하고 있는가?
   - 상황이 좋지 않을 때도 내적인 기쁨을 경험하고 있는가? 그 기쁨이 당신의 삶을 지켜보는 사람들에게까지 드러나는가?
   - 하나님이 당신의 삶을 통해 다른 이들을 무조건적으로 사랑하시도록 하고 있는가?

2. 농부는 더 많은 열매를 위해 가지를 치기도 한다. 당신이 더 많은 열매를 맺을 수 있도록 삶의 가지치기를 해야 하는 부분은 없는지 하나님께 물으라. 비생산적으로 시간을 잡아먹는 활동은 없는가? 하나님이 그만두기 원하시는 꼭 필요하지 않는 활동은 없는가? 좋은 일이기는 하나 그 일을 하느라 너무 분주해서 정작 하나님이 원하시는 일을 못하고 있지는 않은가? 하나님이 가지치기 원하시는 일들을 보여주시면 더 많은 열매를 위해 그 일을 내려놓기로 결단하라.

3. 바울이 갈라디아서 5장 22절과 23절에서 제시한 목록을 바탕으로 당신의 영적 열매를 평가할 수 있게 해주시기를 하나님께 구하라.
   · 사랑 – 관계
   · 희락 – 관계의 결과
   · 화평 – 바른 관계의 결과
   · 오래 참음 – 관계의 유지
   · 자비 – 관계의 태도
   · 양선 – 관계에서 흘러가는 축복
   · 충성 – 관계의 매체
   · 온유 – 관계 안에서의 의지의 순복
   · 절제 – 관계의 조절

개인적 적용

4. 주님이 당신을 가르치셔서 당신이 하나님 안에 거하고, 그로 말미암아 하나님이 당신 안에 거하실 수 있기를 구하라. 주님께 영광 돌릴 수 있도록 당신의 삶을 통해 예수님의 본성과 성품을 드러내 주시기를 구하라.

몸 세우기

7장의 진리를 각자의 삶에 적용하고 그리스도의 몸을 세우기 위해 소그룹에서 다음 질문과 활동을 함께 하라.

1. 하나님이 이번 장에서 자신의 열매 맺음 또는 열매의 부족함에 대해 무엇을 알려주셨는지 나누라. 더 많은 열매를 맺기 위해 하나님이 어떤 부분을 바꾸라고 말씀하시는가?

2. 하나님의 도움을 구하며 7장의 개인적 적용 활동 및 질문들을 통해, 속한 교회의 영적 열매를 점검하라. 교회 전체를 봤을 때,
 - 교회가 기도 응답과 기쁨, 무조건적인 사랑으로 정평이 나 있는가?
 - 사랑과 희락과 화평, 오래 참음, 자비, 양선, 충성, 온유, 절제로 알려져 있는가?
 - 교회 안에서 더 많은 열매를 맺기 위해 하나님이 가지치기 원하시는 활동, 태도, 프로그램 등이 있는가?

3. 2번 문항에 대한 논의와 답변을 바탕으로, 속한 교회와 교회의 열매 맺음을 위해 함께 기도하라. 그리고 교회가 열매를 맺는 일에 각자가 보탬이 될 수 있도록 서로를 위해 기도하라.

4. 지금까지의 공부를 통해 지난 한 주 동안 어떤 활동, 또는 경험을 했는가? 하나님이 당신의 관계에서 어떻게 역사하고 계신가?

5. 모든 소그룹 지체들에게 "이번 주에 당신을 위해 어떻게 기도할까요?"라고 물으라. 그 기도제목을 놓고 구체적으로 기도하라.

열매 맺음의 장애물

열매 맺는 삶에 대한 지금까지의 이야기를 듣고 "왜 나는 열매를 맺지 못할까?"하는 의문을 가질지 모르겠다. 예수님은 열매를 맺지 못하게 하는 세 가지 장애물을 말씀하셨다.

"씨를 뿌리는 자가 뿌리러 나가서 뿌릴 새 더러는 길 가에 떨어지매 새들이 와서 먹어버렸고 더러는 흙이 얇은 돌밭에 떨어지매 흙이 깊지 아니하므로 곧 싹이 나오나 해가 돋은 후에 타져서 뿌리가 없으므로 말랐고 더러는 가시떨기 위에 떨어지매 가시가 자라서 기운을 막았고 더러는 좋은 땅에 떨어지매 혹 백 배, 혹 육십 배, 혹 삼십 배의 결실을 하였느니라(마 13:3-8)."

이 짧은 말씀에서 예수님은 빼앗긴 씨앗, 얇은 밭에 떨어진 씨앗, 기운이 막힌 씨앗, 좋은 씨앗에 대한 비유를 들려주신다.

빼앗긴 씨앗 : 하나님의 말씀이 싹트지 못함

예수님은 말씀하셨다. "그런즉 씨 뿌리는 비유를 들으라 아무나 천국 말씀을 듣고 깨닫지 못할 때는 악한 자가 와서 그 마음에 뿌리운 것을 빼앗나니 이는 곧 길 가에 뿌리운 자요"(마 13:18-19).

예수님은 씨 뿌리는 자가 씨를 뿌리러 나갔다고 말씀하신다. 그리고 어떤 일이 일어났는가? 씨 뿌리는 자가 씨앗을 뿌렸는데 '악한 자'가 와서 그 씨앗을 빼앗아갔다. 목사님이 지난 주일에 어떤 설교를 했는가? 주일 성경공부에서는 무엇을 배웠는가? 잘 들으라. 열매 맺음의 핵심은 씨앗이 싹을 틔우는 것이다. 얼마나 많은 씨앗을 뿌렸는지가 관건이 아니다. 싹이 트지 않는 한 열매는 맺힐 수 없다.

사람들이 교회에서 그저 설교만 듣고 돌아간다면 사탄은 아무리 많은 사람들이 교회에 가도 신경 쓰지 않는다. 씨앗을 빼앗을 수 있다면 아무리 많은 씨앗이 뿌려진다 한들 사탄은 신경 쓰지 않는다.

살아계신 하나님과의 만남이 있어야 한다. 하나님의 말씀과의 만남이 있어야 한다. 하나님의 말씀의 씨앗이 사람들의 마음 깊이 박혀 믿음으로 싹을 틔워야 한다. 그렇게 될 때 성령님이 그 싹을 취하시고 새 생명을 만드신다. 하지만 안타깝게도 수많은 이들이 예배에 참석하고, 주일 성경공부에 자리를 차지하고, 출석 교인으로 머릿수를 채우는 데 그치고 있다. 삶이 변화되지 않고, 열매를 맺지 않고, 잃어버린 세상을 어루만지지 않고, 이 세상과 그리스도를 화목하게 하지도 않는다.

여기서 우리는 두 가지를 가정해야 한다. 씨 뿌리는 자의 비유는 씨가 뿌려졌다는 것을 가정한다. 이 시대를 생각했을 때 참 대단한 가정이 아닌가? 많은 경우 씨가 아예 뿌려지지도 않는다. 목사와 교사들이여, 교인들에게 당신의 생각을 전하지 마라. 하나님의 말씀이 이야기하는 바를 전하라. 성경을 펼치고 말씀이 교인들에게 살아 움직이는 말씀이 되게 하라. 뿌려진 씨앗이 없는데, 싹이 트는 것을 기대할 수 없다.

나는 미국 전역으로부터 "하나님의 말씀을 선포하는 설교자가 필요합니다."라는 편지와 전화를 받는다. 사람들이 말씀을 이해하고 "내가 하나님으로부터 말씀을 받았다."고 고백할 수 있도록 성령의 능력을 힘입어 성경을 살아 움직이는 말씀으로 전할 설교자가 필요하다는 뜻이다.

주일학교 교사들은 반드시 학생들과 하나님의 말씀을 나누어야 한다. 우리는 하나님의 말씀을 가르쳐야 한다. 이는 목사와 주일학교 및 주일성경공부 교사들과 말씀을 선포하는 모든 이들의 막중한 책임이다. 당신이 어떤 위치에 있든 하나님은 관계의 원에 있는 이들에게 당신이 하나님의 말씀을 전했는지 그 책임을 물으신다.

하지만 마태복음 13장 19절은 하나님의 말씀이 뿌려지는 것만으로는 충분하지 않다고 기록한다. 하나님의 말씀을 우리에게서 빼앗으려 하는 초자연적인 세력이 도사리고 있기 때문이다. 하나님의 말씀이 당신 마음에 뿌려져 싹이 트고 열매를 맺지 않는 한 사탄은 당신이 얼마나 하나님의 말씀을 많이 듣든 개의치 않는다.

현대 사회의 심각한 문제는 우리가 하나님의 말씀에 집중하지 못한다는 것이다. 예배 후 목사가 용기를 내어 문 앞에 서서 "오늘 제가 무슨 설교를 했지요?"라고 물었을 때 대답할 수 있는 사람이 몇이나 될까?

두 번째 문제는 목사가 메시지를 잘 선포했다 하더라도 교인들이 하나님의 말씀을 묵상해야 한다는 사실을 깨닫지 못한다는 것이다. 결국 그로 인해 열매를 맺지 못하게 된다. 묵상은 하나님의 말씀을 믿음으로 둘러서 말씀이 씨앗처럼 싹을 틔우고 자라나 열매를 맺게 하는 것이다.

하지만 많은 경우 우리는 말씀을 빼앗겨버린다. 사람들이 주일 성경공부와 예배 시간에 들은 말씀을 늘 지니고 있는가? 하나님이 개인적으로 만나실 수 있도록 말씀이 굳건히 뿌리 내리는가? 우리가 성경구절을 기억하려 할 때마다 초자연적 세력은 그 말씀을 빼앗기 위해 안간힘을 쓴다. 주일 예배가 끝나면 사탄은 우리 마음에 뿌려진 말씀을 빼앗기 위해 세상의 온갖 방법을 동원할 것이다. 그것이 축구경기가 될 수도 있고, 영화나 친지들과의 식사가 될 수도 있다. 때문에 들은 말씀을 묵상하라고 가르치고 격려하지 않으면, 싹이 트기도 전에 빼앗기게 될 가능성이 높다.

얇은 밭에 떨어진 씨앗 :
시험을 당할 때 하나님을 의지하지 않음

마태복음 13장 20절과 21절을 읽어보자. "돌밭에 뿌리웠다는 것은 말씀을 듣고 즉시 기쁨으로 받되 그 속에 뿌리가 없어 잠시 견디다가 말씀을 인하여 환난이나 핍박이 일어나는 때에는 곧 넘어지는 자요."

예배 시간에 주님이 바로 당신을 위해 주신 말씀이라는 확신이 드는 설교를 들은 적이 있는가? 격려, 시정, 명철. 당신의 필요가 무엇이든 그 필요를 채워주는 설교 말이다. 그런 설교를 들을 때 당신은 죄를 깨닫게 되고, 하나님의 말씀이 싹을 틔우게 된다. 말씀이 뿌리를 내린다.

영적인 원칙 한 가지를 나누고자 한다. 말씀이 싹을 틔우고 뿌리를 내리는 순간 자연도 그 씨앗이 과연 열매를 내게 되는지 확인하는 과정을 시작한다. 자세히 설명해 보겠다. 햇볕이 내리쬐기 시작한다. 예수님이 마태복음 13장 6절에서 말씀하신 그 상황이다. 햇볕이 내리쬐면서 씨앗을 시험하기 시작한다. 해가 씨앗을 파괴하려는 것일까? 아니다. 해는 씨앗이 풍성한 열매를 내도록 돕기 위해 존재한다. 하지만 한 알의 씨앗이 풍성한 열매를 내도록 해주는 바로 그 햇볕에 다른 식물은 바싹 말라 죽는다. 다시 말해 시험은 열매를 파괴하기 위함이 아니라 열매를 내기 위함이다.

같은 상황을 본 적이 없는가? 환경의 변화가 있어도 계속해서 그리스도 안에 거하며 포도나무에서 힘을 받고, 포도나무의 생명을 받아 그리스도의 성품을 나타내는 그리스도인이 있다. 하지만 동일한 변화가 일어났을 때 포도나무 안에 거하지 않는 사람도 있다. 원칙은 알고 있지만, 열매를 맺는 대신 하나님께 억울한 마음을 가지고 분을 낸다. "왜 제게 이런 일이 일어났습니까? 왜 이런 일이 벌어졌습니까?" 결국 그의 열매는 말라 죽고 만다.

혹시 당신도 그런 경험을 해보지 않았는가? 하나님은 항상 그의 자녀를 들어 열매 맺을 만한 환경으로 옮기신다. 그러므로 열매는 우리가 믿음으로 어떻게 반응하느냐에 따라 결정된다. 당신이 "네 이웃을 사랑하라"는 설교를 들었다고 해보자. 그러면 당신은 정말로 이웃을 사랑해야 한다. 당신은 그 설교를 듣고 "저는 제 이웃을 사랑하겠습니다."라고 고백한다. 집으로 돌아오면서 앞으로 어떻게 이웃을 사랑할 것인지에 대해 이야기한다. 그들에게 관심을 표현할 방법들을 고민해본다. 이런 생각을 하니 마음이 더할 나위 없이 행복하다. 들뜬 마음으로 집에 도착했을 때 누가 집 앞에서 당신을 기다리고 있을지 맞춰보라. 바로 당신의 이웃이다. 그는 머리끝까지 화가 나서 당신에게 소리친다. "당신네 개가 우리 집 수선화 화단을 다 파헤쳐놨어!" 당신을 시험하는 '해'가 떴다. 말라버릴 것인가 아니면 열매를 맺을 것인가? 당신에게 기회가 주어졌다. 자신을 사랑하는 사람을 사랑하는 일은 바리새인들도 할 수 있다는 사실을 알고 있는가? 나를 사랑하는 사람을 사랑하는 데는 하나님의 은혜가 필요치 않다. 하지만 나를 사랑하지 않는 사람을 사랑하기 위해서는 하나님의 초자연적인 은혜가 필요하다.

하나님의 말씀에 대한 새로운 지혜를 얻게 되면 하나님은 당신의 삶에서 그 진리를 시험하고 단련하신다. 하나님은 말씀에 기록된 대로 어떤 상황에서든 하나님으로 족함을 보여주신다. 그분은 당신이 열매 맺기를 원하신다.

당신의 삶에서 벌어지는 모든 상황은 하나님이 당신의 삶에서 그 능력을 보이실 기회다. 타는 듯한 햇볕이 내리쬔다. 환경의 햇볕, 핍박의 햇볕, 잘못된 감정의 햇볕이 내리쬔다. 이런 위기들이 당신의 삶에 닥친다. 모든 상황의 소용돌이가 당신을 뒤흔들면 당신은 생각한다. "주님, 대체 무슨 일이 일어나고 있는 겁니까?" 아무것도 아니다. 그저 하나님이 당신의 삶에서 열매를 내려고 하시는 것뿐이다.

지금까지 바싹 말라버린 적이 얼마나 많았는가? 하나님이 당신을 어려운 환경으로 보내신 적은 얼마나 많았는가? 하나님의 말씀에 대한 지혜를 새로이 얻고, 하나님의 말씀을 기쁨으로 받았더니 시험이 닥쳤고,

결국 기회를 놓쳐버린 적은 얼마나 많았는가?

관계의 원을 놓고 기도를 시작하기가 무섭게 지옥이 날뛰는 것처럼 보여도 두려워 말라. 복음을 전한 그 사람이 당신을 잘근잘근 씹더라도 하나님은 당신이 다른 쪽 뺨까지 돌려대며(마 5:39), 하나님의 사랑과 온유함을 보이기 원하신다. 이 구절을 이해하고 적용하는 사람은 거의 없다. 그러나 하나님은 당신의 삶에서 그분의 성품을 나타내기 원하신다.

기운이 막힌 씨앗 : 근심으로 에너지를 소진함

"가시떨기에 뿌리웠다는 것은 말씀을 들으나 세상의 염려와 재리의 유혹에 말씀이 막혀 결실치 못하는 자요"(마 13:22).

이 씨앗이 싹을 틔웠을까? 그렇다. 줄기가 잘 자랐을까? 그렇다. 하지만 갑자기 가시떨기에 가로막히고 말았다. 열매를 맺었을까? 아니다. 무언가가 씨앗의 기운을 막아버렸다.

그렇다면 무엇이 우리의 기운을 막을까?

가장 큰 문제는 염려, 자잘한 근심 걱정이다. 하나님을 찬양하면서 동시에 근심하는 것은 불가능하다. 22절의 '염려'의 원어는 '메림나'(merimna)다. 성경 전체에 빈번하게 등장하는 헬라어로, 마태복음 6장 31절 "염려하여 이르기를 … 하지 말라"는 말씀과 베드로전서 5장 7절의 "너희 염려를 다 주께 맡기라"는 말씀, 빌립보서 4장 6절의 "아무것도 염려하지 말고"에도 사용되었다.

위의 구절들에서 메림나는 "~하지 말라"는 부정형 명령어와 함께 사용되어 염려가 당신을 갉아먹지 못하게 하라는 의미를 갖는다. 염려가 당신을 사로잡지 못하게 해야 한다. 호미는 불과 며칠만 아침이슬을 맞도록 방치해도 금세 녹이 슬기 시작한다. 산화 과정이 시작되어 녹이 호미를 갉아먹는다. 메림나가 바로 이런 뜻이다. 하나님은 세상 염려가 우리를 갉아먹지 못하게 하라고 말씀하신다.

사업 때문에, 자녀 때문에, 결혼 때문에, 기타 많은 일들 때문에 근심하는가? 그럴 때 가시떨기가 씨앗을 가로막고 결국 열매를 맺지 못하게 된다.

한 자매가 내게 물었다. "하지만 오스카 목사님, 걱정이 있는데 어떻게 기도할 수 있나요?" 기억하라. 하나님은 하루하루 살아갈 은혜를 그때마다 주신다. 그러므로 내일의 걱정이 오늘의 평강과 기쁨을 가로막지 못하게 하라. 염려는 우리가 열매 맺지 못하게 한다. 예수님은 우리의 유업이시며 그 예수님이 우리 삶에 허락하신 모든 것들을 감당할 은혜와 힘을 공급하신다는 사실을 잊지 말라.

젊은 시절 내가 목사로 부임한 교회에서 한 집사님이 내게 겁을 주려 했다. "목사님, 그 교육 담당자를 해고하지 않으시면…." 하지만 교육 담당자 해고는 내 일이 아니다. 고용도 내 일이 아니다. 교육 담당자는 주님으로부터 온다.

"그 사람을 해고하지 않으시면, 여러 가정이 교회를 떠날 겁니다."

나는 씩 웃고 그 집사님에게 물었.

"집사님, 제게 무슨 말씀을 하고 싶으신 겁니까?"

"그 가정들이 나가면 십일조도 그만큼 줄어들 것이고 그럼 목사님 월급도 줄어들지 않겠습니까?"

아주 유서가 깊은 압박 수단 아닌가? 그때는 내가 교회에 부임한 지

8장 열매 맺음의 장애물 | 139

겨우 3주째였다. 나는 그 집사님을 꽉 끌어안고 말했다.

"집사님께 비밀 한 가지를 말씀드릴까요?"

"그게 뭔데요?"

"사실 제가 개인적으로 가진 돈이 꽤 됩니다."

"그러셨어요?"

"네, 저희 아버지가 수천 개의 산에 소떼를 가지고 계세요. 제 월급은 그분이 정해주십니다."

그 일이 있은 후 그 집사님은 내 가장 친한 친구가 되었다. 물론 그 일로 인해 단 한 사람도 교회를 떠나지 않았고, 교회가 마음이 강퍅해져 미처 생각지 못했던 소중한 사역을 이끌어가려고 고군분투하던 교육 담당자를 해고하지 않을 수 있었다.

많은 열매를 맺음

"좋은 땅에 뿌리웠다는 것은 말씀을 듣고 깨닫는 자니 결실하여 혹 백 배, 혹 육십 배, 혹 삼십 배가 되느니라"(마 13:23).

이 사람은 많은 열매를 맺는다. 성령 충만의 결과는 무엇인가? 앞서 살펴보았듯이 그리스도의 성품은 갈라디아서 5장 22절과 23절에서 기록한 성령의 열매다. 사랑과 희락과 오래 참음과 자비와 양선과 충성과 온유와 절제다.

혹 지금 열매를 맺고 있다면 열매가 위로, 안으로, 밖으로 나타남을 잊지 마라. 또한 하나님의 허락 없이는 그 어떤 일도 당신의 삶에 일어날 수 없음을 기억하라. 하나님의 허락하심으로 당신의 삶에 그 일이 일어났다면 분명 그 일을 감당할 그분의 은혜와 힘도 함께 온다. 하지만 하나님은 하루하루 살아갈 은혜를 그때마다 주신다. 당신이 이 땅의 한 자리를 차지하고 산소를 들이마시는 이유는 무엇인가? 당신이 사는 목적은 무엇인가? 바로 영적 열매를 맺기 위함이다. 열매를 맺지 못한다면 언젠가 그분 앞에 빈 손으로 서야 한다.

개인적 적용

묵상노트나 일기장에 다음 질문의 답을 적으라. 8장의 진리를 이해하고 삶에 적용할 수 있도록 자세히 기록하라.

1. 당신을 향한 하나님의 말씀과 뜻을 알았는데도 열매를 맺지 못하는 가장 주된 이유는 무엇인가?
   - 하나님의 말씀을 묵상하지 않고, 그 말씀이 내 마음과 생각과 행동에 싹을 틔우도록 하지 못한다.
   - 시험과 시련, 핍박이 닥쳤을 때 하나님보다 내 자신에 의지한다. 견뎌낼 힘이 없어 결국 말라버리고 만다. 포기하고 만다.
   - 인생의 근심, 걱정, 염려에 사로잡혀 있다. 다른 데 에너지를 모두 소진하고 지쳐서 하나님이 보여주신 일에 마음을 쓸 여력이 없다.

2. 하나님이 말씀을 통해 당신에게 이야기하시고 당신의 삶에 영적 열매가 맺혔던 때를 생각해보라. 하나님께 집중하고, 의지하고, 순종하고, 헌신하며 하나님과 함께 시간을 보내는 부분에서 무엇이 달랐는가?

3. 토양 전문가이신 하나님이 당신이 더 많은 열매를 맺게 하기 위해 필요한 '비료'를 결정하시려고, 당신 삶의 토양을 시험하신다고 생각해보자. 하나님의 말씀이 당신의 삶과 사역에서 풍성하게 열매 맺기 위해 당신이 어떤 부분을 바꿔야 할지 하나님께 물으라. 묵상노트나 일기장에 하나님이 바꾸기 원하신다는 감동이 드는 것들을 적으라. 하나님의 말씀을 가로막지 못하도록 뽑아내야 하는 '가시'는 없는가?

4. 사탄이 8장과 지금까지 나눈 하나님의 말씀을 빼앗기 전에 하나님과 단둘이 시간을 보내며 지금까지 하나님이 당신에게 주신 말씀을 묵상하라. 묵상노트나 일기장을 다시 읽어보라. 각 장의 개인적 적용에 어떤 답을 기록했는지 다시 한 번 살펴보라. 씨앗이 튼튼하게 자랄 수 있도록 하나님의 인도하심을 받아 행동을 취하라.

몸 세 우 기

8장의 진리를 각자의 삶에 적용하고 그리스도의 몸을 세우기 위해 소그룹에서 다음의 질문과 활동을 함께 하라.

1. 세 개의 장애물 때문에 열매를 맺지 못했던 때와 각 장애물에 대해 이야기하라. 하나님과 동역하며 열매를 맺기 위해 어떤 부분을 바꿀 수 있겠는가?

2. 개인적 적용 2번과 3번의 답을 나누라.

3. 하늘 아버지와 단 둘이 시간을 보내며 그분의 말씀을 묵상하는 시간이 당신의 영적 열매 맺음에 어떠한 변화를 낳았는가? 자신의 경험을 한 가지씩 나누라.

4. 지금까지의 공부를 통해 지난 한 주 동안 어떤 활동, 또는 경험을 했는가? 하나님이 당신의 관계에서 어떻게 역사하고 계신가?

5. 모든 소그룹 지체들에게 "이번 주에 당신을 위해 어떻게 기도할까요?"라고 물으라. 그 기도제목을 놓고 구체적으로 기도하라.

타인과의 관계를 바로잡으라

제리 크레이그라는 친구가 그리스도인이 된 지 얼마 안 됐을 때의 일이다. 그에게는 주님을 향한 깊은 사랑과 다른 이들에게 복음을 전하고자 하는 마음이 있었다. 그는 또한 성실하게 예배에 참석하고 하나님의 말씀에 깊이 파고들었다. 하지만 6개월이 지난 후 그 모든 것이 차갑게 식어버렸다. 구원의 기쁨이 희미해지기 시작했다. 제리는 걱정이 됐다.

하루는 제리 부부가 우리 부부를 저녁식사에 초대했다. 식사를 마친 후 제리와 나는 암실로 들어가 확대기로 사진 작업을 하며 이런저런 이야기를 나누었다. 그리고 잠시 후, 우리는 안전등만 켜 둔 어두컴컴한 암실에 마주앉았다. "목사님, 저한테 문제가 있는데 그게 대체 뭔지 모르겠습니다. 제 마음을 살펴봤고 말씀도 읽었지만, 모든 것이 무미건조하기만 합니다. 이래서는 안 된다는 생각이 듭니다."

당신도 이미 이런 상태에 봉착해 있거나 앞으로 이런 상황을 맞닥뜨리는 날이 오거나 둘 중 하나일 테니 집중하라. 이 상태는 날다가 멎은 비행기의 상태와 같다. 비행기 조종사라면 알겠지만 경비행기를 몰다가 조종간을 뒤로 당기면 비행기가 비행을 멈춘다. 그리고 그 상태로 머물면서 비행 속도를 상실한다.

우리도 때로 그리스도인으로서 날아다니다가 어느 순간 그 자리에 멈춰 설 때가 있다. 계속 교회에 가고, 신실하게 살고, 주일학교에서 아이들까지 가르치지만 구원의 기쁨은 이미 사라지고 없다.

"제리 형제님, 하나님은 때로 우리에게 감정에 의지하지 말라는 것을 가르치십니다. 하나님은 감정이 아니세요. 하나님을 감정에 따라 생각하지 마세요. 기분은 바뀝니다. 지난밤에 먹은 음식에 따라서도 달라지는 게 기분입니다. 감정은 계속 변합니다. 인간의 심리, 화학작용, 심리적 요인, 날씨 등등이 복합적으로 섞여 결정되는 것이 감정입니다."

"아니요, 꼭 그런 것 같지는 않습니다."

"좋습니다. 그럼 같이 생각해볼까요? 형제님의 삶 속에 형제님이 알고 있는 죄가 있습니까?"

"아뇨, 제가 알기로는 없습니다. 물론 매일 죄를 지으며 살지만 바로바로 회개하려고 노력했습니다."

"정확히 뭐가 문제인지 알 수 없군요. 우리가 그리스도 안에서 어린아이일 때는 하나님이 용인해 주시지만 우리가 성숙해감에 따라 하나님이 더 이상 용인하지 않으시는 것들이 있습니다. 부모들도 10개월 된 아이에게는 용인하지만, 열 살 된 아이에게는 용인하지 않는 것들이 있지 않습니까? 하나님이 형제님의 성숙의 단계에서 기대하시는 무언가가 있다는 생각이 드는데요. 혹시 삶 가운데 쓴뿌리가 있습니까?"

"아니요, 누구에 대해서도 쓴뿌리가 없습니다."

"그렇다면 과거의 쓴뿌리는 어떻습니까?"

이 말을 들은 제리는 마치 명치를 주먹으로 세게 얻어맞은 듯한 표정으로 나를 쳐다봤다.

"아! 제가 그 생각을 못했네요. 오랫동안 미워했던 삼촌이 한 분 계세요. 지금 그분을 떠올리니 같은 감정이 드는군요."

"알겠습니다. 형제님은 예수님이 형제님을 대하신 것처럼 삼촌과 삼촌에 대한 감정을 대하셔야 합니다. 예수님은 100% 은혜로 형제님을 용서하셨습니다. 그러니까 형제님도 마찬가지로 삼촌을 용서하셔야 합니다. 그 삼촌에 대해 좀 더 말씀해 주시겠어요?"

"제가 어렸을 때, 아버지와 삼촌이 동업을 하셨어요. 꽤 오랫동안 사업이 번창했죠. 그런데 삼촌이 그 사업을 독차지하려고 얄팍한 술수를 부려 아버지를 밀어냈어요. 삼촌은 계속해서 아주 큰돈을 벌게 됐죠. 물론 저희 아버지도 생활이 될 만큼은 벌어오셨지만 경제적으로 늘 어려웠어요…. 저를 포함한 우리 가족 모두가 삼촌에 대해 항상 분한 마음이 있었어요."

지금은 어떤 느낌이 드는지 묻자 제리는 미소를 지으며 말했다.

"이제 주님께 그 감정을 가져가야죠."

우리는 함께 기도했다. 그리고 다시 제리에게 물었다.

"지금은 어떻습니까?"

제리는 이제 삼촌에 대한 바른 태도를 갖게 됐다고 답했다. 제리가 삼촌에 대해 쓴뿌리가 있다는 걸 삼촌이 아시는지 묻자 제리는 그렇다고 했다. 그러면 이제 어떻게 해야 한다고 생각하는지 물었다.

"삼촌께 편지를 써야겠습니다."
결국 제리는 삼촌에게 편지를 썼다.

> 친애하는 벤 삼촌께
> 오랜 세월 저는 삼촌에 대해 안 좋은 마음을 품고 있었습니다. 하지만 저는 예수 그리스도와 새로운 관계를 맺었고, 그분은 이런 제 마음을 용납하지 않으실 겁니다. 제가 삼촌에게 가졌던 좋지 못한 태도를 용서해주시기 바랍니다.

잘 보라. 제리는 삼촌의 회개를 촉구하지 않았다. 삼촌이 회개하고 안 하고는 제리의 책임이 아니다. 제리의 책임은 삼촌에 대한 태도를 바로잡는 것이었다.

우리는 종종 상대방이 먼저 용서를 구하면 나도 용서를 구하겠다고 말한다. 또한 상대방이 먼저 미안하다는 말을 하거나 어떤 식으로든 관계 회복을 위해 노력할 때까지 기다리려고 한다. 하지만 예수님은 그분이 우리의 죄를 사하신 것처럼 우리도 다른 이들의 죄를 용서하라고 명하셨다. 폭도들에게 죽임을 당하는 순간에도 예수님은 "아버지여 저희를 사하여 주옵소서 자기의 하는 것을 알지 못함이니이다"(눅 23:34)라고 기도하셨다. 그러므로 예수님의 본을 따라 우리도 다른 이들을 조건 없이 용서해야 한다. 다른 이들과 그들을 향한 감정을 내려놓을 때 우리 삶에, 정결케 하시고 용서하시는 하나님의 역사가 일어나는 것을 깨닫게 된다.

하나님은 언제나 화목하게 되는 일에 솔선수범하시는 분임을 기억하

라. 하나님으로 충만하고, 하나님이 자유롭게 역사하시는 삶을 사는 사람은 화목하게 하는 자가 될 수밖에 없다.

제리의 삼촌은 편지를 받자마자 기쁨을 감추지 못하고 답장을 썼다. 하지만 답장을 받고 못 받고는 중요치 않다. 하나님이 명하신 일을 했느냐가 중요하다. 삼촌의 답장은 이랬다.

'오! 제리. 지난 세월 우리 사이의 오해 때문에 얼마나 슬펐는지 모른다. 하지만 내가 어떻게 해야 할지를 모르겠더구나. 그건 그렇고, 네가 언급한 그리스도와 너의 관계는 참으로 흥미롭구나.'

제리는 어머니께 편지를 써서 벤 삼촌의 생신을 여쭤봤다. 그해 10월, 제리는 벤 삼촌에게 생일카드를 보냈고 다시 한 번 기쁨에 찬 답장을 받았다. 제리는 흥분을 감추지 못했다. 그리고 그해 크리스마스에 제리는 벤 삼촌과 마사 숙모에게 성경을 보냈다. 하지만 답장은 오지 않았다. 1월을 넘기고 나는 제리에게 벤 삼촌으로부터 답장을 받았는지 물었다.

"아뇨, 제가 기회를 제대로 살리지 못했나 봅니다."

2월 14일, 교회에서 애찬식을 준비하고 있을 때 제리가 갑자기 뛰어들어오며 말했다. "목사님, 드릴 말씀이 있어요. 오늘 벤 삼촌의 답장을 받았어요." 그리고는 그는 내게 그 편지를 건넸다.

사랑하는 제리에게

성경을 받고도 오랫동안 답장을 보내지 못해 정말 미안하구나. 하지만 답장을 보내기 전에 먼저 성경을 읽어야겠다는 생각이 들었단다. 네가 보내준 성경을 읽고 나도 너처럼 예수 그리스도와 관계를 맺게 되었단다. 함께 기뻐해 주리라 믿는다.

관계의 원을 통해 다리를 놓는 것, 이것이 핵심이다. 직장이든 가정이든 그 어디서든 누군가와 마주치게 된다면 그건 당신을 통해 관계의 원에 있는 그 사람을 사랑하고, 그 사람에게 다가가고, 그 사람의 필요를 채워주시기 위해, 하나님이 환경을 움직이신 것임을 기억하라. 사람들은 좌절하고, 화내고, 온갖 문제와 분노에 휩싸여 있다. 그들에게는 당신이 필요하다.

관계에 대한 하나님의 조건

삶에는 기본적인 두 가지 관계가 있다. 가장 중요한 관계는 하나님 아버지와의 관계다. 누구든 오직 하나님 아버지의 조건에 따라서만 아버지께 나아갈 수 있다.

또 다른 관계는 우리가 다른 사람들과 맺는 수평적인 관계다. 하나님은 우리가 맺는 모든 관계를 위한 기초를 다져두셨다. 관계에 대한 아버지의 조건을 받아들인다는 것은 사랑할 대상을 선택할 권리를 영원히 박탈당한다는 의미다. 상대방의 외모나 나이, 인종과 성격, 적대감과 친절함 등이 우리가 표출하는 사랑에 전혀 영향을 미치지 못해야 한다.

다시 말해 예수님이 택하시는 사람은 누구든 사랑해야 한다.

부부 관계든, 사업상의 관계든, 어떤 사람과 맺는 관계든 상관없이 우리는 모든 관계에서 예수님의 주 되심을 인정해야 한다. 예수님이 우리 삶의 주인이 되시면, 그분은 사랑스럽지 않은 사람들을 우리 관계의 원 안에 들여놓으신다. 예수님은 어떤 죄인도 다른 죄인을 사랑할 수 있다고 말씀하셨다. 인간적인 사랑 때문이 아니라 우리를 통해 주님이 사랑하기 원하시는 사람에게로 흘러가는 주님의 사랑 때문에 그렇게 할 수 있다. 하나님과의 관계에서 하나님의 조건을 받아들였다면 다른 사람들과의 수평적인 관계에 있어서도 하나님의 조건을 받아들여야 한다. 다른 이들과의 깨어진 관계는 하나님의 영이 흘러가지 못하게 하는 장애물이 된다.

하나님은 회복된 관계를 통해 일하신다

하나님은 사람을 사용하시면서 그의 삶에 존재하는 저항의 벽과 나쁜 태도를 허물기 시작하신다. 당신이 맺은 관계 가운데 바로 서지 못한 관계가 있을 수도 있다. 하나님은 그 관계를 그분의 영광을 위해 사용하고자 하신다.

깨어진 관계에 대해 고백하면서 우리는 '내가 그리스도인인데 내 태도나 다른 부분이 잘못됐다는 걸 인정하면, 상대방이 나를 어떻게 생각할까?' 하고 생각한다. 그 사람이 당신을 어떻게 생각할지 왜 고민하는가? 당신과 그 사람의 관계가 바로 서지 않을 때 그가 예수님을 어떻게 생각할지를 고민하라.

살면서 금이 간 관계는 없는가? 마태복음 5장 23절과 24절은 형제가 나에게 화가 나 있는 경우라 하더라도 그와 화목하라고 기록한다. 당신이 승리하며 사는 사람이기 때문에, 당신이 화목하게 하는 자가 되어야 한다는 의미다. 그러니 양심을 깨끗케 하라. 성령님이 당신의 삶에 잘못된 부분이 있음을 기억나게 하시면, 그 부분을 바로잡고 해결하라. 하나님 앞에서 해결해야 할 문제 목록을 최대한 짧게 하라. 우리에게는 개인적 부흥이 필요하다. 주님이 그분의 구속의 목적을 우리 삶 속에서, 우리 삶을 통해 성취하시도록 개인적 결단이 필요하다.

때로 화목하고 싶지 않은 사람들과의 관계 때문에 관계의 원이라는 개념을 어려워하는 사람들을 보게 된다. 하지만 하나님과 바른 관계를 갖고 있으면서 주위 사람들과 잘못된 관계를 맺는 것은 불가능하다. 다른 사람과의 관계 때문에 하나님과의 바른 관계를 희생하겠는가? 하나님이 바라시는 만큼 하나님을 알지 못하기 때문에 그런 생각을 하게 된다. 하나님과의 바른 관계만큼 귀한 것은 없다.

당신의 세계에는 당신이 필요하다. 그리고 당신의 관계의 원에 있는 모든 이들에게도 당신이 필요하다. 그러므로 하나님의 사랑의 통로가 되라. 주님이 당신을 통해 사람들을 사랑하시고 사람들의 필요를 채우시게 하는 것보다 더 큰 기쁨은 없다. 이것이 바로 그리스도인의 삶이다.

부모님과 깨어진 관계에 있던 학생이 부모님을 주님께로 인도하는 것을 나는 수없이 보아왔다. 깨어진 관계를 회복한 그들은 이제 자유를 누리고 있다.

관계의 원에 있는 이들과의 관계를 바로잡으라. 당신을 통해 흘러간 하나님의 사랑으로 인해 그들의 삶이 하나님께 영광 돌리는 삶으로 바뀌게 될 것이다.

개인적용

묵상노트나 일기장에 다음 질문의 답을 적으라. 9장의 진리를 이해하고 삶에 적용할 수 있도록 자세히 기록하라.

1. 지금까지 깨어진 관계에 대해 이야기했다. 혹 화해하지 않겠다고 고집해온 관계는 없는가? 지금이 바로 다른 이들과의 관계를 바로잡을 때다. 관계를 바로잡지 않고는 하나님과의 관계가 바로 설 수 없다. 양심의 가책이 느껴지는 상태로는 결코 자신에 대해 균형 잡힌 시각을 가질 수 없다. 다른 모든 사람들과 화목하기 위해 필요한 행동을 취할 수 있게 해주시기를 주님께 구하라. 그리고 그 행동을 지금 당장 시작하라.

2. 교만이 관계에 영향을 미치고 있지는 않은가? 만약 그렇다면 겸손하게 자신을 낮추고 교만 때문에 당신이 마음 상하게 했던 이들과 화목하라.

3. 당신 삶의 '벤 삼촌'에게 편지나 전화, 혹은 방문이 필요한가? 주님께 순종하고 지금 당장 행동에 옮기라. 하나님이 주시는 자유를 받아, 쓴뿌리와 용서치 못함, 깨어진 관계의 죄책감에서 해방되라.

몸 세 우 기

지금이 소그룹 활동의 결정적 전환점이다. 소그룹 지체들이 다른 이들과의 관계에서 승리를 경험할 수 있어야 한다. 서로를 돕고, 서로를 위해 기도하고, 서로를 격려하라. 9장의 진리를 각자의 삶에 적용하고 그리스도의 몸을 세우기 위해 소그룹에서 다음의 질문과 활동을 함께하라.

1. 다른 이들과의 관계를 위해 하나님이 최근 당신을 어떻게 인도하셨는가? 그리고 당신은 어떻게 했는가? 상대방은 어떻게 반응했는가? 서로의 간증을 들으면서 순종케 하시고 정결케 하시며 승리를 주신 하나님께 감사하는 시간을 가지라. 화목케 하려는 행동에, 다른 이들이 긍정적인 반응을 보이지 않는다면 그들을 위해 기도하라. 또한 화목하게 되기를 구하며 순종한 이들을 주님이 복 주시고 존귀하게 여겨 주시기를 기도하라.

2. 여전히 화목하게 되기를 구하며 힘쓰고 있는 깨어진 관계가 있는가? 그 관계를 위해 우리가 어떻게 기도하기를 원하는가? 당신을 돕기 위해 우리가 무엇을 할 수 있겠는가?

3. 관계를 바로잡는 데 어떻게 서로를 도울 수 있을지 이야기해보라.

4. 모든 소그룹 지체들에게 "이번 주에 당신을 위해 어떻게 기도할까요?"라고 물으라. 그 기도제목을 놓고 구체적으로 기도하라.

Stage 2

설문 :

관계를 설문조사하라

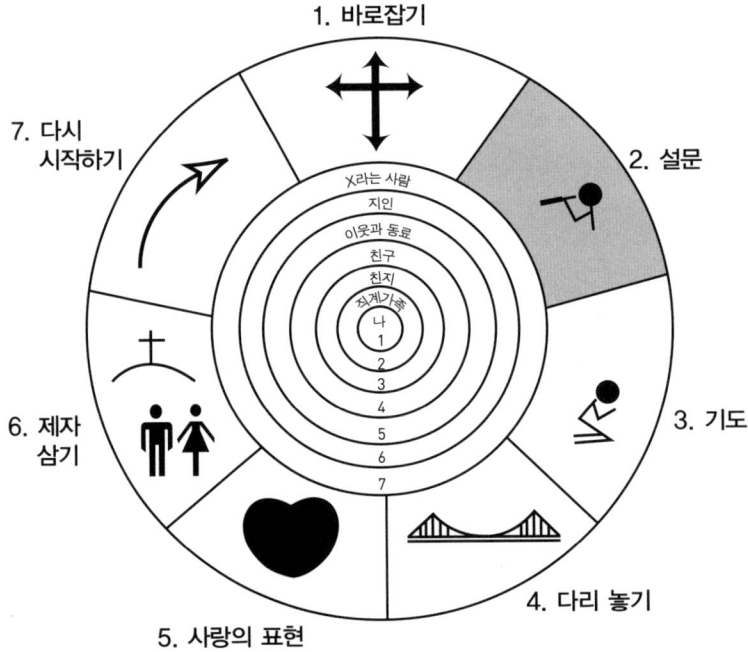

오랜 세월 그리스도인으로 살아왔어도 잃어버린 이들과의 관계에 대해서는 전혀 생각하지 않는 경우가 많다. 하나님이 우리 삶에 보내신 사람들, 우리의 영향권 안에 놓으신 사람들에 대해 굳이 생각해보지 않는 것이다. 하지만 설문을 통해 관계의 원 안에 있는 사람들을 파악하기 시작하면 주님이 필요한 온갖 유형의 사람들이 모두 그 안에 있음을 깨닫게 된다.

이 단계에서는 당신의 영향권 안에 있는 이들을 발견하고, 기도하고 다리를 놓고 사랑하는 바탕이 될 기본적인 정보를 기록하는 데 도움을 주고자 한다. 먼저 당신과 가장 가까이에 있는 직계가족과 친지들을 살펴보고 다음으로 친구들, 이웃들, 직장 동료, 지인의 순으로 설문을 작성할 것이다. 또 하나님이 당신의 삶에 보내주실 'X라는 사람'에 대해서도 함께 생각해보겠다. 이렇게 작성한 설문은 하나님이 당신의 관계의 원에 보내주신 이들을 위해 기도할 때 사용하는 중보기도 목록이 될 것이다.

원2와 3을 설문하라
– 가족과 친지

　제프의 형은 히피 운동이 한창이던 1960년대 말에 집을 나갔고, 그 후 가족들은 한 번도 형의 소식을 듣지 못했다. 형에 대해 이야기하면서 제프는 이렇게 말했다.

　"형 때문에 부모님은 너무 아파하셨어요. 지금은 형의 생사조차 알 길이 없습니다. 솔직히 형이 어떻게 지내는지 궁금하지도 않아요. 형을 제 관계의 원2에서 빼도 될까요?"

　"아니요, 제프! 안 됩니다. 하나님이 형을 제프의 원 안에 두신 데는 분명한 이유가 있습니다. 형의 이름으로 설문을 작성하세요. 형을 위해 중보하세요. 형에 대한 본인의 태도를 바로잡으세요."

　형과의 관계에 대한 하나님의 조건을 받아들인 후 제프의 마음에는 형을 향한 묵직한 기도의 짐이 생겼다. 그리고 그렇게 몇 달이 흘렀지만 아무 일도 일어나지 않았다. 그러나 제프는 신실함을 잃지 않고 계속 기도했다. 그러다 느닷없이, 인간의 생각으로는 도저히 설명할 수 없는 상황이 벌어지면서 제프의 형이 포트워스에 오게 됐다. 제프의 형은 제프에게 전화를 걸었고, 제프는 새벽 2시 30분에 내게 전화를 했다.

"톰슨 교수님, 혹시 주무시나요?"

"아닙니다."

나는 웃으면서 말했다.

"톰슨 교수님, 저 제프입니다. 방금 형이 제게 전화를 했어요. 지금까지 형을 위해 기도했는데, 글쎄 형이 포트워스에 있답니다. 내일 아침 저와 함께 수업에 들어갈 겁니다."

"정말 잘됐군요. 마침 내일 수업시간에는 학생들에게 어떻게 예수님을 개인적으로 알 수 있는지에 대해 강의할 예정이에요."

다음 날 나는 그 주제로 강의를 했고, 제프의 형은 예수님을 개인적으로 알게 되었다. 수업이 끝난 후 제프의 형은 내 사무실에서 주님을 영접했다.

꼭 일러두고 싶은 말이 있다. 우리가 하나님 앞에서 우리의 삶을 바로잡으면 하나님은 불가능한 환경을 움직이셔서 사람들을 우리의 관계의 원으로 보내시고 그들의 필요를 채우신다. 주님이 이렇게 사람들을 만나게 하시면 우리가 스스로 애쓸 때보다 더 많은 이들을 만나게 된다. 또한 성령의 열매가 주위 사람들의 삶에 영향을 미치는 모습을 보면서 우리 또한 채워짐을 경험하게 된다.

설문이 왜 필요한가?

"왜 꼭 설문을 해야 합니까?"라고 물을 수도 있다. 이유는 간단하다. 종이에 적어 놓지 않으면 필요한 내용을 다 기억할 수 없기 때문이다. 전도하기 위해서는 틀이 있어야 한다. 무엇이든 살아 움직이는 역동성을 갖기 위해서는 구체적인 명시가 필요하다. 우리는 설문을 작성하는 과정에서 이전까지 전혀 생각하지 못했던 사람들을 인식하게 된다. 그리고 다른 누구의 원에도 포함되지 않을 그들을 나의 원에 포함시키게 된다.

나와 친한 한 목사님이 교회 성도들에게 관계의 원을 소개했다. 성도들은 설문을 작성한 후 기도를 시작했고, 한 달만에 60명의 신자가 더해졌다. 이처럼 설문 작성은 정말 중요하다. 반드시 설문을 작성하라. 설문은 건물을 세우는 골격과도 같다.

설문을 작성할 때 반드시 기억할 것이 있다. 우리는 잃어버린 자들뿐 아니라 구원받은 자들까지 사랑해야 한다는 것이다. 우리 관계의 원에는 이미 구원받은 이들도 포함되어야 한다. 그들을 위해 기도하고 있는가? 그러기를 바란다. 그들에게도 필요가 있다. 그들에게도 상처가 있다. 그들의 필요를 채워주는 것이 우리 삶의 한 부분이 되어야 한다. 하나님의 사랑을 그들에게 보여줌으로써 잃어버린 세상을 사랑하는 법을 연습할 수 있다.

족보 흔들기

자아와 원1을 넘어서 원2에 대해 설문을 작성하고 직계가족의 이름을 적어보자. 내게 직계가족은 아내 캐롤라인과 딸 다마리스다. 내가 외아들이고, 아버지가 하늘나라로 가셨기 때문에 나는 어머니도 원2에 포함시켰다. 나는 어머니와 계속 연락을 한다. 이 세 명이 내 직계가족이다.

당신의 직계가족은 당신과 한 지붕 아래 사는 사람들이다. 미혼이고, 가족들과 떨어져 살고 있다면 어머니와 아버지가 원2다. 결혼해서 가정을 이루었다면 당신의 배우자와 자녀들이 원2다. 나머지 가족은 원3, 즉 친지에 포함되는데, 여기에 대해서는 이번 장의 후반부에서 다루겠다.

지금 당신이 직계가족의 필요를 채워주는 하나님의 사랑의 통로가 되지 못하고 있다면, 아프가니스탄은 잊어라. 우리는 땅 끝에 관심을 기울이면서도 내 가족의 필요는 채워주지 못한다.

사랑은 필요를 채워주는 것이다. 내 가족의 필요를 채우는 데 하나님이 나를 사용하시도록 하지 않는다면, 내 전도는 위선일 뿐이다. 어쩌면 우리가 온 세상에 복음을 전하고 싶어하지 않는 것이 당연하다. 가정에서 실질적인 필요가 채워지지 않는다면, 가정 밖에서도 결코 그것을 채울 수 없다.

"대체 그게 전도와 무슨 상관이란 말입니까?"라고 묻고 싶은가? 상관이 너무 많다. 가정은 하나님이 우리에게 관계 맺는 법을 배우라고 주신 교실이다.

가정 : 배움의 장

예를 들어보겠다. 내게 찾아와 "톰슨 교수님, 전 고등학교 때 공부를 잘 못했어요. 대학교 때 역시 잘 못했어요."라고 고백하는 학생들이 종종 있다. 그들은 흐느껴 울기 시작한다.

"전 사역을 하고 싶어요. 헬라어와 히브리어도 공부하고 싶어요. 지금까지는 제대로 못했어요. 하지만 이제부터는 최선을 다할 겁니다."

이들을 돕고, 용기를 주기 위해 나는 최선을 다 한다. 그러나 한 가지 비극적인 사실은 이들에게는 배움의 장에서 필요한 기초가 부족하다는 것이다. 이들은 기초를 세울 도구를 받았지만 그것을 대수롭지 않게 여겼다.

교육은 훈련이다. 교육은 주어진 도구를 사용하는 방법을 배우는 기회다. 교육이 끝난 후에는 남은 시간 동안 그 도구를 사용하며 살아야 한다. 기초 쌓는 작업을 늦게라도 시작할 수는 있지만, 이미 허송세월한 다음이다. 기초를 쌓기까지 기다리는 시간이 길수록 뒤쳐진 시간을 따라잡기는 더 어렵고 복잡해진다.

동일한 원칙이 관계에도 적용된다. 하나님이 당신에게 주신 관계의 도구 사용법을 가정에서 배우지 못하면 모든 것이 날아가버린다.

그렇다면 어떻게 해야 할까? 관계의 원을 따라가다 보면 경찰과 마찰을 빚는 사람을 보게 된다. 그는 이미 자기 자신과 마찰을 빚고 있는 사람이다. 자기 자신을 자유롭게 대하지 못하는 사람이다. 그런 사람은 부모와도 마찰이 있다. 선생님들과도 마찰을 빚는다. 하나님의 섭리와도 마찰을 빚는다. 결국 모든 사람과 갈등을 빚는다. 가정에서 바른 관계를 배우지 못했기 때문이다. 가정을 관계 쌓기 기초의 장으로 활용하지 못하면 그것은 곧 도구를 상실해버린 것과 같다. 물론 하나님은 우리가 뒤쳐진 시간을 따라잡고 새롭게 배울 수 있도록 도우시는 분이다. 하지만, 이미 하나님이 준비하신 가장 좋은 기회는 지나간 것이다.

먼 친척을 찾아서

원3은 친지다. 친지라는 말이 워낙 포괄적이어서 한 명씩 적어나가기 시작하면 이름이 끝도 없이 나온다. "친척들 중에 아는 사람이 거의 없는 걸요."라고 말하는 사람도 있겠지만, 일단 족보를 한번 뒤져보라. 생각지도 못했던 사람을 발견하고 깜짝 놀라게 될 것이다. 한 번도 생각해 본 적 없는 사람이라 하더라도 그들은 당신과 피를 나눈, 혹은 당신의 배우자와 피를 나눈 사람이다. 그리고 그 관계 때문에 그들이 당신의 관계의 원에 들어오게 된다.

친지들의 이름을 적어보라. 그리고 이들에 대해 최대한 많은 정보를 수집하라. 각 사람에 대해 설문을 작성하라. 핵심은 그들의 필요를 채우는 것이다. 그리고 나서 그들에게 사랑과 관심을 보이라. 어느 순간 "나를 생각해주는구나!" 하는 말을 듣게 될 것이다. 이런 게 바로 삶이다. 사랑은 필요를 채워주는 것이다.

"어휴, 참! 전 친척이 백 명도 넘는다고요. 그 많은 사람들을 위해 기도하라는 말입니까?" 이렇게 말하며 차라리 포기하겠다고 할지도 모르겠다. 물론 모든 친척을 위해 매일 기도할 수는 없다. 하지만 설문 양식이 작성된 친지들의 이름을 노트에 적어두라. 그리고 묵상 시간에 설문지를 쭉 넘겨보라. 때로 이름만이라도 읽어보라.

수산나 웨슬리(Susanna Wesley)를 아는가? 존 웨슬리(John Wesley)의 어머니인 수산나는 22년 간 19명의 자녀를 낳았다. 그 많은 아이들을 잘 돌보기 위해 수산나는 무척 바쁠 수밖에 없었고, 아주 세심하고 조직적으로 시간을 사용해야 했다. 자녀들 중에 누구를 가장 사랑하느냐는 질문을 받았을 때 그녀는 이렇게 답했다. "그 순간에 가장 아파하는 아이

지요." 왜 그런지 아는가? 그들의 필요 때문이다. 사랑은 필요를 채워주는 것이다. 친지들을 위해 기도하다 보면 어느 때 누구에게 필요가 있는지 알게 될 것이다.

앨리스 이모님

원3 설문을 작성하던 내 친구 딕은 문득 앨리스 이모가 생각났다. 딕은 가족모임에서 앨리스 이모를 몇 번 만난 적이 있었다. 하지만 지금은 이모가 어디 사시는지도 몰랐다. 딕은 어머니께 편지를 보냈다. "어머니, 앨리스 이모님은 지금 어디 사세요? 제 기도 목록에 이모님 성함을 적었어요. 이모님 주소 좀 알 수 있을까요?"

어머니는 앨리스 이모가 82세시고, 딕이 사는 곳에서 150km정도 떨어진 양로원에 계시다며 양로원의 주소를 알려주셨다. 어머니의 답장을 받은 딕은 앨리스 이모가 계신 양로원으로 생신 축하카드를 보냈다. 조카의 소식을 들은 앨리스 이모는 너무 기뻐했고, 답장을 보냈다. 그리고 몇 주 후, 딕은 이모에게 전화를 걸어 아내와 함께 양로원 방문 약속을 잡았다. 앨리스 이모에게 아내를 소개한 후, 세 사람은 편하게 농담을 주고받았다. 그러다 갑자기 앨리스 이모가 물었다.

"그런데 애야, 넌 무슨 일을 하니?"

"사역을 위해 사우스웨스턴 신학대학원에서 공부를 하고 있어요."

딕이 대답했다.

"그렇구나, 그런데 무슨 공부를 하니?"

"기본적으로는 고유명사를 제외하고 이 세상에서 가장 중요한 단어는 관계라는 걸 공부하고 있어요. 지금 우리 관계처럼 말이죠. 누군가를 정말 사랑한다면 그 사람의 필요를 채워준다는 것도 공부하고 있고요."

"그래, 아주 재미있구나. 좀 더 얘기해주겠니?"

"모든 사람의 삶에서 가장 근본적인 필요는 예수 그리스도를 아주 개인적으로, 친밀하게 아는 거예요."

"아주 재미있는 얘기구나. 그게 무슨 뜻이지?"

딕은 앨리스 이모에게 복음을 전했다. 어떻게 주님을 알 수 있는지, 어떻게 죄사함을 받을 수 있는지, 어떻게 하나님 아버지와 주위 사람들과 바른 관계를 맺으며 살아갈 수 있는지 전했다.

그러자 앨리스 이모는 눈물이 가득 고인 눈으로 딕을 보며 말했다. "얘야, 오랫동안 교회를 다녔어도 한 번도 네가 말해준 대로 해본 적이 없구나. 나도 예수님을 믿을 수 있을까?"

딕은 아내와 함께 이모 곁에 무릎을 꿇었고, 이모는 그날 예수님을 영접했다. 몇 달 후 딕을 만났을 때, 그는 내게로 다가와서 나를 끌어안았다. 그리고 한동안 말을 하지 못하더니 이윽고 이렇게 말했다.

"교수님, 지난 주말에 앨리스 이모님이 하나님께로 가셨어요…. 교수님, 제가 이모님을 제 관계의 원에 포함시키지 않았다면 어떻게 됐을까요? 제가 설문을 작성하지 않았다면 어떻게 됐을까요?"

당신에게 무거운 짐을 지우고 싶진 않다. 하나님은 당신이 한 번에 한 걸음씩 움직이기를 원하신다. 하지만 시간을 아끼라. 하루하루를 사용하라. 온 일가친척을 하루에 다 구원할 수는 없다. 앞으로 당신에게 남은 시간이 얼마나 될지는 알 수 없지만, 우리에게는 관계의 원에 있는 이들에게 다가갈 만큼의 시간이 주어져 있다. 하나님이 당신을 사용하실 수 있도록 하라. 하나님이 당신을 통해서 사람들을 사랑하고 사람들의 필요를 채우시게 하라.

　하나님의 은혜와 힘 아래 살라. 골로새서 2장 6절 말씀을 기억하라. 그리스도를 믿음으로 받았으니 믿음으로 그와 함께 행하라.

개인적 적용

묵상노트나 일기장에 다음 질문의 답을 적으라. 10장의 진리를 이해하고 삶에 적용할 수 있도록 자세히 기록하라.

1. 설문을 위한 데이터베이스를 준비하라. 설문을 위해 다음 중 한 가지 형식을 선택하라.
   - 노트 : 319-320쪽의 설문 양식을 복사해 바인더에 맞게 구멍을 뚫으라. 자신에게 맞도록 설문 양식을 바꿔도 좋다. 한 사람 당 한 장씩 작성할 수 있도록 여러 장을 복사하라. 설문을 수백 장 작성하는 경우도 있지만 일단은 30, 40장으로 시작해도 좋다. 설문지가 더 필요할 경우를 대비해 원본을 보관해두라. 라벨을 이용해 원2에서 7까지 각 원을 구분하라.
   - 묵상노트 : 필기가 가능한 노트와 319-320쪽의 설문지를 이용해 관계의 원에 있는 이들에 대한 정보를 기록하라. 종이를 빼서 순서를 바꿀 수 있다면, 원마다 설문지를 함께 묶으라. 순서를 바꿀 수 없다면 상단 한 귀퉁이에 원을 표시하거나 각 원마다 다른 색을 써서 식별할 수 있도록 하라.
   - 컴퓨터 데이터베이스 : 컴퓨터가 있다면 프로그램을 사용해 설문을 위한 데이터베이스를 구축하라. 카드 파일을 사용해 각 설문 대상에 대한 색인카드를 관리할 수도 있다. 각 원에 대해 개별적으로 파일을 관리할 수도 있다. 데이터베이스 프로그램이나 엑셀, 워드 프로그램을 사용하는 것도 한 방법이다. 어떤 방법을 사용하든 319-320쪽에 있는 설문 양식을 기본으로 삼아 각 사람에 대한 정보를 관리하라. 컴퓨터로 양식을 만들어 각 사람에 대한 정보를 공란에 기입할 수도 있다.
   - 색인카드 파일 : 319-320쪽의 설문지를 이용해 각 설문 대상에 대한 색인카드를 만들라. 그리고 그 카드를 담을 커다란 상자를 준비하라. 라벨을 이용해 각 원을 구분하라.

2. 관계의 원에 속한 모든 이들에 대해 자세한 정보를 수집하라. 당장 원2와 3, 가족과 친지들에게 초점을 맞추라. 각 사람마다 별도의 설문지를 사용하라.
   - 먼저 직계가족 한 사람 한 사람에 대한 설문지를 준비하라. 직계가족에는 당신의 부모, 배우자, 자녀, 즉 당신과 한 지붕 아래 사는 모든 사람이 포함된다. 가족과 떨어져 혼자 살고 있다면 부모님을 직계가족에 포함시키라. 각 사람에 대

개인적 적용

해 최대한의 정보를 담으라. 도움이 될 만한 정보를 더 얻게 되면 추가하라.
- 다음으로 친지 한 사람 한 사람에 대한 설문지를 준비하라. 친지 명단은 시간이 지나면서 점점 늘어난다. 일단 직계가족과 가장 가까운 친지들부터 시작하라. 당신과 한 집에 살지 않고, 당신의 직계가족이 아닌 모든 친지에 대해 설문을 작성하라. 당신과 관계가 있는 모든 친지, 생각나는 모든 친지에 대해 설문을 작성하라.

조부모,   부모,   형제,   자매
양부모,   시댁/처가 식구, 고모/이모,   삼촌
손자/손녀, 질녀,   조카,   사촌

3. 원2와 3, 두 개의 원에 대한 설문이 준비됐으면 각 사람을 위해 기도하는 시간을 가지라. 그들의 필요를 알려주시기를 주님께 구하라. 어떻게 기도하고, 어떻게 그들에게 사랑을 보여주어야 할지 가르쳐 주시기를 구하라. 각 사람을 위해 기도하면서 주님이 깨닫게 하시는 것이 있으면 설문지에 기록하라.

4. 다음 장으로 넘어가기 전에 스스로에게 물어보라. 혹시 깨어진 관계 때문에 의식적으로 뺀 사람은 없는가? 만약 그렇다면 그 사람도 포함시키라. 그 관계를 주님께 내어드리고 어떻게 해야 할지 주님께 물으라.

몸 세 우 기

10장의 진리를 각자의 삶에 적용하고 그리스도의 몸을 세우기 위해 소그룹에서 다음의 질문과 활동을 함께 하라.

1. 어떤 방법으로 설문 정보를 관리하기로 했는가(노트, 묵상노트, 컴퓨터 파일, 색인카드 등)?

2. 소그룹에서 컴퓨터로 양식을 작성한 지체가 있다면 컴퓨터로 설문을 관리하기 원하는 다른 지체들과 양식을 공유하는 것도 좋다.

3. 직계가족들에 대해 특별히 깨달은 것이 있는가? 가족들을 위해 기도했더니 그 기도가 의미 있는 상황으로 이어졌는가? 만일 그랬다면 어떤 상황이었는가?

4. 생각지 않게 원3에 포함시키게 된 친지는 누구인가? 이번 주 그 친지에게 더욱 마음을 쓰게 하는 이례적인 상황이 벌어졌는가?

5. 의식적으로 관계의 원에서 뺀 사람은 없는가? 그 관계를 위해 우리가 어떻게 기도하기를 원하는가?

6. 설문 대상자 중에서 하나님이 누구를 '긴급수배' 명단에 올리셨다고 생각하는가? 한 사람씩 돌아가며 나누고, 그들 한 사람 한 사람을 위해 기도하는 시간을 가지라. 주님께서 그들의 환경을 움직이시고, 그들이 구원에 이르도록 이끌어 주시기를 구하라.

7. 지금까지의 공부를 통해 지난 한 주 동안 어떤 활동, 혹은 경험을 했는가? 하나님이 당신의 관계에서 어떻게 역사하고 계신가?

8. 모든 소그룹 구성원들에게 "이번 주에 당신을 위해 어떻게 기도할까요?"라고 물으라. 그 기도제목을 놓고 구체적으로 기도하라.

원4-7을 설문하라 :
친구부터 X라는 사람까지

어느 날 휴스턴에서 차를 몰고 오면서 캐롤라인, 다마리스와 함께 무선통신을 했다. 혹시 무선통신 기기가 있다면 한번쯤 사용해 볼 것을 권한다. 열 개 남짓한 단어만 알면 쉽게 사용할 수 있다. 나는 무선통신으로 이야기하는 걸 좋아한다. 무선통신의 묘미는 누구를 만나게 될지 모른다는 데 있다.

나는 절대 설교자나 하늘의 조종사 같은 통신명을 쓰지 않는다. 이런 통신명을 쓰면 아무도 나에게 말을 걸지 않을 것이기 때문이다. 그래서 젤리 빈이라는 이름을 쓴다. 젤리 빈이라는 이름으로는 누구와도 쉽게 이야기할 수 있다.

시간은 늦었고, 휴스턴에서부터 차를 몰다 보니 피로가 몰려왔다. 나는 졸지 않기 위해 무선통신을 켜고 사람들과 대화를 했다. 다마리스는 뒷좌석에 눕다시피 앉아 있었다. 도시를 벗어날 무렵 대화가 좀 뜸해졌다. 아무도 말을 않기에 내가 록키 마운틴이라는 사람에게 말을 걸었다.

"어느 동네에 살아요?"

그가 내 질문에 답했다.

"지금 어디로 가고 있어요?"

"산 안토니오요."

잠시 침묵이 흘렀다. 그러다 록키 마운틴이 말했다.

"젤리 빈, 난 지금 목사님을 만나러 산 안토니오로 가고 있어요. 만약 목사님도 날 도와줄 수 없다면 난 바로 지옥으로 가버릴 거예요."

뒷좌석에서 졸고 있던 다마리스가 벌떡 일어나며 물었다.

"지금 저 아저씨가 뭐라고 그랬죠?"

나는 록키 마운틴에게 말했다.

"믿기 어려우시겠지만 록키 마운틴, 사실 젤리 빈은 목사랍니다."

"젤리 빈이 목사님이라고요?"

"예, 그렇습니다. 괜찮으시다면 함께 이야기를 나눴으면 좋겠군요."

결론부터 얘기하면 우리는 다음 휴게소에서 만났고, 내가 그의 차에 옮겨 탔다. 우리는 20분 남짓한 시간 동안 이야기를 나눴고 결국 그는 그리스도를 영접했다.

그들을 어디서 만나게 될지 우리는 절대 알 수 없다. 결코 알 수 없다. 그저 성령님이 그들을 우리에게 이끌어주시면 만나게 되는 것이다. 하지만, 그들은 분명 어딘가에서 아파하고 있다. 굶주려 있다. 이 세상이 그들의 아픔에 개의치 않는다는 것도 알고 있다. 나는 이 땅에서 다시는 록키 마운틴을 만날 수 없을 것이다. 그는 혜성처럼 내 삶을 스쳐 지나갔다. 록키 마운틴처럼 당신에게도 다시는 보지 못할 누군가가 있다. 그리고 하나님은 그 사람들에 대해 당신에게 책임을 물으신다. 당신이 쓰임 받을 준비가 되어 있기를 바라신다.

하늘로 올라가시기 전 예수님은 제자들에게 말씀하셨다.

"성령이 너희에게 임하시면 너희가 권능을 받고 예루살렘과 온 유대와 사마리아와 땅끝까지 이르러 내 증인이 되리라"(행 1:8).

당신에게는 당신과 가장 가까운 이들이 있는 예루살렘이 있다. 당신에게는 더 넓은 관계의 원을 아우르는 유대가 있다. 그보다도 더 넓은 관계의 원을 포함하는 사마리아가 있다. 그리고 땅 끝이 있다. 언젠가 주님은 당신께 물으실 것이다.

"너는 예루살렘과 유대와 사마리아와 땅 끝을 어떻게 했니?"

이제 "아버지, 제가 온 세상의 필요를 채울 수 없습니다. 하지만 제 세계의 필요는 채울 수 있습니다."라고 고백하라.

"저는 제 세계를 사랑할 수 있습니다. 제 예루살렘의 필요를 채울 수 있습니다. 주님이 제 삶에 폭탄을 떨어뜨려 주셔야 할지도 모릅니다. 하지만 주님이 저를 사마리아로, 저의 땅 끝으로 보내실 것을 믿습니다." 라고 고백하라.

당신의 자원으로는 사람들의 필요를 다 채울 수 없다. 당신의 자원으로는 부족하다. 하지만 예수님의 자원으로 사람들의 모든 필요를 채울 수 있다. '하나님 더하기 당신'의 답은 언제나 '충분'이다.

원4 설문 : 가까운 친구

원4는 친한 친구들로 구성된 원이다. 때로 친한 친구는 친척보다 더 가깝다. 시간을 함께 보내는 이들, 중요한 일을 터놓고 의논할 수 있는 이들, 취미나 여가 활동을 함께 하는 이들의 이름을 적으라. 도움이 필요해서 한밤중에 전화를 걸어도 만사를 제치고 달려올 수 있는 사람들이 원4에 포함되는 친구들이다. 그 정도로 가까운 친구가 아니라면 원5에 포함시킬 수 있다.

친한 친구들에게도 필요가 있다. 그들의 필요를 채워주어야 한다는 사실을 잊지 말라. 친구에게서 받기만 하려고 해서는 안 된다. 그들의 필요를 채워줌으로써 하나님의 사랑을 그들에게 보낼 수 있는 기회를 얻게 될 것이다. 믿는 친구들이라면 "서로 사랑하라"는 말씀을 연습하고, 믿지 않는 친구들이라면 당신을 통해 흘러간 하나님의 사랑이 그들을 그리스도께로 이끌게 해달라고 기도하라.

원5 설문 : 이웃과 직장 동료

원5에는 이웃, 동료, 그리 가깝지 않은 친구들이 포함된다. 이들에 대한 정보를 설문양식에 반드시 적어두어야 한다. 왜 이런 과정이 필요할까? 그들을 아끼기 때문이다. 마음으로부터 소중히 여기는 사람이 있다면 그 사람에 대해 알고 싶어하고, 또 알게 되지 않겠는가? 예를 들어보겠다.

아내 캐롤라인을 어떻게 만나게 됐는지 묻는 사람들이 있다. 당시 나는 미혼에, 아직 신학대학원 졸업장도 없는 데다, 뭐 하나 제대로 갖춘 것이 없는 스물일곱 살의 텍사스 세퀸 제일침례교회 목사였다. 베일러 대학을 다니는 4년 내내 열심히 신붓감을 찾아봤지만 여전히 나는 혼자였다.

하루는 신실한 감리교 평신도 친구가 사무실에 들러 달라고 전화를 했다. 침례교인 가정심방 문제로 나와 상의하고 싶다는 것이었다.

다음날 그 친구의 사무실에 들어가는 길에 나는 그의 비서와 마주쳤다. 그 비서가 누구일까? 바로 캐롤라인이었다. 그녀가 앉은 자리 바로 앞에서, 나는 사무실 바깥문을 열고 들어가 안문 앞까지 가는 짧은 시간 동안, 의자에 걸려 허둥거리다 쓰레기통을 넘어뜨리고 책상 위의 전화기를 떨어뜨리는 촌극을 벌였다.

그 소동을 빚은 끝에 마침내 친구의 사무실에 들어갔을 때, 친구는 그 가족의 이름이 적힌 종이를 내게 건넸다. 그리고 나는 친구에게 말했다. "아니, 잠깐만. 그 가족에 대해서는 잠시 후에 얘기하기로 하고, 대체 밖에 있는 저 미인은 누군가?" 이후 3주 동안 나는 FBI에 버금가는 탐색 작업을 벌였다. 나는 그 여인의 모든 걸 알고 싶었다. 정보를 수집한 후에는 전략을 수립했다.

누군가에게 마음을 쓰고 하나님이 당신을 통해 그 사람을 돌보기 원하시면, 그에 대해 더 많이 알고 싶어진다. 그러니 설문을 작성하라.

이웃을 알아가라

도시에서 이웃과 이웃사촌으로 지내기가 점점 더 어려워지고 있다. 하지만 사랑은 필요를 채워주는 것이다. 이웃의 필요를 채우고 싶다면 이웃을 알아야 한다.

이웃을 집으로 초대해 저녁식사를 대접하거나 골목에서 마주칠 때 반갑게 인사를 건네지 않는다면, 우리가 그들과 하늘나라에서 만나기를 바란다고 그들이 생각할 리 만무하다. 이웃의 필요를 채우기 전에 먼저 이웃을 알아야 한다.

　내 친구가 사는 집 건너편에 한국인 부부가 살고 있는데, 워낙 조용한 성격이라 이들 부부와 친해지기가 정말 쉽지 않았다.

　이들 부부와의 거리를 좁히려 애쓰기 시작한 지 몇 달이 지났을 때 부인의 어머니가 돌아가셨다. 내 친구 부부는 이들 한국인 부부에게 음식을 가져다 주었다. 애완동물들을 대신 돌봐주고, 앞마당 잔디도 깎아줬다. 집으로 돌아온 후 한국인 부부는 내 친구에게 이렇게 말했다. "저희에게 잘해주셔서 정말 감사해요. 좀 더 가까이, 친구처럼 지낼 수 있으면 좋겠어요."

　자신들에게 사랑을 보여준 사람이 전하는 복음에 귀를 기울일 준비가 된 것이다. 사랑은 어디든 우리가 처한 자리에서 필요를 채워주는 것이다. 하지만 당신의 세계를 취해 주님께 돌리고자 한다면, 먼저 주님을 향한 새롭고 신선하고 흔들림 없는 사랑이 있어야 한다. 더욱 더 '자신을 헌신하고 내려놓아야' 한다.

　몇 년 전 죽음의 문 앞에 섰을 때 주님이 내게 결코 잊지 못할 한 가지를 가르치셨다. 죽음이 코앞에 닥친 상황에서 나는 '얼마나 오래' 사느냐가 아니라 '어떻게' 사느냐가 중요하다는 것을 깨달았다. 므두셀라는 969년을 살았고 노아의 홍수 때 죽은 것으로 추정된다. 그의 아버지 에녹은 365년을 살았다. "에녹이 하나님과 동행하더니 하나님이 그를 데려가시므로 세상에 있지 아니하였더라"(창 5:24). 둘 중 어떤 사람이 되고 싶은가? 하나님의 인도하심을 따르라. 그리하여 하나님께 가치 있는 인생이 될 뿐 아니라 당신도 충만함을 누리는 삶을 살라.

원6 설문 : 지인

이웃에서 원6으로 넘어가면서 "지인이 대체 누구입니까?"라고 물을지 모르겠다. 슈퍼마켓이나 음식점에 간 적이 있는가? 계산대 직원이나 서빙을 하는 직원의 명찰을 본 기억이 있는가? 그 명찰은 장식이 아니다. 그 명찰에는 당신의 지인의 이름이 새겨져 있다. 우리는 그들의 얼굴을 안다. 또한 그리스도인으로서 우리는 그들의 이름을 기억하기 위해 애써야 한다. 이처럼 원6에는 우리가 이따금씩 부딪치는 사람들이 포함된다.

"여기요!"

식당에서 서빙하는 사람을 부를 때 "여기요!"라고 하지 마라. 사람의 깊은 필요 중 하나는 인정이고, 사람을 인정하는 방법 중 하나가 바로 그 사람의 이름을 부르는 것이다. 누군가가 내 이름을 불러준다는 것은 특별한 의미가 있다. 상대방이 나를 인정한다는 의미이며, 내 이름을 기억할 만큼 나에게 마음을 쓰고 있다는 의미이다. 이름을 기억하는 것이 그렇게 대단한 일이 아닐지도 모르지만, 분명 상대방을 생각해주고 있다는 것을 보여준다.

결국 상대방의 이름을 부를 때마다 우리는 그 사람의 필요를 채워주는 셈이다. 그렇지 않은가? 하나님은 에덴동산에서 아담과 하와를 찾으시면서 "거기, 너희 둘!"이라고 하지 않으셨다. "아담아, 네가 어디 있느냐?"라고 하셨다.

"저는 이름을 잘 못 외우는데요." 이렇게 말하는 사람이 있다면 좀 냉정한 얘기를 해야겠다. 이름을 기억하지 못하는 것은 충분히 마음을 기울이지 않기 때문이다. 이름을 외우는 데는 시간이 든다. 노력해야만 외울 수 있다.

관계의 원을 따라 움직이고, 그것이 삶의 방식으로 자리 잡게 되면 이름이 얼마나 중요한지 깨닫게 될 것이다. 오가며 마주치는 이들의 이름을 불러주면 그들은 당신을 절대 잊지 못한다.

내가 아는 설교자들 중에는 유난히 말주변이 없는 사람들이 있다. 그들을 보고 있자면 마치 무언가를 잔뜩 싣고 있는 덤프트럭 같다. 차이가 있다면, 이들은 쏟아낼 줄을 모른다. 지식과 정보가 머릿속에 가득 차 있고, 차다 못해 넘쳐나는 이들도 있지만 어떻게 그 지식과 정보를 나눠야 할지 모른다.

하지만 그들은 어떻게 사랑해야 하는지 알고, 어떻게 필요를 채워줘야 할지 안다. 하나님께 쓰임을 받고, 사람들도 그들을 사랑한다. 왜 그럴까? 그들이 먼저 사랑했기 때문이고, 나를 사랑해주는 사람을 사랑하는 것은 어렵지 않기 때문이다.

자녀들을 기억하라. 자녀들의 무엇을 기억하라는 걸까? 그들의 자녀들의 이름을 기억해야 한다는 말일까? 물론이다! 내가 상대방의 아이 이름을 기억하면 그 사람은 내가 자신을 아끼고 있음을 안다. 한 아이가 아버지가 주기도문으로 기도하는 것을 들었다. 그런데, 아버지가 하는 기도를 잘못 알아들은 아이는 이렇게 기도했다. "하늘에 계신 우리 아버지여, 제 이름을 기억하고 계시다니요?"

설문을 작성할 때 원6에 지인들의 이름을 적으라. 그리고 계속해서 이들에 대한 정보를 수집하라. 그들과 관계를 쌓아가는 동안 그들의 필요를 알게 될 것이다.

원7 설문 : X라는 사람

마지막으로 원7은, X라는 사람을 포함한다. "지금까지 모든 사람들에 대해 이야기했지만, 잃어버린 세상에 대해서는 한 마디도 안 했어요."라고 말할지 모르겠다.

우리가 지금까지 한 이야기 모두가 잃어버린 세상에 대한 것이다. 당신의 X라는 사람은 어딘가 누군가의 관계의 원에 포함된 사람이기 때문이다. 당신의 X는 내 원3에 있는 사람이다. 나의 X는 당신의 원2에 있는 사람이다. 이 책을 읽는 독자 중 누군가가 나의 X일 수도 있다.

"너희가… 예루살렘과 온 유대와 사마리아와 땅끝까지 이르러 내 증인이 되리라"는 사도행전 1장 8절의 말씀에서 예수님은 무슨 말씀을 하시려고 했던 것일까? 예수님이 당신과 나에게 무엇을 말씀하셨던 것일까? 사도들의 세계는 먼저 예루살렘, 그 다음은 유대, 그 다음은 사마리아 그리고 마지막으로 땅 끝이었다. 사도들은 자신들이 있는 곳에서 시작해 점점 더 넓게 뻗어갔다.

마찬가지로 예수님은 우리에게 우리의 예루살렘으로, 우리의 유대로, 우리의 사마리아로, 그렇게 밖으로 뻗어가라고 말씀하신다. 즉 예수님 말씀의 요점은 우리가 있는 곳에서부터 시작하라는 것이다.

내 세계는 당신의 세계와 다르고, 당신의 세계는 내 세계와 다르다. 하지만 우리의 세계를 모두 합하면 우리는 온 세상을 취할 수 있다. 한 가지 내가 발견한 것이 있다. 하나님이 나를 그분의 성령으로 채우시면 그분은 나의 원 안에 사람들을 들여놓으신다.

X에 대한 설문양식을 사전에 작성해 두는 것은 불가능하다. 대개 X는 처음이자 마지막으로 당신을 스쳐가는 사람이 될 확률이 높다. 하지만

그렇다 하더라도 X를 만나게 되면 그 사람을 기억하고, 위하여 기도할 수 있도록 설문을 작성하라. 그리고 그 사람에 대해 아는 모든 정보를 담으라. 당신의 삶에 다가온 X라는 사람들의 이름을 다 기억하지 못할 수도 있다. 그러나 기억하고 기도할 만큼은 그 사람을 표현할 수 있을 것이다. 그렇게 기도하다가 그 사람을 다시 만나게 될지 누가 아는가? 어쩌면 하나님이 그 사람을 당신의 관계의 원 안쪽으로 옮기실지도 모른다.

당신의 온도계를 확인하라

학생들 중에 "잃어버린 사람이 제게는 한 명도 안 보이는데요."라고 말하는 경우가 있다. 그러면 나는 "영적 온도계가 고장나지는 않았는지 확인해 보셔야겠네요."라고 말한다.

하나님과 동행하면 하나님은 사람들을 관계의 원에 들여놓으신다. 이전에 보지 못했던 사람들이 드러나고 눈에 보이기 시작한다.

관계의 원에 있는 모든 사람들을 사랑하게 되면 당신의 삶에 '거룩한 자성(磁性)'이 나타나는 것을 깨닫게 될 것이다. 하나님은 당신을 통해 사람들을 하나님께로 이끄실 것이다.

기억하라. 사랑은 필요를 채워주는 것이다. 또한 전도가 오직 X라는 사람만을 대상으로 하는 것이 아님을 기억하자. 우리는 우리 세계 전체, 즉 우리 관계의 원 전체를 대상으로 삼아야 한다.

어느 날 관계의 원에 대한 수업이 끝난 후 한 학생이 강의실로 뛰어 들어왔다.

"톰슨 교수님!"

"무슨 일이죠?"

"교수님! 방금 밖에서 저의 X를 만났습니다. 금발에 아주 미인이에요."

"그런데요?"

"그 사람을 제 원2로 끌어오고 싶습니다."

"글쎄요, 그 자매는 그러고 싶어하지 않을 것 같은데요. 그래도 형제님을 위해 기도하겠습니다."

하나님이 누군가를 당신의 원7에 보내주시면 그 사람이 혜성처럼 금세 스쳐 지나갈 수도 있다는 것을 기억하라. 그러나 그 짧은 순간에도 하나님은 분명한 목적을 가지고 그를 보내신다. 어쩌면 그렇게 스쳐 지나간 후 다시는 그 사람을 볼 수 없을지도 모른다. 그러나 요한복음 7장 38절은 "그 배에서 생수의 강이 흘러나리라"고 확증한다. 내가 주님 안에 거하고 주님께 순복하면 나는 생명이 있는 자다. 하나님은 말씀하신다. "그는 내 자녀다. 내가 그의 삶 속에서 열매를 맺을 수 있다." 하나님은 그의 자녀가 X라는 사람의 필요를 채워줄 것을 아시고 그를 자녀의 삶에 보내신다. 하나님의 자녀가 그 X를 어루만질 때 그 사람은 능력을 받게 된다.

예수님이 무리들 사이로 다니시던 때의 일을 기억하는가? 사람들이 예수님께 다가가기 위해 사방으로 예수님을 에워싸고 밀었다. 그런데 갑자기 예수님이 이렇게 말씀하셨다. "누가 내 옷에 손을 대었느냐?"(막 5:25-34). 수많은 사람들이 예수님을 붙잡는 상황에서 제자들은 대체 그게 무슨 말씀인지 이해할 수 없었다. 그러나 예수님은 누군가 예수님께 손을 대었고, 능력이 나가는 것을 느끼셨다고 말씀하셨다. 그러자 가까이 서 있던 한 여인이 자신이 예수님께 손을 댔다고 고백했다. 예수님의 능력을 통해 여인은 치유함을 받았다. 예수님은 X인 그 여인의 필요를 채워주셨다.

X에게는 당신이 필요하다

누군가 당신에게 '손을 댈' 것이다. 앞서 내가 만난 할리우드 프로듀서처럼 X를 비행기에서 만나게 될 수도 있다. 혹은 그곳이 기차나 버스가 될 수도 있다. 하지만 당신에게 손을 댈 때, 그가 하나님의 능력을 느끼게 될 것인가? 또한 당신은 그 사람의 필요를 채우기 위해 당신의 시간을 투자할 것인가?

내 말이 무슨 의미인지 이해가 되는가? 수많은 사람들이 당신의 삶을 거쳐 갈 것이다. 그것이 언제가 될지는 아무도 모른다. 그러나 준비하고 있으라. 그리고 "아버지, 제가 여기 있습니다."라고 기도하라. 하나님은 누구에게 사랑이 필요한지 알고 계시며 언젠가 그 사람을 당신의 원7로 이끄실 것이다. 때로 하나님은 당신이 쉽지 않은 상황에 처해 있을 때 누군가를 당신에게로 보내셔서 당신이 그분의 은혜에 어떻게 반응하는지 시험하기도 하신다.

이전까지 잃어버린 자가 보이지 않는다고 했던 학생들도 언젠가 고백할 것이다. "주님께 순복하며 살아가니 제 힘으로 그들을 찾아다닐 때보다 더 많이 만나게 됩니다." X의 필요를 인식하고 그 필요를 채워줄 때 이처럼 하나님은 우리 삶에서 열매를 맺으신다. 당신의 영적 온도계는 몇 도를 가리키고 있는가? 당신은 지금 주님과 친밀하게 동행하고 있는가? 주님의 생명과 사랑이 당신의 삶을 통해 흘러가고 있는가? 당신의 삶을 통해 사람들이 그리스도를 만나게 될 것이라고 믿고 주님이 사람들을 보내실 수 있겠는가?

 잠시 잠깐 왔다가 혜성처럼 사라진다 하더라도 우리는 X라는 사람을 잊지 말고 우리 관계의 원에 포함시켜야 한다. 어쩌면 이 땅에서는 그를 다시 볼 수 없을지도 모른다. 우리에게 그 순간만 손을 대는 사람일 수도 있다. 과연 그는 능력을 경험하게 될까?

 한 가지 깨달은 것이 있다. 관계가 바로 서 있는 사람은 그 삶을 통해 성령의 능력이 역사한다는 것이다. 성령님은 그리스도인 안에 언제나 내주하신다. 하지만 우리가 성령님이 자유롭게 역사하실 수 있게 할 때 비로소 그분은 우리 삶 속에서, 우리 삶을 통해 끊임없이 움직이시며 필요를 채우신다. 이를 성령 충만이라 부르든, 성령의 기름부음이라 부르든 명칭은 중요치 않다. 다만 우리가 X라는 사람을 신실하게 사랑하고 그의 필요를 채워줄 것임을 성령님이 아시고 환경을 조성하셔서 우리 삶에 그를 보내주신 것임을 기억하자.

개인적 적용

묵상노트나 일기장에 다음 질문의 답을 적으라. 11장의 진리를 이해하고 삶에 적용할 수 있도록 자세히 기록하라.

1. 선택한 설문 양식(노트, 묵상노트, 컴퓨터 파일 등)을 이용해 관계의 원에 대한 설문을 계속하라. 다음에 대한 설문지를 준비하라.
   - 원4 : 친구 – 함께 시간을 보내고 서로를 아끼고 신뢰하며 어려울 때 도움을 주는 사람들
   - 원5 : 이웃과 동료 – 비교적 지속적인 교류가 가능한 사람들. 다음과 같은 이들을 떠올려보라.
     ☞ 이웃, 직장 동료, 직장 상사, 노조원, 거래처, 고객, 부하직원, 학교 동기, 선생님, 교인, 학생, 팀원, 동아리 친구…
   - 원6 : 지인 – 주기적으로 짧은 시간 동안 '마주치는' 사람들. 하지만 원7의 X라는 사람보다는 더 잘 알 수 있는 기회가 있는 이들. 다음과 같은 장소에서 만나는 이들을 떠올려보라.
     ☞ 슈퍼마켓, 주유소, 레스토랑, 클럽, 학교, 교회, 파티, 가게, 백화점 공공기관, 조합, 운동 경기…
   - 원7 : X라는 사람 – 예기치 않게 당신을 스쳐 지나가는 사람들. 다시는 보지 못할 사람일 수도 있다. 하나님이, 당신이 알고는 있지만 개인적으로 만나본 적이 없는 사람을 원7에 포함시키실 수도 있다. 관계의 다리를 쌓게 되는 사람일 수도 있다. 앞 장에서 언급한 할리우드 프로듀서처럼 단 한 번 만났지만 지속적으로 기도하고 싶은 사람일 수도 있다.

2. 시간이 지남에 따라 설문 대상이 점점 늘어나게 된다는 사실을 기억하라. 시간이 나는 대로, 또 하나님이 인도하시는 대로 설문에 가능한 많은 사람을 추가하라. 설문을 일회성 프로젝트가 아닌 삶의 한 부분이 되도록 하라.

3. 설문을 작성한 이들을 위해 기도하는 시간을 가지라. 그들 중 누가 하나님의 '긴급 수배자'인지 주님께 물으라. 그리고 그 사람을 특별 기도제목으로 삼으라. 어떻게 하면 하나님이 당신을 통해 그들에게 사랑을 보이시고 그들과 더 깊은 관계를 맺으실 수 있을지 방법을 모색하라.

개인적 적용

4. 다음 장으로 넘어가기 전에 스스로에게 물어보라. 혹시 깨어진 관계 때문에 의식적으로 뺀 사람은 없는가? 만약 그렇다면 그 사람을 포함시키라. 그 관계를 주님께 내어드리고 어떻게 해야 할지 주님께 물으라.

몸세우기

11장의 진리를 각자의 삶에 적용하고 그리스도의 몸을 세우기 위해 소그룹에서 다음의 질문과 활동을 함께하라.

1. 이번 주에 추가한 이들에 대해 특별히 깨달은 것이 있는가? 그들을 위한 기도가 특별히 더 의미 있는 상황으로 이어지지는 않았는가? 어떤 상황이었는가?

2. 생각지 않게 설문에 포함시키게 된 사람은 누구인가? 이번주 그 사람에게 더 마음을 쓰게 하거나 그들과의 관계를 변화시키는 이례적인 상황이 벌어졌는가?

3. 의식적으로 관계의 원에서 뺀 사람은 없는가? 그 관계를 위해 우리가 어떻게 기도하기를 원하는가?

4. 설문을 작성한 사람 중에서 하나님이 누구를 '긴급수배' 명단에 올리셨다고 생각하는가? 한 사람씩 돌아가며 나누고 한 사람 한 사람을 위해 기도하는 시간을 가지라. 주님께서 그들의 환경을 움직이셔서 그들이 구원에 이르도록 이끌어 주시기를 구하라.

5. 지금까지의 공부를 통해 지난 한 주 동안 어떤 활동, 혹은 경험을 했는가? 하나님이 당신의 관계에서 어떻게 역사하고 계신가?

6. 모든 소그룹 지체들에게 "이번 주에 당신을 위해 어떻게 기도할까요?"라고 물으라. 그 기도제목을 놓고 구체적으로 기도하라.

Stage 3

기도 :

기도로 하나님과 동역하라

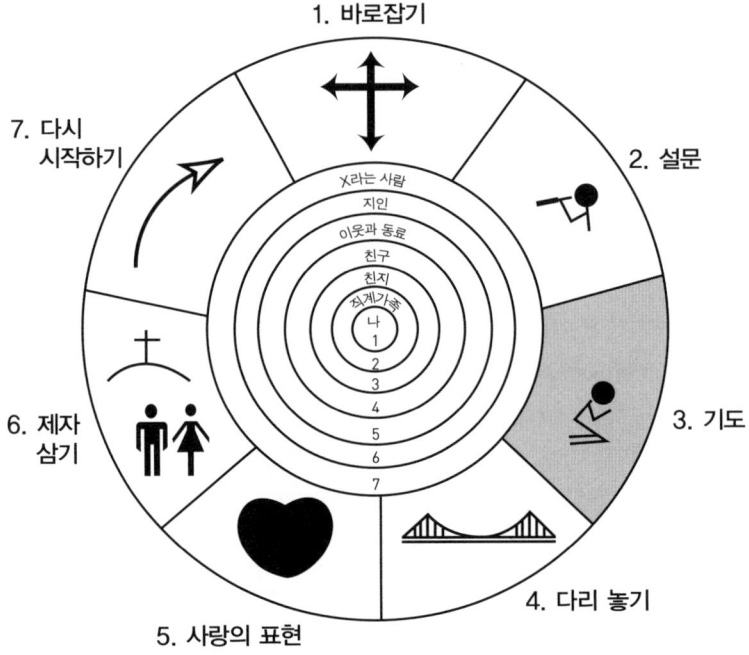

기도는 주님과의 동역을 위한 준비 단계도, 종교적 행위도 아니다. 기도는 만유의 주인이신 주님과의 관계다. 기도할 때 우리는 온 우주를 통치하고 결정하는 천국 보좌 앞으로 나아가게 된다. 하나님은 기도를 통해 우리를 초대하신다. 기도 응답이 하나님께로부터 왔음을 알고, 하나님께 영광을 돌리게 하시기 위해서다.

이 단계에서는, 제자 삼는 과정에서 하나님께 기도로 지혜와 분별을 구하도록 당신을 돕고자 한다. 당신은 이제 다른 이들의 환경을 움직이셔서 그들을 하나님께로, 그의 아들 예수 그리스도께로 이끄시도록 하나님께 기도하는 법을 배우게 될 것이다. 설문을 작성한 이들을 위해 기도하고, 하나님이 그들의 삶 어느 부분에서 역사하시는지 보게 될 것이다. 사람들의 필요를 깨닫게 됐을 때, 함께 하나님께 나아가자고 초대함으로써, 도움이 필요한 사람들에게 하나님의 사랑을 보여주게 될 것이다.

기도로 하나님과 동역하라

우리 교회에 앨리스라는 자매가 새로 오게 됐다. 그녀의 남편은 존이라는 사람이다. 주일 장년 성경공부를 하는 자매들이 관계의 다리를 놓으면서 앨리스에게 다가갔고, 앨리스는 그들을 통해 주님을 알게 됐다. 주님을 알고 나자 앨리스는 남편이 걱정되기 시작했다. 앨리스는 내게 말했다. "제 남편 존을 위해 기도해 주세요. 남편은 개신교 교회에서 예배를 드린 적이 단 한 번도 없어요."

몇 주 후, 존은 끌려나오듯 마지못해 교회에 나왔다. 존은 생애 처음으로 드린 개신교 교회 예배를 극도로 무서워했다. 왜 그랬을까? 자신의 죄를 깨닫게 됐기 때문이다. 그는 무슨 일이 벌어지고 있는지 도통 알 수가 없었다. 하지만 존은 복음을 들었고 자신의 삶에 무언가 빠져 있다는 것을 깨달았다.

우리 교회에는 여섯 명의 형제들로 구성된 영적 특별 기동대, SWAT

(Spiritual Weapons and Tactics)팀이 있다. 바울은 "우리의 싸우는 병기는 육체에 속한 것이 아니요 오직 하나님 앞에서 견고한 진을 파하는 강력이라"(고후 10:4)고 했다. 이들은 어떻게 중보해야 하는지 알고, 어떻게 사람들에게 다가가는 다리를 놓는지 아는 형제들이다.

나는 이 팀에게 존의 이름을 알려줬고, 이들은 담대하게 존에게 다가갔다. 존을 위해 중보했고, 또한 사랑했다. 점심을 사줬고, 함께 테니스를 쳤다. 이들은 존에게 그리스인의 교제가 필요함을 알았다.

하루는 존이 앨리스에게 껄껄 웃으며 이렇게 말했다고 한다. "여보, 그 침례교인들이 나를 죽자고 쫓아다녀." 존은 다른 형제들이 관심을 보여주는 것에 대해 좋아했다. 하지만 죄를 깨달은 그에게 형제들의 관심은 두려움이기도 했다. 반면 형제들은 차례로 나를 찾아와 어려움을 호소했다.

"목사님, 도무지 이해가 가질 않습니다. 존에게 복음의 가장 본질적인 것을 전하려 했지만 쉽지가 않습니다."

"계속 기도하세요. 하나님은 분명히 계획을 가지고 계세요."

나는 늘 이렇게 대답했다. 사실 중보기도는 유도미사일과 같아서 목표물을 틀림없이 명중시킨다. 우리는 존을 위해 기도했다. "아버지, 존이 처한 환경을 움직이셔서 주님께 가까이 가게 하옵소서." 존은 주일예배에 빠짐없이 나왔고, 우리도 계속해서 존을 위해 기도했다.

그렇게 두 달이 지났다. 존은 이제 교인들과의 교제를 사랑하는 수준에 이르렀다. 하지만 자신이 죄 가운데 있다는 확신이 너무나 컸기에 괴로움 또한 극에 달했다. 그래서 그가 택한 탈출구는 주 방위군에 들어가는 것이었다. 주 방위군에 들어가면 한 달에 두 번은 주일예배를 빠질 수 있었다.

존의 결정에 앨리스는 큰 충격을 받았고, 크게 낙심했다. 나는 앨리스에게 말했다. "앨리스, 당신이 존에게 필요한 아내가 되게 해달라고 기도하면서 계속해서 존을 사랑하세요. 그게 당신이 할 일입니다. 성령님의 역할을 대신하려 하지 마세요. 하나님은 그분의 계획을 분명히 알고 계시니까요."

기도를 시작했는데 상황이 우리가 원치 않는 방향으로 움직이는 경우가 종종 있다. 아니, 오히려 상황이 더 어려워지는 때도 있다. 누가 더 큰가? 하나님인가 아니면 문제인가?

하나님은 우리보다 존을 더 잘 알고 계셨다. 모든 환경을 통해 하나님은 분명 역사하고 계셨다.

상황이 점점 더 악화되는 것처럼 보이던 어느 날, 존은 트럭을 대여하기 위해 렌터카 서비스를 찾았다. 직원과 대여할 트럭에 대해 이런저런 이야기를 하면서 존은 모든 상황에 대해 불평불만을 늘어놓고 하나님을 원망했다. 그러자 그 이야기를 듣던 직원이 이렇게 말했다.

"존, 나도 당신처럼 엄청난 중압감에 시달렸어요. 내 삶을 예수 그리스도께 드리기 전까지는 말이죠."

그 말에 그때까지 불평을 늘어놓던 존은 입을 다물었다. 존은 얼른 트럭에 올라타고 그곳을 빠져나왔다. 렌터카 직원은 복음으로 존을 추궁하지 않았다. 그저 부드럽게 개인적인 간증을 나눴을 뿐이었다.

다음날은 주일이자 존이 주 방위군으로 일하는 날이었다. 존은 교회에 가지 않아도 된다는 사실에 안도했다. 행군을 하면서 존은 우연히 옆에 있는 경사와 이야기를 하게 됐는데, 이번에도 모든 상황에 대해 불평

불만을 늘어놓았다. 그런데 갑자기 그 경사가 이렇게 말했다.

"존, 나도 전에는 당신 같은 생각을 갖고 살았답니다. 정말 삶이 힘들었죠. 내 삶을 예수 그리스도께 드리기 전까지는 말입니다." '이런 맙소사!' 존은 놀라우면서도 당황스러웠을 것이다.

존은 주 방위군에서 사진촬영과 현상을 담당했다. 존은 암실로 들어가 문을 닫고 한숨을 내쉬며 이렇게 말했다.

"아, 밝은 햇빛을 피해 어두운 데로 들어오니 이제 살 것 같네."

그런데 갑자기 확대기 앞에서 작업을 하던 사람이 이렇게 말했다. "성경에도 기록되어 있잖아요. '사람들이 자기 행위가 악하므로 빛보다 어두움을 더 사랑한 것이니라' 라고"(요 3:19).

평! 이것이 기도의 힘이다. 인간의 방법으로는 도무지 만들어낼 수 없는 상황이다. 이 모든 것이 살아계신 사랑의 아버지의 계획이었다. 주권자이신 하나님이 기도에 응답하시며 한 생명을 그분께로 이끄시기 위해 환경을 움직이고 계셨다. 이것이 바로 성령님의 역사다.

존은 집으로 돌아와 앨리스에게 말했다.

"여보, 그 침례교인들만이 아니야. 세상이 그리스도인들 천지야."

그 다음 주에 존은 무서운 기세로 행정처 직원을 지나, 비서를 지나, 내 사무실로 들어왔다.

"목사님, 문제가 생겼습니다!"

"무슨 일이신가요?"

"아내와 이혼해야겠습니다!"

"뭘 하신다고요?"

"아내와 이혼해야겠다고요!"

"대체 왜 이혼을 하신다는 겁니까? 부인을 사랑하시잖아요!"

"저는 가정의 영적 지도자가 될 수 없기 때문입니다."

"형제님, 제가 별별 이혼 사유를 다 들어봤어도 그런 이유로 이혼을 하시는 분은 보질 못했습니다."

참 이상한 대화가 아닐 수 없으나 실제로 이런 대화가 오고 갔다.

"목사님이 무슨 말씀을 하시려는지 저도 압니다. 예수님을 믿어야 한다는 말씀을 하시려는 거, 저도 다 압니다."

"아뇨, 제 말씀은…"

"저한테 그 말씀을 하시려는 거잖아요."

그 말을 반복하고 존은 밖으로 나갔다. 그를 따라가려 했지만 성령님의 음성이 느껴졌다.

"아니다. 내가 모든 것을 주관하고 있단다. 염려하지 마라."

존은 트럭에 올라타고 댈러스로 향했다. 그리고 포트워스에서 댈러스로 가는 고속도로 중간에 트럭을 세웠다. 차에서 내려 타이어를 가는 척하면서 그는 고백했다. "주 예수님, 저를 구원해 주세요."

그날 늦은 오후, 존은 내 사무실을 다시 찾았다. 그리고 미소를 지으며 말했다. "모든 게 다 잘 됐습니다. 이제 전 우리 가정의 영적 지도자가 될 수 있습니다."

성령님은 존으로 하여금 하나님 앞에서 자신의 상태를 보게 하셨다. 우리가 누군가를 설득할 수 있을지 모르나 죄를 깨닫게 하시는 분은 오직 성령님 한 분이시다. 내가 그 일을 하려고 하면 상대방에게 죄책감만 심어줄 뿐이다. 하지만 성령님이 죄를 깨닫게 하시면 그 사람은 자신이 하늘의 왕께 크나큰 반역죄를 짓고 있음을 깨닫게 된다.

그럼에도 불구하고 어떤 이들은 참 어렵다. 구제불능이라는 생각이 드는 사람들도 있다. 도무지 교회에 오려고 하지 않는 그런 사람들을 보면서 '교회에 데려올 수조차 없는데, 어떻게 저 사람들이 구원을 받을 수 있겠어?'라고 생각하게 된다. 하지만 그들이 교회 밖에서 구원을 받을 수도 있다. 1세기의 그리스도인들은 교회 건물이 아예 없었는데도 구원을 받았다. 때때로 우리는 오직 교회 건물 안에서만 구원받을 수 있다고 믿는 오류를 범한다. 그러나 우리가 기도로 하나님의 일에 동참하면, 언제 어느 곳에나 계신 하나님은 사람들이 어디 있든 그들을 만지시고, 그분께로 이끄신다. 중보기도는 잃어버린 자들에게 다가가기 위한 가장 중요한 첫걸음이다.

가장 중요한 일 – 중보기도

위대한 교회의 필수적 요소이자 하나님과의 친밀한 동행에서 빠질 수 없는 요소는 바로 기도의 방법을 아는 것이다. 진정한 기도는 '판에 박힌 기도' 그 이상이다. 하나님께 식탁을 축복해 주시길 구하거나 주일학교 분반공부 시작 전에 기도하거나, 어려움이 닥쳤을 때 기도의 비상벨을 울리는 차원 이상이다.

비상사태 때만 기도하기

어렸을 때 우리 가족은 텍사스 곤잘레스에 있는 집을 떠나 하루 일정으로 산안토니오에 가곤 했다. 우리 가족이 그곳에 가는 이유는 아버지가 가축을 팔러 가시기 때문이었다. 아버지가 가축을 팔러 가시면 나는 어머니, 그리고 누나들과 시간을 보내야 했다. 그 시절의 경험을 통해 나는 자매들과의 쇼핑이 절대 쉽지 않다는 걸 배웠다. 자매들은 하나님이 지으신 이 지구상의 모든 물건을 보고 싶어한다. 네다섯 살밖에 안 된 어린 남자아이에게는 정말 지겨운 일이었다.

쇼핑을 마치고 나면 우리는 길 건너 호텔 로비에서 아버지를 기다렸다. 쇼핑에 끌려다니느라 지치고 짜증났지만 나는 그저 가만히 앉아서 아버지를 기다리고 싶지 않았다. 그래서 누나들을 졸라 산책을 갔다. 산책을 하면서 나는 누나들에게 온갖 질문을 했다. 하루는 누나들과 산책을 하다가 기둥에 붙어 있는 유리로 앞을 씌운 커다란 붉은 상자를 봤다.

"누나, 저건 뭐야?"

"응, 화재경보야."

넬윈 누나가 대답해줬다. 상자 옆에는 조그만 망치가 있었다. 누나는 건물에 불이 나면 누군가 그 조그만 망치로 유리를 깨고 화재 경보를 울려야 하고, 그러면 소방대가 불을 끄러 온다고 설명해줬다. 누나의 설명을 열심히 들으며, 그 상황들을 상상하니 정말 멋지다는 생각이 들었다. 그때의 기억이 워낙 뇌리에 강하게 남아서 지금까지도 생생하게 기억이 난다. 상자 아래에는 붉은 색으로 "비상시에만 유리를 깨시오."라고 쓰여 있었다.

많은 이들이 기도 상자를 화재경보처럼 사용한다. 비상사태가 발생했을 때만 중보기도를 열심히 한다. 하지만 기도가 습관이 되지 않으면 위기가 닥쳤을 때는 이미 늦는다. 규칙적으로 기도하는 습관이 되어 있지 않다면 영적인 위기를 맞닥뜨릴 준비가 안 된 것이다.

예방이 치료보다 낫다는 얘기를 한다. 불행한 일이 닥치기 전에 우리가 계속해서 서로를 위해 기도한다면, 우리는 우리 마음과 삶뿐 아니라 우리 자녀들과 우리 교회, 우리 관계의 원에 있는 이들의 마음과 삶에 닥칠 비극을 예방할 수 있다.

우리는 아이들이 넘어지고 어려움에 부닥치거나 문제를 일으킬 때까지 기다린다. 누군가의 상태가 심각해지거나 우리 결혼 생활이 벼랑 끝에 몰릴 때까지 기다린다. 물론 이럴 때 우리는 기도해야 한다. 하지만 그렇게 기다리는 것보다는 바울처럼 쉬지 않고 기도하는 편이 훨씬 낫지 않을까? 바울은 "쉬지 말고 기도하라"(살전 5:17)고 했다. 우리는 관계의 원에 있는 이들을 위해 쉬지 말고 기도하며, 하나님이 그들을 그분께로 가까이 이끄시기 위해 환경을 움직이고 계심을 신뢰해야 한다. 하나님이 당신보다 더 그들의 구원을 바라신다는 사실을 기억하라. 그들의 구원을 간절히 바라시기에 하나님은 "모든 민족을 제자로 삼"는(마 28:19) 일에 동역하자며 당신을 부르셨다.

사도 바울의 삶은 기도로 점철되어 있다. 예수님의 삶 역시 자세히 살펴보면 그분의 삶이 곧 기도의 삶이었음을 깨닫게 된다. 기도하지 않고도 살 수 있다고 생각한다면 큰 오산이다. 기도하지 않으니 사람들이 회심하지 않고 삶이 변화되지 않는 게 당연하다. 사람들은 기도를 진지하게 받아들이지 않고 있다.

초자연적인 하나님을 믿지 않는다면 '내가 모든 상황을 다 움직여야만 해!' 라는 생각에 사로잡히게 되고, 결국 큰 문제에 봉착하게 된다. 시도했다가 호되게 당하기만 한다. 초자연적인 하나님을 믿는다고 해서 아무 노력도 하지 않고 가만히 앉아 있기만 해도 되는 것은 아니다. 우리도 움직여야 한다. 하지만 움직이는 중에도 우리가 하나님의 도구라는 사실을 기억해야 한다. 지시는 하나님이 내리신다. 우리의 할 일은 중보하고, 사람들을 위해 기도하고, 그들의 필요를 채워주는 것이다.

지혜를 구하라

바울은 우리에게 중보기도의 방법을 가르쳐준다. "내가 기도하노라 너희 사랑을 지식과 모든 총명으로 점점 더 풍성하게 하사"(빌 1:9). 바울은 빌립보 교인들에게 사람들의 필요를 채워줄 지혜와 총명이 더하기를 기도하고 있다. 누군가를 위해 빌립보서 1장 9절의 기도를 해본 적이 있는가? 내가 다른 이들의 필요를 채워줄 수 있도록 내 안에 하나님의 지혜가 부어지기를 기도한 적이 있는가?

지혜 주시기를 구하라. "하나님 아버지, 이 사람을 어떻게 대해야 할지 지혜를 주십시오." 이렇게 기도할 수도 있다. 하나님은 분명 응답하실 것이다. 지혜를 구하며 기도하되 지혜로워진 느낌이 들 때까지 마냥 기다리지 마라. 일단 먼저 움직이라. 우리가 움직이기 시작할 때 하나님이 우리에게 지혜를 공급해 주신다.

"너희 중에 누구든지 지혜가 부족하거든 모든 사람에게 후히 주시고 꾸짖지 아니하시는 하나님께 구하라"(약 1:5).

"저희 아이들을 사랑하고 싶습니다. 아이들의 필요를 채워주고 싶습니다." 이렇게 말하는 부모들을 본다. 하지만 때로 우리는 아이가 원하는 것과 아이에게 필요한 것을 혼동하는 우를 범한다. 아이들이 원하는 것을 다 해주다 보면 결국 그것이 아이에게 상처가 되고 만다. 원하는 것을 들어주는 것과 필요를 채워주는 것은 다르다.

원하는 대로 해주다 보면 결국 예화 속 소녀와 똑같은 결과를 낳고 만다. 한 소녀가 비에 흠뻑 젖은 고양이를 보게 됐다. 고양이를 너무나 사랑한 이 소녀는 고양이가 감기에 들까 걱정이 됐다. 그래서 어떻게 했을까? 고양이를 오븐에 넣고 불을 켜버렸다. 그 진심이야 의심할 바 없지만, 지혜가 부족했다. 우리에게도 부모로서의 지혜가 절실히 필요하다.

다른 이들의 지혜를 위해 기도하라

우리 딸 다마리스는 지금 고등학생이다. 다마리스는 하루가 다르게 예뻐진다. 나는 다마리스에게 지혜 주시기를 기도한다. 지금 우리 딸은 많은 유혹에 직면해 있다. 또한 지금은 많은 결정을 내려야 하는 시기이다. 외동딸을 둔 아버지로서 나는 딸을 보호하되 지나치지 않으려고 노력하고 있다. 지금 과보호한다면, 내 딸은 결코 성장할 수 없기 때문이다. 오직 하나님으로부터 온 지혜를 통해서만 딸에 대한 보호와 딸에게 부여하는 자유 사이의 적절한 균형점을 찾을 수 있다.

내 육신의 날이 얼마나 남았는지 나는 알 수 없다. 그 누구도 알 수 없다. 그러므로 우리는 지금 이 순간 우리 자녀에게 지혜 주시기를 기도해야 한다. 또한 우리 자녀들을 가르칠 지혜 주시기를 기도해야 한다.

우리의 자녀가 성령님의 인도하심에 민감하게 되기를 구하는 기도 또한 빠뜨려서는 안 된다. 그래서 나는 이렇게 기도한다. "아버지, 오늘 다마리스가 잘 결정할 수 있는 지혜를 주세요." 이렇게 기도할 때 어떤 일이 일어나는지 아는가? 다마리스에게 고함칠 일이 없어진다. 딸아이를 위해 기도하면 딸아이가 터무니없는 실수를 해도 별로 짜증이 나지 않고 신경이 곤두서지도 않는다. 이처럼 나는 아이를 위해 기도할 때 우리 아이에게 놀라운 지혜가 임하시는 것을 깨달았다.

또한 나는 장래의 사윗감을 위해 날마다 기도한다. 하나님이 그를 합당한 자로 준비시켜 주시고 그가 성장하고 성숙해 가는 과정에서 그에게 지혜를 가르치시기를 기도한다. 혹시 내가 살짝 정신이 오락가락해서 벌써부터 이런 기도를 한다고 생각할지도 모르겠다. 설령 그렇다 해도 나는 그것이 더할 나위 없이 좋다. 하나님이 하시는 일을 느낄 수 있어 좋고, 내 기도가 현실이 되어가는 것을 직접 볼 수 있어 좋다. 하나님은 지금도 역사하고 계신다. 하나님은 길을 보이시며 인도하신다.

하지만 그 전에 기억할 것이 있다. 다른 이들을 위한 우리의 기도에 영향력이 생기기 위해서는 먼저 주님과의 관계가 바로 서야 한다는 것이다. 내 자신(원1)을 주님 앞에 내려놓고 그 원 안에 있는 죄를 깨끗이 해야 한다.

그 다음에야 비로소 원2부터 원7까지 우리가 할 일에 착수할 수 있다.

하나님은 우리 관계의 원에 있는 모든 이들에 대해 우리에게 책임을 물으신다는 사실을 기억하라. 하나님은 우리가 사람들을 사랑하고 그들을 위해 중보하기 바라신다. 사랑은 필요를 채워주는 것이다.

어떻게 중보할 것인가?

구체적으로 기도하라

"주님, 이들 모두를 축복하시옵소서." 하는 식으로, 한번에 묶어 뭉뚱그려 기도하지 말라. 하나님께 나아가 "우리를 축복해 주세요."라고 기도하는 경우가 많다. 그러나 하나님은 우리가 구체적으로 기도하기를 바라신다. 하나님이 구체적으로 응답하지 않으실까봐 두려운 마음에 구체적으로 기도하지 않는 경우도 있다. 하지만 "너희가 얻지 못함은 구하지 아니함이요"라는 야고보서 4장 2절의 말씀처럼, 구체적으로 기도하지 않으면서 어떻게 하나님이 기도에 응답하시는지 알 수 있겠는가?

가족과 친지 전체를 살펴보라. 원3에 있는 이들을 위해 중보하고, 이어 원4의 친구들을 위해 중보하고, 설문이 작성된 모든 이들을 위해 중보하면서, 깊은 필요가 있는 이들에게로 우리를 이끄시는 성령님의 인도하심에 민감해야 한다. 그러다 보면 어느새 수백 장의 설문양식을 작성하게 될지도 모른다. 이름도 알지 못했고, 기억조차 하지 못했던 이모와 고모와 삼촌과 당숙과 친척들의 설문을 작성해 놓은 자신을 발견하게 될 수도 있다.

당신이 특정한 사람에게 다가가기를 원하실 때는 하나님이 알게 해주실 것이다. 그 사람의 필요를 깨닫는 것이 그 사람에게 다가가라는 주님의 초청일 수도 있다. 그 사람을 위해 기도해야겠다는 특별한 마음의 부담을 느끼게 될 수도 있다. 전화를 하거나 편지를 썼을 뿐인데 그로 인해 예상치 못한 일이 벌어지게 될 수도 있다.

기도의 패턴

다른 이들을 위해 중보하고 싶은가? 그렇다면 이렇게 기도하라.

- "주님, 저를 정결한 사랑의 통로로 만들어 주세요."
- "제게 하나님으로부터 온 지혜를 주세요."
- "아버지가 사람들의 환경을 움직이셔서 그들을 제게로 보내주세요. 제가 그들을 사랑하고 그들의 필요를 채워줄 수 있는 환경을 만

들어 주세요."
- "주님, 저를 쓰실 만한 자로 만들어 주세요."
- "주님, 그들의 필요를 깨닫게 하시고 제가 그들의 필요를 채우고자 할 때 저를 통해 주님의 사랑을 나타내 주세요."
- "아버지의 사랑과 죄 사함의 말씀을 듣고 그들을 대면할 수 있도록 제게 담대함을 주세요."

이 다음 단계는 사랑의 실천이다. 사랑을 실천했을 때 사랑으로 반응하지 않는 이들도 있다. 내가 상대방을 사랑하면 상대방이 항상 즉각적인 사랑으로 화답할 거라 기대하지 말라. 당신의 사랑에 어떻게 반응해야 할지 모르는 이들도 있다. 세상에는 참된 사랑을 받아본 적이 한 번도 없는 이들이 많기 때문이다. 그래서 당신이 그들을 사랑하고 필요를 채워주면, 그들은 "대체, 이 사람이 내게 바라는 게 뭘까?" 하고 생각한다.

사람들이 어떤 반응을 보이든 계속해서 사랑하라. 사랑을 멈추지 말라. 진실한 마음으로 사랑하고 사랑한 만큼 사랑을 되돌려 받을 거라고 기대하지 말라. 하나님의 인도하심을 따르며 그분이 당신을 사용하시도록 자신을 내어드리라. 시간이 지나면 사람들은 당신이 그들을 진심으로 아낀다는 것을 깨닫게 된다. 그들의 필요를 채워주라. 동시에 하나님께 지혜를 구하라.

설문을 작성하고 중보기도를 시작했으니 이제는 관계의 원에 있는 그들을 위해 어떻게 기도해야 할지 주님과 함께 결정해야 한다. 한 주가 7일이고, 모두 7개의 원이 있으니 하루에 한 개의 원을 놓고 기도하거나 사람이 많은 원과 적은 원, 두 개를 놓고 기도하는 방법도 있다. 계획만 분명하게 서 있다면 어떻게 하든 관계없다. 주님께 관계의 원에 있는 이들의 필요를 알려주시기를 구하라. 주님은 당신의 기도 시간에 당신보다 더 마음을 쓰고 계신다.

중보하며 지혜를 구함과 동시에 우리는 사람들이 하나님께 나아갈 수 있도록 환경을 움직여 주시기를 기도해야 한다. 처음에 이런 기도를 시작하다 보면 상황이 암울하고 답답하게 느껴질 수도 있다. 때로 위험한 상황이 벌어지기도 한다. 하지만 그로 인해 움츠러들지 마라. 빛이 오기 전에 어두움이 먼저 온다. 몇 달이 지나도 광야가 끝나지 않을 수도 있다. 하지만 그렇다 하더라도 기도하며 사랑하기를 그치지 말라.

가족들에게 다가가기

내 수업을 듣는 학생들 가운데 원2와 원3, 즉 가족들과의 관계를 어려워하는 이들이 있다. 부모님과의 관계에서 생긴 쓴뿌리, 특히 신학대학원에 입학하는 문제를 두고 생긴 갈등 때문에 부모님을 위해 기도하고 싶지 않다고 고백하는 학생들이 있다. 부모님과의 관계에 금이 간 것이다. 많은 학생들이 신학대학원에 들어와서 원7로 직행하고 싶어한다. 아프리카의 마을이나 세계 각처에서 예수님의 말씀을 전하고 싶어한다. 그러면서 가까이 있는 사람들을 위해 기도하는 것은 꺼린다.

우리 관계에 깨어진 부분이 있다. 하지만 하나님은 우리가 예수님을 우리 삶의 주인으로 모셨다면, 사랑할 대상을 선택할 권리도 영원히 그분께 내어드려야 한다고 말씀하신다. 관계의 원에 대해 나누면서 나는 학생들에게 이렇게 말했다. "이제 여러분께는 다리를 놓고 여러분의 가족을 위해 중보하며 그들의 필요를 채워야 할 책임이 있습니다." 예수 그리스도의 성품을 나타내는 자가 되고 싶다면 사람들을 사랑해야 한다. 그 사랑은 바로 필요를 채워주는 것이다.

잃어버린 동생을 찾아서

어느 날 한 학생이 나를 찾아왔다.

"톰슨 교수님, 2년 전 동생이 마약에 손을 대기 시작하면서 가족들과 사이가 완전히 틀어져 버렸어요. 결국 동생은 집을 나갔죠. 자기 마음대로 살고 싶었던 겁니다. 동생은 마약 중독자가 됐고, 어쩌면 마약상 노릇까지 했는지도 모르겠습니다. 제가 어떻게 해야 할까요? 동생을 사랑하지만 제가 할 수 있는 일은 아무것도 없는 것 같습니다. 동생을 어디서 찾아야 할지도 모르겠어요."

"그건 문제가 되지 않습니다. 하나님은 형제님의 동생이 어디 있는지 아시니까요."

체념한 듯한 그를 향해 말했다. 때로 우리는 "아버지, 당신께서 이 일을 하실 수 있는지 잘 모르겠습니다."라고 기도한다. 하지만 중보기도는 유도미사일이다. 즉각적으로 발사되어 반드시 목표물을 찾아낸다. 방어는 불가능하다.

그 학생은 동생을 위해 기도하기 시작했다. 그리고 어느 날 내 사무실을 다시 찾아왔다. "동생이 제게 전화를 했어요. 그 사이 회심을 했답니다. 집으로 돌아오겠대요."

그 학생의 얼굴에서, 자신이 직접 동생에게 복음을 증거할 기회를 놓쳐 아쉽다는 느낌마저 들었다. 그러나 분명한 것이 있다. 그 학생은 동생에게 복음을 증거할 준비가 되어 있었고, 하나님 앞에 자신의 마음을 바로 했다. 그의 중보를 통해 동생은 주님을 택할 자유를 얻게 됐다. 이처럼 기도는 내 입으로 복음을 증거하는 것만큼이나 강력한 하나님 나라의 역사다.

꿰뚫는 기도

"저희 형은 교회 근처에도 가지 않으려고 해요. 형에게 도무지 다가갈 수가 없습니다. 아무리 말하려고 해도 듣질 않아요."

이런 얘기를 들을 때 나는 대답한다.

"그래도 그분을 위해 기도는 할 수 있지 않습니까? 하나님이 막힌 담과 벽을 허무시기 때문에 형님도 기도는 거부할 수 없을 겁니다. 이렇게 기도하세요. '아버지, 형이 자신의 영적 상태를 볼 수 있도록 눈을 열어 주시고 형을 자유하게 해주세요. 주님, 환경을 움직이셔서 형이 주님께 나아가게 해주세요.' 이렇게 기도하면서 형제님의 삶을 하나님이 사용하시게 할 때 하나님의 역사를 보는 놀라운 기쁨을 경험하실 겁니다."

우리 하나님은 놀라우신 분이다. 불가능을 해결하시는 분이다. 다시 말해 불가능 해결사이시다.

우리는 우리 원에 있는 이들을 위해 기도해야 한다. 하나님이 그들의 영적, 육신적 필요를 채워주시도록 기도해야 한다. 또한 그분의 도구가 되어 그분이 쓰실 수 있도록 우리를 내어드려야 한다.

한 학생이 졸업 몇 달 후, 학교로 나를 찾아왔다. 그는 다 해어진 관계의 원 노트를 건네며 말했다.

"교수님, 제 노트입니다. 교수님이 한번 봐주셨으면 좋겠어요."

이전까지 한 번도 누군가를 전도한 적이 없었던 그 청년은 1년 동안 관계의 원에 있는 이들 중 38명을 주님께로 인도했다. 하나님이 이렇게 하실 수 있을까? 물론이다. 하나님은 당신의 삶을 통해서도 하실 수 있다. 당신도 기도로 하나님과 동역할 준비가 됐는가? 다른 사람들의 필요를 채워줌으로써 그들에게 하나님의 사랑을 나타낼 삶의 사용권을 내어 드릴 준비가 됐는가?

소그룹 기도 계획

주일 성경공부에서 관계의 원을 전도 프로그램으로 활용했을 때 어떤 일이 일어날까? 먼저 각 사람이 설문을 작성하고 매일 중보를 시작한다. 중보는 "사랑하는 주님, 저와 제 아내와 저의 아들, 저희 며느리 이렇게 네 사람만 축복해 주세요."라고 기도하고 잠자리에 드는 것이 아니다. 진심을 담아 주위의 다른 이들을 위해 중보하라. 중보를 삶의 한 부분으로 만들면 깨어진 관계가 바로 서게 된다. 담이 허물어지고 자리가 모자라 새로운 건물을 세울 수밖에 없게 된다.

낸시와 해리

캐롤라인은 내가 담임하는 교회에서 장년 자매 성경공부반을 맡았다. 그때까지 제대로 운영된 적이 한 번도 없는 반이었다. 등록 인원은 25명이었지만 평균 출석 인원은 교사 한 명을 포함해 세 명이 고작이었다.

주님은 캐롤라인에게 그 반에 대한 무거운 마음의 짐을 주셨다. 캐롤라인은 주님이 그 반을 맡길 원하신다는 것을 알았다. 어느 날 오후, 아내는 출석부를 집으로 가져왔다. 25명의 학생 중 캐롤라인이 아는 사람은 다섯 명뿐이었다. 캐롤라인은 학생들에게 가장 필요한 것이 중보기도라고 확신했다. 그 한 주 동안 캐롤라인은 매일 25명의 학생들을 위해 한 시간씩 기도했다. 그리고 정기적으로 참석하는 네 명의 학생을 집으로 초대하여 자신이 생각하는 계획을 제시했다. 캐롤라인을 포함한 각 사람이 매일 다섯 명씩을 맡아 기도하는 것이었는데, 모두가 그 계획에 동의했다. 별도의 연락을 취하지 않고 오직 기도만 하기로 했다. 행동을 취하기 위해서는 먼저 계획을 구체화해야 한다.

교회에 부임한 지 몇 주밖에 안 된 시점이었기 때문에 캐롤라인은 초대한 네 명에게 출석부에 있는 학생들을 다 아는지 물었다. 그 중엔 아는 사람도 있고 모르는 사람도 있었지만, 모두 낸시라는 자매에 대해서는 잘 알고 있는 듯했다. 그들은 캐롤라인에게 주의를 줬다.

"낸시 자매 집은 절대 심방하지 마세요. 낸시나, 그녀의 남편 해리나 교회를 아주 싫어해요. 해리는 면전에서 거칠게 문을 닫아버릴 거예요. 교회에서 왔다고 하면 주먹을 휘두를지도 몰라요. 교회로부터 상처를 받아 그리스도인들을 아주 싫어하거든요."

아내는 조언에 감사를 표했다. 하지만 주님은 특히 이런 부분에 전문가이시며 그 가정을 사랑하신다는 말을 덧붙였다. "앞으로 우리는 주님이 환경을 움직이셔서 우리가 그들을 사랑하고 그들의 필요를 채워줄 수 있게 해주시길 기도할 겁니다."

3주 후 캐롤라인의 수업에 참석하는 간호조무사 학생이 전화를 걸어 낸시가 폐렴으로 병원에 입원했다고 알려줬다. 캐롤라인은 다른 학생 한 명과 꽃을 사들고 낸시를 병문안했다. 낸시는 고마워했다. 캐롤라인과 함께 병문안을 간 학생은 낸시가 입원해 있는 동안 아이들을 돌봐주겠다고 했다. 낸시는 아이들이 어떻게 지내고 있는지 전혀 알 수 없는 상태였기 때문에 이 제안을 무척 고마워했다. 캐롤라인과 그 학생은 혹시 다른 도움이 필요하면 연락을 달라고 전화번호를 남겼다.

다음날 낸시가 캐롤라인에게 전화를 했다. 남편이 다쳐서 병원에 실려 왔다는 것이었다. 캐롤라인과 나는 낸시의 남편 해리를 만나기 위해 곧바로 병원으로 달려갔다. 우리가 병실에 들어섰을 때 그의 얼굴은 학생들에 대한 감사로 환하게 빛나고 있었다. 해리는 화가 난 거친 남자가 아니라 커다란 곰인형처럼 보였다.

그 다음 주, 낸시와 해리가 퇴원하자 학생들은 음식을 가져다줬다. 이번에는 아무도 문전박대를 당하지 않았다. 낸시와 해리는 고마운 마음을 주체하지 못했다. 이들에게 필요한 것은 하나님의 사랑이 하나님의 사람들을 통해 자신들에게 흘러들어오는 것이었다. 이처럼 참된 사랑은 거절하기 어렵다.

하나님이 낸시와 해리 가정에 일부러 질병과 사고를 일으키신 것은 아니다. 하나님은 그렇게 역사하시지 않는다. 하지만 하나님은 그러한 일들이 일어나도록 허락하셔서 낸시와 해리가 하나님의 사랑을 볼 수 있도록 하셨다. 두 사람이 우리를 받아들일 수 있도록 그들의 마음을 준비시키셨다. 그 다음 주일, 낸시와 해리, 그리고 두 명의 아이들이 예배와 성경공부, 주일학교에 참석했고 지금까지 거의 빠진 적이 없다.

이렇듯 하나님은 기도에 응답하신다. 우리가 중보기도를 할 만큼 관심을 가지고 있느냐가 문제다.

낸시와 해리가 돌아오는 것을 보고, 각각 다섯 명의 자매들을 위해 기도하던 네 명의 학생들 안에 사랑이 자라나기 시작했다. 그리고 이 사랑으로 인해 사람들의 필요를 채워주고 싶어하는 마음도 생겨났다. 이들은 자신들의 기도목록에 올라온 가정에 사랑으로 다가가기 시작했고, 그 결과 한 사람씩 주일 성경공부에 나오게 됐다. 관계의 원에 들어온 이들이 돌아왔다. 그들과 교제하는 사람들이 생겼다. 주일 성경공부에 가면 나에게 다가왔던 그 사람을 만나게 될 것을 알고 그들은 성경공부에 참여하게 됐다.

병원 심방

네 명의 성경공부반 자매들 중 특히 염려되는 한 자매가 있었다. 편의상 이름을 젠이라고 하자. 젠은 정신적인 문제도 있었고, 가정에도 문제가 있었다. 젠은 5주간 빠짐없이 주일 성경공부에 참석했다. 어느 날, 수업을 마친 후 젠이 캐롤라인에게 말했다. "다음 주일에는 교회에 못 올 거 같아요. 다른 주에 사는 친척을 방문하기로 했거든요." 그 말을 들은 캐롤라인은 자신의 이름과 연락처를 적어 젠에게 건넸고, 젠은 그 종이를 지갑에 넣었다.

며칠 후 병원으로부터 캐롤라인을 찾는 전화가 걸려왔다. 젠이 수면제 과다복용으로 병원에 실려 왔다는 소식이었다. 앰뷸런스가 도착하자 젠은 운전사에게 지갑 속 종이에 적힌 연락처를 알려주면서, 캐롤라인에게 아이들을 부탁하는 전화를 대신 해달라고 했다. 젠은 달리 연락할 곳이 없었다.

캐롤라인이 맡은 반의 한 자매가 젠을 위해 중보하기 시작했다. 그리고 그리스도가 삶에 실체로 다가오면서 젠은 자신의 문제를 직면하게 됐다. 6개월 후, 젠은 다른 이들의 필요를 채워주기 위해 사람들에게 다가갈 수 있게 되었고, 남편과도 재결합했다. 이후 이들 부부는 교회의 핵심 멤버가 되었다.

마침내 3개월만에 성경공부반 25명 전원이 주일 성경공부에 참석하게 되었고, 장소가 비좁아 더 넓은 곳을 찾아야 했다. 설문과 중보기도와 다리를 놓는 노력을 통해 7개월만에 매주 평균 35명에서 40명이 성경공부에 참석하게 됐다. 주일 성경공부가 관계의 원, 즉 사랑하고 필요를 채워주고 중보하는 데 마음을 쏟았을 때 비로소 이런 일이 일어난다.

교회에서 관계의 원 활용하기

교회 전체가 설문을 작성하고 중보하고 관계의 원을 따라 움직이기 시작했을 때 어떤 일이 일어날까? 바로 하나님이 마음과 삶 가운데 역사하실 것을 기대하며 예배하게 된다.

내 수업을 들은 딕이라는 학생이 시골의 작은 교회를 담임하게 됐다. 유구한 역사를 자랑하면서 딱히 변화하고 싶은 생각이 없는 그런 교회였다. 뭔가를 하겠다는 계획도 전혀 없는 곳이었다. 그 교회는 주로 신학생들 중에서 설교 목사를 찾았고, 별다른 기준 없이 단지 마음에 들면 목사로 뽑았다가 마음이 바뀌면 바로 해임했다. 딕이 물었다.

"톰슨 교수님, 제가 어떻게 해야 할까요? 말씀을 전해도 아무런 변화가 없습니다. 교인들이 기도도 하지 않습니다. 도리어 기도하라고 저를 고용했다는 말을 합니다. 교인들이 심방을 하며 사람들을 찾아다녔으면 좋겠는데, 그건 제가 할 일이라고 합니다. 교인들 마음이 딱딱하게 굳어버렸어요. 아무것도 하고 싶어하지 않아요. 그러면서도 '모임'은 있어야 한다고 생각합니다."

'예배'도 알고 '부흥'도 알겠는데 이 교인들은 '모임'을 바란단다.

"딕, 교인들에게 관계의 원을 소개해보지 그래요?"

딕은 내 제안을 받아들였다. 교인들에게 관계의 원을 소개한 후, 한 집사님이 딕을 찾아왔다.

"목사님, 제 아들은 작년 여름 이 교회에서 결혼했습니다. 하지만 아들이나 며느리나 그 이후로 교회에 나오지 않았습니다. 사실 거기에 대해 한 번도 생각해본 적이 없었어요. 두 아이를 제 관계의 원에 넣고 기도하겠습니다."

나이 드신 권사님도 딕을 찾아와 말했다.

"목사님, 열네 살 된 손녀딸이 있는데, 아직 영접기도를 한 적이 없어요. 그 아이를 위해 기도할 작정입니다."

다른 교인 몇 명도 딕을 찾아와 관계의 원에 대한 메시지를 듣고 기도해야 할 사람이 생각났다고 고백했다.

이후 그 작은 교회에는 모임뿐 아니라 17명의 새신자가 생겼고, 두 배로 부흥하게 되었다. 교인들은 흥분을 감추지 못하며 더욱더 설문 작성에 박차를 가했다.

바싹 마른 장작 같던 교인들이 중보하고, 다리를 놓고, 복음으로 사람들을 직면하면서 '제자'의 의미를 배워가기 시작했다. 이것이 바로 부흥이다. 이들은 자신들의 예루살렘, 자신들의 유대, 자신들의 사마리아, 자신들의 땅 끝의 비전을 붙들었고, 복음이 관계의 원을 따라 어떻게 전파되는지 직접 목도할 수 있었다.

교회 어르신들의 도움이 필요하다

우리는 퇴직한 어르신들과 거동이 불편하신 분들, 교회의 원로들을 독려해 기도의 용사로 동원해야 한다. 이분들은 상대적으로 기도할 시간이 많기 때문에 교회에서 강력한 사역을 감당할 수 있다.

지난 수년 간, 나는 어르신들께 중보기도를 부탁드렸다. 그분들을 향한 감사의 마음은 이루 표현할 수 없다. 대학에 다니던 시절 나를 위해 기도해주시는 분이 계셨다. 당시 우리 교회는 곤잘레스에 있었고, 나는 주일 예배를 드린 후 밤에 차를 몰고 학교로 돌아가곤 했다. 그런 나를 눈여겨보시던 그분이 어느 날 말을 걸어왔다. "우리 남편은 이미 주님 품으로 갔어요. 나는 혼자 지내고 기도할 시간이 많으니 내가 매주일 저녁 형제님이 기숙사로 무사히 돌아갈 때까지 기도할게요."

어느 주일 저녁, 오스틴 북부 라운드 록을 빠져나오다가 끔찍한 사고를 목격했다. 마침 사고가 난 직후 내가 그 현장을 지나게 됐고, 사고를 당한 사람들을 도왔다. 그 사이 몇 시간이 지체되면서 기숙사에 도착하니 새벽 4시 30분이었다.

다음 주말, 교회에 가기 위해 집으로 돌아갔을 때 나를 위해 기도하겠다고 약속하신 그분이 전화를 했다.

"지난 주일 밤에 대체 어디 있었어요?"

"무슨 말씀이세요?"

"지난 주일 밤 새벽 4시 30분까지 형제를 위해 기도하느라 잠을 잘 수가 없었어요."

하나님이 내가 안전하게 귀가할 때까지 그 노 자매님을 재우지 않으셨던 것이다.

교회의 어르신들께 꼭 말씀드리고 싶다. "이제는 내가 할 수 있는 일이 별로 없어."라는 말씀을 절대 하지 마시길 바란다. 그것은 결코 진실이 아니다. 어르신들은 예수님이 본향으로 부르시는 그날까지 인생의 가장 유익한 시간을 중보기도로 보낼 수 있다. 문제가 있는 젊은 가정들을 마음에 품고 간섭하지 않으면서 그들을 위해 기도하라. 이른바 그들의 '기도 우산'이 되라. 기도가 필요한 청년들을 찾으라. 사실 모든 청년들에게 기도가 필요하다. 따라서 그들을 위해 기도함으로써 그들의 삶에 없어서는 안 될 존재가 될 수 있다. 또한 목사님과 교회와 다른 교역자들을 위해 매일 기도하라. 대통령과 나라를 위해 기도하라. 기도를 통해 싸움에서 승리할 수 있다. 중보자가 되라. 우리에겐 중보자가 필요하다. 우리에겐 기도로 사역하는 교회의 어르신들이 절실하게 필요하다.

관계의 원을 쭉 훑어나가면서 여러분의 예루살렘, 여러분의 유대, 여러분의 사마리아, 여러분의 땅 끝을 위해 기도하라. 기도를 받는 이들의 삶 뿐 아니라 여러분의 삶도 바뀌게 될 것이다. 그들의 필요를 채우면 하나님이 당신의 필요를 채우신다.

개인적 적용

묵상노트나 일기장에 다음 질문의 답을 적으라. 12장의 진리를 이해하고 삶에 적용할 수 있도록 자세히 기록하라.

1. 작성한 설문지를 몇 개의 그룹으로 나누어 한 사람 한 사람을 위해 보다 구체적으로 기도하라. 설문 대상의 수에 따라 7개의 그룹으로 나누어, 각 요일마다 한 그룹을 위해 기도할 수도 있다. 30개의 그룹으로 나누어 한 그룹을 위해 한 달에 한 번씩 기도하는 방법도 있다. 각 그룹을 위해 기도함과 동시에 매일 중보할 '긴급 수배자' 명단을 작성하라. 이 명단에 직계가족과 하나님이 특별한 기도의 부담을 주신 이들을 포함시키라.

2. 설문지를 가지고 다음의 기도 패턴을 따라 자신을 위해, 설문 대상자들을 위해 기도하라. 아래의 패턴을 이용하되 성령님이 인도하시는 대로 더 구체적으로 기도하라. 이 기도 패턴을 카드에 적어 완전히 몸에 익을 때까지 지침으로 삼아보는 것도 좋다.
   - "주님, 저를 정결한 사랑의 통로로 만들어 주세요."
   - "제게 하나님으로부터 온 지혜를 주세요."
   - "아버지가 사람들의 환경을 움직이셔서 그들을 제게로 보내주세요. 제가 그들을 사랑하고 그들의 필요를 채워줄 수 있는 환경을 만들어 주세요."
   - "주님, 저를 쓰실 만한 자로 만들어 주세요."
   - "주님, 그들의 필요를 깨닫게 하시고 그들의 필요를 채우고자 할 때 저를 통해 주님의 사랑을 나타내 주세요."
   - "아버지의 사랑과 죄 사함의 말씀을 듣고 그들을 대면할 수 있도록 제게 담대함을 주세요."

몸 세우기

12장의 진리를 각자의 삶에 적용하고 그리스도의 몸을 세우기 위해 소그룹에서 다음의 질문과 활동을 함께하라.

1. 이번 주에 관계의 원 설문에 있는 이들을 위해 기도하면서 특이하거나 이례적이거나 특별한 의미가 있는 경험을 했는가?

2. 하나님이 당신의 기도에 어떻게 응답하셨는가?

3. 이 장의 서두에 언급한 SWAT팀에 대해 이야기를 나누라. 교회에 이 같은 팀의 일원이 되라는 하나님의 감동을 받은 이들이 있는가? 교회의 관계의 원에 있는 이들을 위해 이런 팀을 시작하라는 하나님의 감동이 느껴진다면 교회의 지도자들과 상의하라.

4. 이 장에 언급한 소그룹 기도 계획에 대해 이야기를 나누라. 하나님이, 지금 몸 세우기를 함께하는 소그룹과 관계된 이들을 위해 기도하는 데 사용하길 원하시는 계획인지 살펴보라. 그렇다면 그 계획을 조율할 자원자를 세워주시기를 주님께 구하라. 모임 때마다 함께 기도하고 하나님이 기도 응답으로 행하신 일에 대해 보고하는 시간을 가지라. 필요를 채워줌으로써 사랑을 나타내기 위해 지체 간의 도움이 필요하다면, 어떻게 서로를 도울지 이야기를 나누라.

5. 지금까지의 공부를 통해 지난 한 주 어떤 활동, 또는 경험을 했는가? 하나님이 당신의 관계에서 어떻게 역사하고 계신가?

6. 모든 소그룹 지체들에게 "이번 주에 당신을 위해 어떻게 기도할까요?"라고 물으라. 그 기도제목을 놓고 구체적으로 기도하라.

Stage 4

다리 놓기 :

사람들에게로 가는 관계의 다리를 놓으라

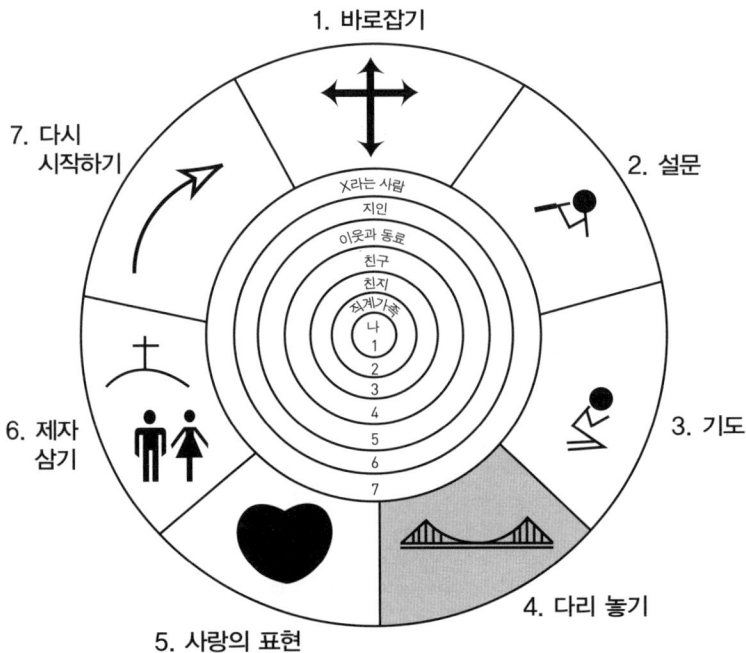

때로는 관계의 원에 있는 사람들과 너무 거리감이 있거나, 깊이가 없어 사랑으로 다가갈 방법이 마땅치 않은 경우도 있다. 하지만 어떤 사람에게 주님이 필요하다는 것을 알게 되고 그 사람에게 다가가는 관계의 다리를 만들어 하나님의 사랑이 그 사람에게 흘러가도록 할 수도 있다.

관계의 다리를 놓는 방법은 아주 다양하다. 기쁠 때나 힘들 때 관심을 표현할 수도 있고, 공통의 관심사나 취미를 통해 다리를 놓을 수도 있다. 당신은 이러한 '다리 놓기'가 결코 시간 낭비가 아니라는 것을 깨닫게 될 것이다. 당신과 관계를 맺고, 그 관계를 통해 그리스도께 나아오게 되면 그 사람은 교회-어쩌면 당신이 출석하는 교회-와 쑥쑥 자라는 관계를 구축하게 될 가능성이 높다.

사람들에게로 가는
관계의 다리를 놓으라

한 친구가 어린 시절의 추억을 들려줬다. 하루는 그 친구가 집에 들어갔더니 아버지가 뭔가를 열심히 하고 계셨다.

"아빠, 지금 뭐하시는 거예요?"

"무선통신 모스 부호를 배우는 중이야."

"왜요? 아빠는 무선통신에 관심도 없으시잖아요."

"아니야, 이젠 관심 있어. 저 길 끝, 커다란 안테나가 달린 집에 사는 그레그 스미스 아빠 알지?"

"네."

"그 사람에게 다가가려고 노력해 봤는데, 나와는 말도 안 하려고 하더라. 그 사람이 관심을 갖고 좋아하는 건 무선통신뿐이래. 그래서 어떻게 무선통신을 조작하는지 배워서 그레그 아빠와 가까워지려고 한단다."

친구의 아버지는 그레그의 아버지에게 다가가는 다리를 놓기 위해 시간과 공을 들였다. 그 다리는 무선통신이었다. 6개월 후, 그레그의 아버지는 예수님을 영접했다. 이것이 바로 당신의 관계의 원에 다가가는 다리를 놓는 것이다.

설문을 작성하고, 중보를 시작하고, 하나님이 쓰시도록 우리를 내어 드렸다면, 이제는 사랑으로 사람들에게 다가가고 그들을 향한 염려와 배려를 보여줌으로써 그들에게 가는 다리를 놓자.

접점 활용하기

다리 놓기란 무엇인가? 한 사람의 삶의 필요를 채워주는 것이다. 관계를 만들 수 있도록 관심을 보이는 것이다. 부드러운 손길이며 따뜻한 미소다. 사람들에게 겁을 주는 사람은 사실 자신이 겁을 먹었기 때문에 그런 것이다. 하나님의 종은 항상 사랑하고 필요를 채워주는 사람이다.

다리의 목적은 무엇인가? 한 편에서 다른 편으로 건너게 하는 것이다. 그러므로 그리스도인인 우리가 다리를 놓는 것은 이 세계에서 다른 세계로 건너가기 위한 관계를 놓는 것이다. 그 다리를 건너 우리가 상대방의 세계로 갈 때, 그 사람도 안심하고 우리 세계로 건너온다. 다리 놓기는 지속적인 과정이다. 즉, 관계를 만드는 과정이다.

사도 바울은 복음을 위해 관계의 다리를 놓았다.

"내가 모든 사람에게 자유하였으나 스스로 모든 사람에게 종이 된 것은 더 많은 사람을 얻고자 함이라 유대인들에게는 내가 유대인과 같이 된 것은 유대인들을 얻고자 함이요 율법 아래 있는 자들에게는 내가 율법 아래 있지 아니하나 율법 아래 있는 자같이 된 것은 율법 아래 있는 자들을 얻고자 함이요 율법 없는 자에게는 내가 하나님께는 율법 없는 자가 아니요 도리어 그리스도의 율법 아래 있는 자나 율법 없는 자와 같이 된 것은 율법 없는 자들을 얻고자 함이라 약한 자들에게는 내가 약한 자와 같이 된 것은 약한 자들을 얻고자 함이요 여러 사람에게 내가 여러 모양이 된 것은 아무쪼록 몇몇 사람들을 구원코자 함이니(고전 9:19-22)."

바울이 왜 관계의 다리를 놓았는지 아는가? 사람들이 그리스도 안에 있는 구원으로 나아가기를 바랐기 때문이다. 바울은 주변 사람들의 필요와 삶의 방식에 공감함으로써 그들을 그리스도께로 인도했다.

다리 놓기는 지속적인 과정이다. 다리 놓기는 삶의 한 부분이 되어야 한다. 주님께 가까워질수록 우리는 더욱 인간 지향적이 된다. 우리 삶의 목적은 가족에게, 친지들에게, 친구들에게, 이웃에게, 직장 동료에게, 지인에게, X라는 누군가에게 지속적으로 다리를 놓는 것이다.

생일카드 보내기는 다리를 놓는 삶의 방식을 시작하는 좋은 방법이다. 하지만 이건 시작일 뿐, 지속적인 과정으로 나아가야 한다. 우리는 다리를 놓기 위해 모든 접점을 최대한 활용해야 한다. 즉 다리 놓기의 달인이 되어야 한다.

도움이 필요한 사람을 보면 즉각적으로 접점을 찾아보라. 어떻게 내가 이 사람을 어루만질 수 있을지 생각해보라. 접점이 없다면 새로 만들라. 관건은 상대방이 관심을 가질 만한 주제에 대해 대화를 나눌 수 있도록 다리를 놓는 것이다.

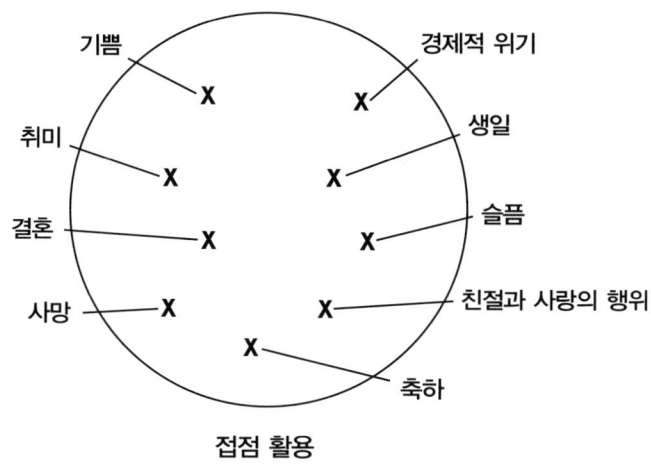

접점 활용

접점 만들기

사람들을 만날 때 그들의 관심사가 무엇인지 찾아내라. 그리고 그 관심사에 대해 그들과 이야기하라. 짐의 아버지처럼 다른 이들에게 다가가기 위해 새로운 부분에 관심을 가져야 하거나, 특정 주제를 파고들어 공부를 해야 하는 경우도 있다.

내 몸에 흐르는 유대인의 혈통은 유대인들과의 접점이 되어준다. 오래 전 휴스턴의 모텔 안내 데스크에서 일하는 유대인을 만났다. 그가 물었다.

"어디서 일하십니까?"

"저 아래에 있는 침례교회 임시 목사로 있습니다."

"아! 그러시군요. 저는 유대인입니다."

"그래요? 저도 그렇습니다."

그가 미심쩍다는 듯 나를 쳐다봤다.

"어느 지파시죠?"

나는 물었다.

"네?"

"어느 지파시냐고요?"

"글쎄요, 잘 모르겠네요. 어느 지파신데요?"

나는 자랑스러운 목소리로 답했다.

"전 유다 지파입니다. 다음 주말에 다시 올 건데 주중에 어느 지파이신지 한번 알아보십시오. 다음 주에 그 얘기를 더 할 수 있겠는데요."

접점을 활용해야 한다. 우리는 다리를 놓고 관계를 세워감으로써 관계의 원에 있는 이들의 주파수에 우리를 맞춰야 한다. 이처럼 다리 놓기는 지속적이고도 보람된 과정이다. 그렇다면 언제, 어떻게 다리를 놓아야 할까? 바로 기쁠 때 함께 기뻐해 주고 힘들 때 함께 있어주는 것, 그것이야말로 관계를 구축하는 좋은 방법이다.

기쁨의 순간에 다리 놓기

출산

평소 닫혀 있는 사람의 삶에 다가가는 방법 중 하나는 아이가 태어났을 때 관심과 배려를 표현하는 것이다. 나는 병원 신생아실 유리창 너머로 너무나 작고 아름다운 아기의 얼굴을 들여다보곤 한다. 무슨 말인지 알겠는가? 그 아이의 부모에게 아이가 너무 예쁘다고 말하라. 사실 예쁜 아기들도 있고, 그렇지 않은 아기들도 있다. 하지만 하나님이 거짓말을 용서해 주시는 때가 있다면, 나는 그것이 아이가 태어났을 때라고 믿는다. 나는 수도 없이 병원 신생아실 앞에서 젊은 부부와 함께 아기를 들여다보았다. 물론 우리 딸을 보기 위해서도 그렇게 서 있었다. 그 순간이야말로 다리를 놓을 수 있는 최고의 순간이다.

진통이 오고 병원에 갈 때가 되면 예비아빠들은 정말 말도 안 되는 행동을 한다. 밤 10시 30분에 캐롤라인이 "여보, 아무래도 병원에 가야겠어요."라고 말했던 때가 지금도 생생하다. 병원에는 잘 갔다. 그런데 접수처에서 몇 가지 기본적인 질문을 받았을 때 머릿속이 하얗게 된 것처럼 아무 생각도 나지 않았다. 내 이름도, 아내의 이름도, 우리 집 주소도 생각나지 않았다. 다행히 병원 직원들이 우리를 다 알고 있어서 간호사 한 명이 나를 옆에 있는 의자에 앉게 했다. 그리고 나 대신 캐롤라인에게 질문했다. 나는 질문을 마치기 전에 아기가 나올 것만 같아서 어쩔 줄 몰랐다. 하지만 다마리스는 다음날 오후 1시 37분이 되어서야 세상에 나왔다. 아기가 태어나는 순간만큼 기쁜 때는 없다. 나는 신생아실 유리 앞에 서서 다마리스를 들여다보며 다른 새내기 아빠들과 이야기를 하곤 했다. 부모라는 막중한 책임에 대해 이야기를 나누던 중에 이런 말을 했다.

"정말 놀라운 생명이죠. 하나님이 우리에게 가장 중요한 선물을 주셨다는 것을 아십니까?"

아기가 태어났을 때 선물이나 카드를 보내는 것도 관심을 표현할 수 있는 좋은 방법이다. 하지만 관심을 직접 표현하면 더 깊은 인상을 남길 수 있다. 카드를 보내도 좋지만 직접 병원으로 찾아가면, 다리를 놓고 싶은 그 사람에게 더 큰 관심을 보여줄 수 있다. 산모와 아기가 퇴원을 했을 때 어떤 식으로 필요를 채워주며 관심을 표현할 수 있을지 고민해보

라. 음식을 준비하기 힘든 산모에게 음식을 가져다주라. 지역 일간지에 실린 출생 소식을 오리고 코팅해서 카드와 함께 전해주라. 수고했다고 말하며 꽃을 선물하거나, 초보 엄마 아빠가 출산 이후 휴식 시간을 가질 수 있도록 저녁 시간 아기를 돌봐주겠다고 자청하라.

결혼

다리를 놓을 수 있는 또 다른 기회는 바로 결혼이다. 특히 개혼(開婚, 한 집안의 여러 자녀 가운데 처음으로 치르는 혼인)을 앞둔 부모들은 도움이 필요하다. 자녀의 혼사를 치른 경험이 있다면 시간과 노력을 줄일 수 있도록 그들에게 도움을 주라. 웨딩박람회 정보를 알려주거나, 저렴하면서도 서비스가 좋은 웨딩업체, 혹은 예식장을 소개해주라. 행복한 가정 생활을 주제로 한 음악 CD와 책을 선물해 주는 것도 한 방법이다.

목회자와 교역자들이여, 다리 놓을 이 기회를 놓치지 마라. 결혼을 앞둔 가족들과 예비 부부에게 도움을 주면 줄수록, 더 큰 그리스도의 사랑을 보일 수 있다. 지금까지 결혼을 도와주면서 쌓은 노하우를 따로 적어 건네는 방법도 있다. 결혼 준비를 즐겁고 수월하게 할 수 있도록 최선을 다해 도우라.

목회자들이여, 결혼 전에 꼭 상담을 받도록 하라. "결혼은 여러분이 내릴 결정 중에서 가장 중요한 결정 중 하나입니다. 때문에 두 분을 행복하게 해줄 것들에 대해 반드시 아셔야 합니다."라고 예비 부부들에게 알려주라.

나는 지금까지 예비 부부들을 상담하며 목사로서 이런 말을 해줬다. "온전한 결혼, 여러분이 원하는 모습의 결혼 생활을 위해서는 퍼즐 조각이 모두 맞춰져야 합니다." 성공적인 결혼 생활의 핵심은 친밀함이다. 우리는 흔히 친밀함을 육체적인 의미로만 받아들인다. 하지만 친밀함은 그보다 더 많은 것을 포괄한다.

성경적인 결혼 생활을 위해서는 두 사람 간에 세 가지 차원의 친밀함이 있어야 한다. 첫 번째는 정신적·정서적·지적 친밀함이다. 이 지구상에 당신의 배우자보다 당신과 더 가까운 사람은 없다는 의미다. 결혼 생활에 문제가 생기길 바라는가? 다른 사람을 배우자보다 더 가까이 두면 된다. 배우자보다 더 의지하는 다른 사람이 있으면, 배우자보다 더 깊은 얘기를 털어놓는 사람이 있으면 바로 문제가 생긴다.

지금 결혼 생활에 문제가 있다면 먼저 첫 번째 단계를 밟으라. 대화를 하라. 모든 문제를 낱낱이 이야기하고 분노와 교만을 쌓아두지 말라. 후에 어떤 대가를 치르게 될지 생각해보라. 결혼 생활의 존립이 걸렸으니 그 대가는 어마어마할 수밖에 없다. 하지만 대화가 진행되고 따스함과 사랑이 함께 하면 두 사람은 최상의 행복을 맛보게 된다. 이렇게 맺어진 관계는 깨지지 않는다.

나는 이 세상 누구와도 할 수 없는 이야기를 캐롤라인과는 할 수 있다. 우리 딸 다마리스와 나는 아주 가깝다. 딸과 내 관계는 아주 특별하다. 하지만 그 관계는 아내와 나의 관계와는 다르다. 훗날 다마리스가 미래의 사위와 우리 부부처럼 관계 맺게 되기를 바란다. 두 사람의 관계가 그 누구와의 관계보다 더욱 친밀하기를 기도한다. 둘째, 성경적 결혼에는 반드시 영적 친밀함이 있어야 한다. 우리는 영적 존재. 결혼은 하나님의 사랑이 남편에게서 아내에게로, 아내에게서 남편에게로 흐르는, 남편과 아내와 하나님의 거룩한 삼각형이다. 이 사랑은 용서하고 구속하고 나누는 사랑이다. 다시 말해 결혼의 핵심은 친밀함이다. 그러므로 문제가 있으면 그 문제를 털어놓으라. 마음을 열라. 성숙한 자가 되라. 문제 해결을 위해 노력하라. 문제를 놓고 두 사람이 진심으로 대화하고 해결을 위해 노력하지 않는 한, 똑같은 문제가 결혼 생활 내내 사라지지 않을 것이다. 문제를 주님께 가져가라. 십자가 아래서 해결되지 못할 문제는 없다.

세 번째는 육체적 친밀함이다. 세 가지 차원의 친밀함 모두 견고하고 충만한 결혼 생활을 위해 필수적이다. 앞서 언급한 두 가지 차원의 친밀함에 문제가 있다면 육체적 친밀함도 제자리를 찾을 수 없다. 육체적 친밀함만을 위해 결혼하는 사람들이 있다. 하지만 그런 사람들은 육체적 친밀함에서 더 이상 만족감을 느끼지 못하면 다른 사람을 찾아 떠난다. 그런 식으로 아무리 결혼과 이혼을 반복해도 세 가지 차원의 친밀함을 모두 갖추지 못하면 진정한 만족을 느낄 수 없다.

친밀함은 관계에서 온다. 나는 가끔 예비 부부들에게 이런 말을 한다. "저는 여러분이 교인이 되고 안 되고보다 여러분의 성공적인 결혼생활에 더 관심이 많습니다. 결혼 생활의 성패는 결혼에 대한 여러분의 태도와 결혼 생활을 만들어가기 위한 기초에 의해 좌우될 겁니다."

결혼 생활의 진정한 성공을 위해서는 남편과 아내 모두가 주님과 친밀한 관계를 가져야 한다. 부부간 영적 친밀함은 그리스도와의 관계를 기반으로 생겨난다. 그리스도와의 친밀한 관계가 먼저이며, 서로에 대한 영적 친밀함은 그 다음이다. 그렇지 않으면 관계가 이기적으로 흐르고 만다. 나, 나의, 나의 것만 찾게 된다.

이기심이 어떤 결과를 낳는지는 수많은 부부들을 통해 확인할 수 있다. "당신이 나를 행복하게 해주는 한 당신을 떠나지 않을 거예요.", "상황이 좋고 우리에게 돈이 있는 한 당신을 떠나지 않을 거예요.", "당신이 내 필요를 채워주는 한 당신과 함께 있을 거예요." 둘 중 한 사람, 혹은 두 사람 모두 이렇게 말한다. 이혼의 고통을 겪어본 사람은 이 말이 무슨 말인지 아주 잘 알 것이다.

아이들에게는 언제부터 친밀함의 개념을 가르쳐야 할까? 아이들이 태어나는 순간부터 우리는 우리의 결혼 생활을 통해 결혼이 어떤 모습이어야 하는지 가르칠 수 있다.

목회자들이여, 여러분은 하나님이 뜻하시는 결혼이 어떤 모습인지 가르쳐야 한다. 목회자로 섬기는 동안 나는 중고등부와 청년들에게 자주 이런 말을 했다. "저 뒷자리에 앉아 굳게 잡은 손을 놓지 않는 닭살 커플 여러분, 좋습니다. 잠시 주목해 주세요. 지금 손을 잡고 있는 그 사람과 결혼하실 생각이라면 미리 말씀드리겠습니다. 여러분이 두 주 전에 느닷없이 찾아와서 날짜를 잡았다며 주례를 서달라고 하시면 저는 그렇게 못합니다. 그건 안 됩니다. 지금부터 계획을 세우세요."

풋사랑을 비웃지 마라. 그들은 진심이다. 하지만 청년들이 참되지 못한 관계를 맺고 그 관계를 사랑이라 부르며 사랑을 잘못 이해한다면, 이들은 하나님이 그들을 위해 예비하신 관계를 결코 경험할 수 없다.

많은 청년들이 육체적 차원의 친밀함에서부터 관계를 시작한다. 그리고는 왜 육체적 관계만으로 만족감을 느낄 수 없는지 의아해 한다. 이 사람 저 사람을 전전하며 육체적 관계를 맺지만 그들이 찾아 헤매는 충족감을 결코 찾지 못한다. 결국은 두 사람 사이의 친밀함에 대한 하나님의 계획을 놓치고 만다.

하루는 십대 커플이 내 사무실을 찾아와 서로 사랑하는 사이라고 밝혔다. 형제는 상당히 공격적이었고 처음에는 아예 입을 떼고 싶어하지도 않았다. 자매는 훌륭한 그리스도인이었지만 형제는 그리스도인이 아니었다.

나는 말했다. "앤, 단도직입적으로 아주 솔직하게 말할게요. 만약 빌리와 결혼한다면, 온전한 사람과 결혼하는 게 아니라는 사실을 알았으면 합니다. 빌리는 거기까지 가려면 아직 멀었어요."

빌리는 충격을 받은 표정으로 나를 쳐다봤다. 갑자기 내가 하는 말 한마디 한마디에 지대한 관심을 보이기 시작했다. 나는 말했다. "앤, 자매는 온전한 결혼 생활을 이루기 위해 노력할 거예요. 자매는 그리스도인이죠. 언젠가는 빌리도 그리스도인이 되기를 바란다고 말하겠지만, 아직 빌리는 그리스도인이 아니에요. 앤을 진정으로 행복하게 해줄 준비가 되어있지 않아요. 1, 2주 후, 아니면 2, 3년 후에는 그런 준비가 될 지도 모르죠. 하지만 지금은 아닙니다."

다음으로 나는 빌리에게 말했다. "빌리 형제, 형제 안에는 완전히 죽어 있는 부분이 있어요. 형제는 지금 나, 내 것, 나를 목적으로 하는 삶을 생각하고 있어요. 앤 자매는 생각하지 않고 있어요. 현 시점에서 두 사람은 결코 영적인 친밀함을 나눌 수 없습니다. 두 사람의 결혼 생활에는 뭔가가 빠져 있을 겁니다."

하나님 앞에서 그가 어떤 상태인지를 알려주는 충격 요법을 쓴 후, 나는 빌리에게 구원의 계획을 설명했다. 빌리는 주님을 영접했다.

빌리가 온전한 사람이 아니라는 내 말은 분명 진실이었다. 영적인 측면을 갖추기까지는 '온전한' 사람일 수 없다. 존재의 영적인 부분이 살아났을 때 빌리는 비로소 온전한 사람이 되었다. 그가 덜떨어진 사람이라는 의미가 아니었다. 하지만 그를 온전한 사람이라 부를 수도 없었다.

그리스도인의 결혼에는 세 가지 차원의 친밀함이 균형을 이루어야 한다. 그 지점에 이르지 못한 결혼 생활은 확실한 것 없이 희망사항만 많은 결혼 생활이 될 수밖에 없다.

생일

생일 축하카드를 보내는 것도 다리를 놓는 중요한 방법이다. 생일은 아주 특별한 날이다. 교사들이여, 학생들에게 다가가는 다리를 놓고 싶거든 생일에 카드를 보내라. "카드 쓰는 데 얼마나 시간이 많이 드는데요."라고 말하고 싶은가? 나도 안다. 하지만 카드 한 장이 변화를 이끌어 낸다. 직장 동료나 사업 파트너, 거래처 직원, 직원들을 떠올려보라. 그들에게 생일 축하카드를 보내라. 다리를 놓으라.

어빙 소재 맥아더 불리바드 침례교회에서 임시 목사로 섬기는 동안 나는 모든 교인에게 생일 축하카드를 보냈다. 매주 아주 많은 양의 카드를 보냈다. 주소를 쓰고 도장을 찍는 일은 비서가 해줬지만, 짧은 축하메시지를 적고 서명을 하는 일은 내가 직접 했다.

예배를 마친 후 성도들과 인사를 하기 위해 문 앞에 서 있으면 아이들이 와서 내 목을 끌어안고 내 얼굴에 수십 번씩 '침 도장'을 찍으며 말했다. "생일카드 감사해요."

축하

사람들에게 당신이 그들을 얼마나 특별하게 생각하는지 표현함으로써 다리를 놓을 수 있다. 청소년들에게 다가가고자 한다고 생각해보자. 아이들이 크고 작은 대회나 축구경기에서 상을 타거나 뭔가 특별한 일을 해서 신문에 실리게 되면 그 신문 기사를 오리고 붉은 펜으로 동그라미를 치고 그 아래 이렇게 적어주라. '정말 대단하구나. 네가 정말 자랑스러워.' 당신의 이름을 적어 아이에게 그 기사를 보내라. 그 아이의 세계로 들어가는 문이 열릴 것이다. 그렇게 당신의 관계의 원에 있는 이들에게 가는 다리를 놓으라.

기념일

이외에도 경사, 승진, 감사, 졸업 등의 기념일에 다리를 놓을 수 있다.

내 첫 목회지를 지금도 선명하게 기억한다. 상황은 그리 좋지 않았다. 교회 주변에 난 길은 자갈로 뒤덮여 있었고, 먼지가 많이 날렸고, 시끄럽기까지 했다. 나는 돌멩이가 사방으로 튀곤 했던 그 길을 닦기로 했다. 교회 오른편으로 열두 블록, 왼편으로 네 블록 길이로 길이 나 있었고, 그 지역에 사는 분들은 대부분 연세가 많은 분들이었다. 관할 관공서에서는 지역 주민들의 서명을 받아오면 길을 닦아 주겠다고 했다. 나는 기도했다.

"아버지, 우리가 할 수 있을 줄로 믿습니다."

사람들은 그런 일을 벌이는 나를 보며 정신이 나갔다고 했다. 수백 km씩 차를 몰아 사돈에 팔촌까지 만나 서명을 받느라 나는 정말 정신이 나가는 줄 알았다. 필요한 서명을 받아내기까지 4, 5개월이 걸렸지만 결국 모든 이들의 서명을 받아냈다. 작업이 끝난 후, 서명했던 주민들 모두가 기쁨을 감추지 못했다. 우리가 정말 대단한 일을 했던 것이다. 도로 포장 공사를 담당한 현장 감독 거스는 키가 크고, 덩치가 좋은 사람이었다. 그는 누구나 좋아할 만한 성격을 가진 사람이었다. 그 부인은 인부들을 위해 도시락을 싸서 보냈고, 우리 어머니는 과일을 보내시곤 했다.

마침내 포장 작업이 끝났을 때 나는 거스에게 그와 인부들이 얼마나 일을 잘해주었는지, 그로 인해 내가 얼마나 감사한지를 적어 감사 편지를 보냈다. 그리고 며칠 후, 길을 가는데 거스의 부인이 나를 불러 세웠다.

"오스카 목사님, 잠시만요."

부인은 두 눈에 눈물이 가득 고인 채로 그 자리에 잠시 서 있더니 이윽고 말문을 열었다.

"남편은 이 동네에서 아주 오랫동안 일을 했어요. 하지만 한 번도 감사 편지를 받아본 적이 없었죠. 목사님의 편지를 받은 날, 남편은 자리에 앉아 편지를 몇 번이고 다시 읽으면서 그저 울기만 했어요."

주일 아침, 거스는 부인과 함께 교회에 왔다. 그전까지 두 사람은 한 번도 교회에 간 적이 없었다. 6주 후 나는 그들에게 세례를 주었다. 그리고 몇 달 후 거스는 심장마비로 세상을 떠났다.

이처럼 당신이 마음을 쓰고 있다는 것을 보여주는 감사 편지가 다리가 된다. 감사 편지를 쓰라.

다리를 놓는 데는 시간이 걸린다. 하지만 오랜 시간 지속적으로 다리를 놓을 때 그 어떤 노력보다 많은 결실을 안겨줄 것이다. 이에 대해 이미 많은 학생들이 내게 찾아와 말해주었다.

"잘 알지 못하는 사람에게 다가가는 데 정말 환상적인 방법이에요."

기쁠 때가 언제인지 알아내고 함께 기뻐하라. 관심을 보이라. 이것이 다리 놓기의 첫걸음이다.

아픔의 순간에 다리 놓기

질병

누군가가 힘들어할때, 아플 때도 다리를 놓을 수 있는 좋은 기회가 된다. 도무지 다가갈 수 없을 거라 생각했던 사람이라도 병원에 입원하거나 심각한 상황에 놓이게 되면 마음을 연다. 다리 놓을 기회를 얻고 싶다면 병원에 가라. 어쩌면 X를 만나 당신의 원 안으로 들여놓게 될지도 모른다.

마음이 우울해지고 자기 연민에 빠져들 때 환자들에게 다가가라. 아파하며 상처받는 그들을 찾아가보라. 도움이 필요한 그들을 돌아보라.

만약 당신이 병원을 방문한다면 그 전에 알아두어야 할 것들이 있다. 이 부분에 대해서는 목사님이나 교역자들과 상담하거나 관련 서적을 추천받으라. 환자를 방문할 때 해야 할 일과 절대 하지 말아야 할 일이 있다. 대부분이 간단한 내용들이지만, 매우 중요함에는 틀림없다.

- 환자에게 얼마나 아파 보이는지 얘기하지 마라.
- 개인적인 질문이나 환자의 상태에 대해 당혹스런 질문을 하지 마라. 먼저 말하기 전에는 묻지 마라.
- 병세가 호전된 경우가 아니라면 같은 병을 앓고 있는 다른 사람에 대해 이야기하지 마라.
- 그 사람이 아파서 당신 마음이 얼마나 아픈지 얘기하지 마라.
- 당신의 문제를 말하지 마라.
- 안 좋은 소식을 전하지 마라.
- 병상에 앉지 마라.

- 방문 시간을 짧게 하고 너무 오래 머물지 마라.
- 얼굴에는 미소, 마음에는 승리를 담고 가라.
- 용기가 될 만한 소식을 전하라.
- 입원 환자가 관심을 가질 만한 좋은 이야기를 하라.
- 병세가 호전되기를 위하여 기도하겠다고 자원하라.

슬픔과 죽음을 경험했을 때

슬픔에 잠겨 있는 이들에게 다가갈 때 다리를 놓을 수 있는 놀라운 기회가 생긴다. 사랑하는 이를 잃은 사람에게 대체 무슨 말을 해야 할지 모를 때가 있다. 하지만 당신이 하는 말보다 당신이 염려하는 마음, 당신이 사랑으로 다가가고 있다는 사실이 더 중요하다. 아무 말이 필요 없는 때도 있다. 그저 곁에 있어주고 자리를 지켜주는 것으로 충분하다. 그것만으로도 그들의 마음에 잊을 수 없는 사람으로 남는다.

상실감에 괴로워하는 이들에게 도움이 될 만한 소책자들이 많이 있다. 그 중에 그랜저 웨스트버그의 『굿바이 슬픔』(두리미디어 역간)도 권할 만하다. 그랜저는 이 책에서 사랑하는 사람을 잃은 사람들이 공감할 수 있는 슬픔의 열 고개를 설명한다. 상실의 시간을 지나는 이에게 이런 책을 선물하면 큰 위로와 실질적인 도움이 되리라 믿는다. 이런 종류의 책을 직접 쓴 편지와 함께 선물하라. 그런 방식으로 읽고 돌려줘야 하는 책이 아니라 선물하는 책임을 알리라. 그가 그 책을 읽고 도움을 받은 후에 같은 슬픔에 잠겨 있는 다른 가족들에게 권할 수도 있다.

사랑하는 사람을 잃은 사람에게 2주, 또는 3, 4주 동안 세심한 관심을 쏟아야 한다는 것을 잊지 말라. 이 기간 동안 그들에게는 중압감이 몰려오고, 많은 결정을 내려야 할 뿐 아니라 이야기를 들어줄 사람이 필요하다. 그러므로 기도 편지를 보내거나 전화를 하거나 이따금씩 들러보거나, 함께 점심이나 저녁식사를 하라. 상실감을 털어놓을 수 있는 기회를 주는 것만으로도 치유가 된다.

내년 기일을 미리 수첩에 적어두고 그날에 연락하라. 첫 기일은 사랑하는 사람을 잃고 슬퍼하는 사람에게 위로가 절실하게 필요한 날이다. 사랑하는 사람을 떠나보낸 날로부터 한 해 동안, 특별한 날마다 꾸준히 연락하라. 특별한 날이면 떠나간 사람이 유독 더 그리워지고 슬픔을 감당하기가 힘들어진다. 이런 날을 기억해주는 친구는 슬픔에 잠긴 이에게 말로 표현할 수 없는 힘이 된다.

어려울 때

어려움에 놓여 있는 사람에게 다가가 다리를 놓으면 그들은 절대 당신을 잊지 않을 것이다. 즉 경제적 위기, 실직, 결혼 생활의 위기, 자녀와 관련된 어려움이 닥쳤을 때도 다리를 놓을 수 있다.

관계의 원에 있는 이들을 위해 기도하면서 다리 놓을 기회를 끊임없이 모색하라. 눈과 귀를 크게 열고 기회를 찾으라. 또한 그들을 주목하게 해주실 하나님을 신뢰하라. 이 일에 하나님이 당신보다 더 관심이 많으시다. 관계의 원을 통해 다리를 놓는 것, 이것이 핵심이다.

나는 학생들에게, 필요가 있는 사람들을 자꾸 만나게 되지 않는다면 뭔가 문제가 있다는 말을 한다. 당신에게도 마찬가지다. 하나님이 당신을 그분의 사랑의 통로가 될 자격이 있는 자로 여기지 않으시기 때문에, 사람들을 만나지 않게 되는지도 모르니 말이다. 물론 모든 사람의 가장 깊은 필요는 바로 그리스도다. 때문에 다리를 놓다 보면 복음을 전할 기회가 열리게 된다.

개인적 적용

묵상노트나 일기장에 다음 질문의 답을 적으라. 13장의 진리를 이해하고 삶에 적용할 수 있도록 자세히 기록하라.

1. 다른 이들이 어떤 식으로 당신에게 가는 관계의 다리를 놓았는가? 그들의 행동 중에 가장 의미 있거나 도움이 되었던 것은 무엇인가? 그들의 행동이 그들에 대한 당신의 태도나 감정에 어떤 영향을 끼쳤는가?

2. 지금까지 당신은 어떤 식으로 관계의 다리를 놓았는가? 기쁨이나 스트레스 또는 다른 상황과 관련해 관계의 다리를 놓았는가?

3. 관계의 다리 놓기 기회를 '날려버린' 적은 없는가? 어쩌다 그랬는가? 긍정적인 결과를 위해서 어떤 부분을 바꿔야 하는가?

4. 설문을 가지고 기도하면서 그들에게 다리를 놓을 수 있는 방법들을 알려주시기를 구하라. 하나님이 특정한 사람에게 어떻게 다가가야 할지 깨달음이나 아이디어를 주시면 설문지에 적어두라. '긴급 수배자' 명단에 있는 이들을 위해 특별히 기도하라.

5. 이번 주 소그룹 모임 전에 관계의 다리를 놓는 데 도움이 될 만한 한 가지 이상의 행동을 하라.

몸세우기

13장의 진리를 각자의 삶에 적용하고 그리스도의 몸을 세우기 위해 소그룹에서 다음의 질문과 활동을 함께하라.

1. 누군가의 다리 놓기를 통해 어떤 의미 있는 경험을 했는지 나누라. 그 경험에 대한 당신의 감정과, 그 사람에 대한 당신의 태도에 대해 이야기하라.

2. 과거 어떤 방법으로 관계의 다리를 놓았는가?

3. 어떤 식으로 관계의 다리 놓기 기회를 '날려' 버렸는가? 긍정적인 결과를 위해 어떤 부분을 바꿔야 하는가?

4. 이미 설문을 작성한 사람들 중 하나님이 어떤 방법으로 누구에게 관계의 다리를 놓기 원하신다고 생각하는가?

5. 소그룹이 개인, 가족 또는 다른 무리에게 관계의 다리를 놓을 기회를 활용할 수 있는 방법을 이야기하라. 이 소그룹이 영적 SWAT팀이 될 수도 있다.

6. 서로를 위해, 그리고 하나님이 관계의 다리를 놓으라고 인도하신다는 감동이 있는 이들을 위해 기도하라. 개인, 가족 또는 다른 무리에게 관계의 다리를 놓을 수 있는 방법을 깨닫게 해주시기를 주님께 구하라.

7. 지금까지의 공부를 통해 지난 한 주 어떤 활동, 또는 경험을 했는가? 하나님이 당신의 관계에서 어떻게 역사하고 계신가?

8. 모든 소그룹 지체들에게 "이번 주에 당신을 위해 어떻게 기도할까요?"라고 물으라. 그 기도제목을 놓고 구체적으로 기도하라.

Stage 5

사랑의 표현 :

필요를 채워 하나님의 사랑을 보여주라

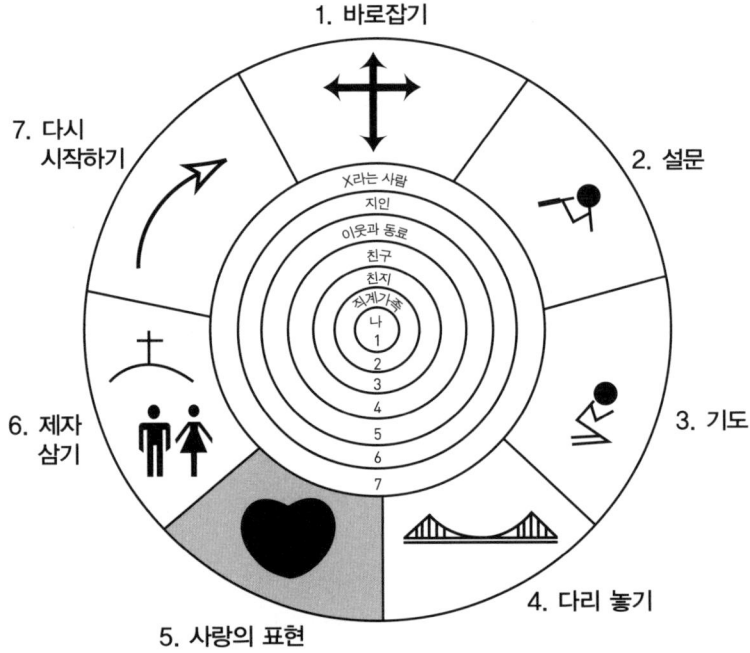

당신이 하나님께 쓰임받을 수 있는 좋은 방법은 사람들에게 하나님의 사랑을 보이는 것이다. 사랑은 필요를 채워주는 것이다. 하나님은 당신이 중보하는 이들의 삶의 환경을 움직이심과 동시에, 그들이 당신을 통해 하나님의 사랑을 경험하게 하신다. 그들의 필요를 채우는 당신을 통해 그 사람들을 사랑하시고 그들을 예수님께로 이끄신다.

하나님은 당신이 그분의 사랑을 나타내도록 환경을 움직이신다. 당신에게 그다지 사랑스럽지 않은 사람이라도 사랑할 수 있는 마음을 주신다. 또한 하나님은 당신에게 다른 이들의 필요를 채울 자원을 공급하신다. 즉 당신의 삶은 하나님 사랑의 통로가 된다.

하나님의 사랑이 당신을 통해 흘러가게 할 때, 사람들은 하나님의 사랑을 경험하게 된다. 하나님 아버지의 사랑을 깨닫게 되고, 하나님의 자녀로 입양되며 그분의 아들을 통한 구원의 은혜를 힘입어, 하나님의 가족으로 초대받았음을 알게 된다.

필요를 채워
하나님의 사랑을 보여주라

하루는 학생들에게 이런 말을 했다.

"하나님은 여러분을 통해 누군가를 사랑하시기 위해 여러분을 특정한 환경에 놓으실 겁니다. 그러나 그때 여러분이 성령님께 의지하고 말씀 안에 거하고 하나님을 신뢰하며 말씀에 아가페 사랑으로 반응하지 않는다면, 그 기회를 놓쳐버리고 말 겁니다."

수업이 끝난 후 제리가 찾아왔다.

"톰슨 교수님, 전 교수님 수업이 너무 힘듭니다."

"왜 그럴까요, 제리?"

"교수님이 제게 하나님이 사람들을 제 관계의 원으로 이끄신다고 말씀하셨잖아요(제리는 강의를 개인적으로 받아들이고 있었다). 그리고 하나님이 환경을 움직여 사람들을 제 삶에 보내시고, 제가 어떻게 반응하느냐에 따라 복음 전할 기회를 얻을 수도 잃을 수도 있다고 하셨잖아요."

"네, 맞습니다."

"제가 그 기회를 날려버린 것 같습니다."

"좀 자세히 얘기해 주겠어요?"

내 요청에 제리는 다음과 같은 얘기를 들려주었다.

"저는 달라스에 있는 직장에 오토바이로 출퇴근합니다. 어제와 그제 주차장에 오토바이를 대는데, 제 것과 똑같은 오토바이가 주차장에 있더군요. 다만 그 오토바이에는 거울이 없었습니다. 그런데 어젯밤 주차장에 나와 보니 제 오토바이 거울이 사라진 겁니다. 그래서 다른 오토바이가 세워진 곳에 가보니 그 오토바이에 아침에는 없던 거울이 꽂혀 있었어요. 제 거울을 자기 오토바이에 꽂은 거죠. 제가 거울에 표시를 해뒀기 때문에 그 거울이 제 것이라는 건 금방 알 수 있었어요. 저는 제 거울을 다시 뽑아낸 후에도 분을 참지 못해 그 오토바이에 물을 뿌렸습니다. 그런다고 오토바이가 고장나지는 않겠지만, 다시 시동을 거는 데는 30분이 족히 걸렸을 겁니다. 그런데 집에 돌아왔을 때 주님이 그 문제에 대해 저를 다루기 시작하셨어요. 제가 대체 어떻게 해야 합니까?"

"글쎄요, 제리. 나도 잘 모르겠네요. 성령님은 어떻게 하라고 말씀하시나요?"

"전 그걸 교수님이 말씀해주실 줄 알았어요."

제리는 투덜거리며 돌아섰다. 그 다음 주, 제리는 강의실에 다시 나타났다. "교수님, 제가 학생들과 나눌 것이 있습니다. 지난 금요일 밤 저는 직장으로 돌아갔습니다. 주차장에 그 오토바이가 있더군요. 전 생각했습니다. '나는 이 사람을 내 친한 친구처럼 대해야 해. 그 사람에겐 필요가 있어. 내 거울을 훔친 걸 보니 그 사람의 필요는 분명 거울이군.' 그래서 가게에서 제 것과 똑같은 거울을 사서 그 사람 오토바이에 꽂았습니다. 그리고 쪽지를 남겼어요. '당신이 내 거울을 훔쳤다는 걸 알고 있습니다. 제가 당신 오토바이에 물을 뿌린 사람입니다. 하지만 예수 그리스도와 맺은 관계 때문에 저는 예수님이 제 삶에서 그런 태도를 용납하지 않으실 것을 압니다.' 라고요. 쪽지에는 제 이름과 연락처도 적어두었습니다. 그런데 다음날, 그 사람이 제게 전화를 했습니다. '제 평생 수없이 도둑질을 했어도 이런 반응은 한 번도 본 적이 없습니다. 혹시 제게 시간을 좀 내주실 수 있을까요?' 그리고 그날 밤, 그 사람은 제 아파트에서 무릎을 꿇고 자신의 삶을 예수님께 드렸습니다."

하나님은 제리를 인도하신 것처럼 우리를 상황 속으로 인도하신다. 하나님은 당신이 어디에 가든 당신을 통해 자신을 드러내시기 위해 당신의 가족과 이웃 또는 직장 동료가 있는 환경으로 당신을 인도하신다.

하나님 사랑하기

하나님은 사랑 때문에 인간을 지으셨다. 창세기부터 계시록까지 아버지가 우리에게 주시는 명령은 오직 하나, 사랑이다.

신명기 6장 5절은 "너는 마음을 다하고 성품을 다하고 힘을 다하여 네 하나님 여호와를 사랑하라"고 기록한다. 또한 신약은 마음을 다하고 목숨을 다하고 뜻을 다하고 힘을 다하여 하나님을 사랑하는 것이 크고 첫째 되는 계명이라고 이야기한다(마 22:37-38; 막 12:30).

"그런데 하나님을 어떻게 사랑해야 합니까?"라고 묻는다면 이 질문의 답을 찾아보자. 사랑은 필요를 채워주는 것이라는 내용에 대해 학생들과 토론 수업을 마친 뒤, 롭이라는 학생과 엘리베이터까지 함께 걸어가게 되었다.

"톰슨 교수님, 제가 제대로 이해하고 있는지 잘 모르겠습니다. 사랑은 필요를 채워주는 것이라는 말씀도 이해가 되고 하나님이 나를 통해 사람들의 가장 깊은 필요를 채우기 원하신다는 것도 이해가 됩니다. 그런데 크고 첫째 되는 계명은 마음을 다하고 목숨을 다하고 뜻을 다해 하나님을 사랑하는 거 아닙니까? 성경은 먼저 주님을 사랑하라고 기록하잖아요. 그런데 교수님, 하나님을 제가 어떻게 사랑해야 하죠? 하나님은 필요하신 게 아무것도 없잖아요. 어떻게 하나님께 제가 그분을 사랑한다는 걸 보여드릴 수 있죠?"

"롭, 마태복음 25장 35절부터 40절에서 답을 찾을 수 있어요. 이 말씀에서 예수님은 '내가 주릴 때에 너희가 먹을 것을 주었고 목마를 때에 마시게 하였고 나그네 되었을 때에 영접하였고 벗었을 때에 옷을 입혔고 병들었을 때에 돌아보았고 옥에 갇혔을 때에 와서 보았느니라'고 하십니다. 또 '너희가 여기 내 형제 중에 지극히 작은 자 하나에게 한 것이 곧 내게 한 것이니라'고 말씀하셨어요."

예수님의 이름으로 사람들을 사랑하는 것이 곧 예수님을 사랑하는 것이다. 예수님이 소중히 여기시는 이들을 당신이 소중히 여길 때 당신은 마음을 다하고 목숨을 다하고 뜻을 다해 하나님을 사랑하는 것이다. 사람들의 필요를 채우는 하나님 사랑의 통로가 되기 전까지는, 진정으로 예수님을 사랑한다고 할 수 없다.

사랑은 필요를 채워주는 것이다. 마태복음 22장 39절과 마가복음

12장 31절은 둘째 계명에 대해 "네 이웃을 네 몸과 같이 사랑하라"고 기록한다.

타인 사랑하기

앞에서 말한 바와 같이 예수님을 당신 삶의 주인으로 모시는 순간, 당신은 사랑할 대상을 선택할 권리를 영원히 박탈당한다. "전 온 세상을 사랑해요."라고 말하는 당신, 그렇다면 당신의 맘에 들지 않는 그 남자도 사랑하는가?

"아니요, 그가 얼마나 못됐는데요. 그 사람만은 사랑할 수가 없어요."

그렇다면 그 여자는 사랑하는가?

"솔직히 그 여자만 아니라면 누구라도 사랑할 수 있어요."

하나님이 당신을 이 땅에 두시는 이유는 당신을 통해 세상에 자신을 드러내시기 위해서다. 그것이 당신이 이 땅 한 구석을 차지하고 산소를 들이마시는 이유다. 다시 말해 하나님은 당신을 통해 사랑하기 원하신다. 그리고 사랑은 필요를 채워주는 것이다.

사랑의 계시

"하나님이 세상을 이처럼 사랑하사 독생자를 주셨으니 이는 저를 믿는 자마다 멸망치 않고 영생을 얻게 하려 하심이니라"(요 3:16). 하나님은 우리를 사랑하셨고 우리의 필요를 채워주셨다.

"우리가 아직 죄인되었을 때에 그리스도께서 우리를 위하여 죽으심으로 하나님께서 우리에게 대한 자기의 사랑을 확증하셨느니라"(롬 5:8). 사랑은 필요를 채워주는 것이다. 따라서 하나님은 당신의 필요를 채우기 원하시며 당신을 통해 다른 이들의 필요 역시 채우기 원하신다. 모두 '사랑'으로 번역되지만 사실 헬라어에는 사랑을 의미하는 단어가 세 개 있다. 첫 번째는 에로스(eros)다. 성적·열정적·육체적 사랑을 의미한다. 에로스는 전혀 잘못된 사랑이 아니다. 하나님은 우리가 결혼이라는 울타리 안에서 누릴 수 있는 에로스 사랑을 만드셨다.

두 번째는 필리아(philia)다. 필리아는 관계의 질이 강조되는 사랑이다. 함께 시간을 보내고 싶은 사람이 있는가? 그것이 바로 필리아 사랑이다. 필리아는 선한 사랑이며, 그리스도인의 사랑이다. 필리아는 감정과 정서의 사랑이다. "저는 제 아내를 사랑할 뿐 아니라 참 좋아합니다."라고 고백할 수 있다면 큰 행운이다. 이런 것이 바로 필리아 사랑이다.

성경에 기록된 세 번째 사랑은 바로 아가페(agape) 사랑이다. 아가페 사랑은 반드시 감정에서 비롯되지는 않는다. 아가페 사랑은 순수하고 이성적이며 합리적인 결단을 의미한다. 무조건적인 하나님의 사랑을 닮은 사랑이다.

때로 우리는 하나님의 사랑, 타오르다 못해 하얗게 달아오른 하나님의 그 사랑을 하나님의 거룩하심에 비추어 이해해야 한다. 하나님의 사랑은 하나님의 거룩하심을 바탕으로 봐야 한다.

1734년 대부흥이 일어났을 때 조나단 에드워드(Jonathan Edwards)는 '죄인의 영벌 가운데 나타난 하나님의 공의'라는 제목의 시리즈 설교를 했다. 사람들은 처음으로 하나님의 거룩하심을 깨달았고, 그때 부흥이 일어났다.

하나님은 거룩하신 분이다. 하나님의 사랑을 그의 영광스런 거룩함에 비추어 이해하기 전까지 이 땅에 진정한 부흥이 올 수 없으며, 우리는 하나님의 위대한 사랑을 깨달을 수 없다. 하나님은 거룩한 삶을 요구하신다.

아가페는 거룩한 사랑이다. 거룩한 사랑이란 무슨 뜻일까? 에서를 기억하는가? 성경은 에서를 망령된 자라고 표현한다. 이는 그가 반드시 망령된 행동을 일삼았다는 의미는 아니다. 물론 그랬을 수도 있지만 이 구절이 의미하는 바는 아니다. 이 구절은 에서의 삶에 거룩한 부분이 전혀 없었다는 의미다. 다시 말하면 모든 것에 값이 매겨졌다는 뜻이다. 삶에서 가장 소중히 여겼어야 할 장자권에도 에서는 값을 매겼다.

현대 사회에도 모든 것에 값이 매겨져 있다. 당신의 말에도 값이 있는가? 우리 아버지는 내게 이런 말씀을 자주 하셨다. "아들아, 네 말은 곧 네가 발행하는 보증수표란다. 그로 인해 네가 얼마나 큰 값을 치르게 되든지 나는 신경 쓰지 않아. 다만 진실을 말하거라. 네 말이 거룩해야 한다. 진실은 값으로 따질 수 없거든."

우리의 최종 결론에 적용해 보면, 거룩하지 않은 사랑에는 가격이 붙는다. 하지만 하나님의 사랑은 값으로 매길 수 없다. 하나님의 사랑은 순수하며 끝이 없다.

하나님의 사랑은 대가를 요구하지 않는다. 신성하며 거룩하다. 하나님의 사랑은 무조건적이며 거저 주는 사랑이다. 깨끗하고 거룩한 통로를 통해 흘러가는 거룩한 사랑이다.

다른 이들의 필요를 채워주겠다고 선택했을 때, 당신은 그들을 향한 하나님의 사랑을 보여주게 된다. 아가페는 필요를 보았으니 그 필요를 채워주겠다는 의미다.

사랑의 이유

"하지만 사람들을 사랑하기 전에 뭔가 감정이 생겨야만 하잖아요."

이렇게 묻는 당신에게 되묻고 싶다. 우리를 위해 십자가에 달려 돌아가실 때 예수님은 어떤 감정이셨을까? 예수님은 감정 때문에 십자가를 지신 것이 아니다. 우리의 필요 때문이었다. 물론 우리를 향한 예수님의 감정은 매우 깊었으나 그것은 예수님이 우리의 죄를 보시고 우리의 깊은 필요를 보셨기 때문에 생겨난 것이었다. 그 아가페 사랑이 십자가의 고통보다 더 컸다. "내가 너희의 필요를 채워줄 것이다." 이것을 예수님은 행동으로 보여주셨다. 우리의 필요를 보셨고 그 필요를 채워주셨다.

이웃을 사랑할 수 없다면 이 세상을 얻겠다는 호언은 접어두라. 자신의 자녀나 배우자의 필요를 채워줄 시간조차 내지 못하고 있다면, 이 세상을 취하겠다는 생각은 버려라. 당신은 사랑의 통로가 되어야 한다. 당신의 '예루살렘', 당신의 가정에서부터 시작하라.

아가페는 필요를 채워주는 것이다. 나는 20년간 목사로 섬겼다. 오후 5시 30분에 그날 저녁 심방을 와달라는 전화를 받으면 그리 기쁘지만은 않다. 그런 감정을 느껴본 적 없는가? 당연히 있을 것이다. 그런 일이 닥치면 어떻게 하는가? "주 예수님, 저는 주님을 사랑합니다. 주님을 사랑하기 때문에 심방을 가겠습니다."라고 고백해야 한다. 이것이 아가페 사랑이다.

> 사랑은
> 감정이 아니며
> 느낌이 아니다.

사랑은

이성이며,

의지이며,

행동이며,

행함이다!

사랑은 관계를 세우고

사랑은 관계를 유지하며

사랑은 관계를 채우고

사랑은 관계를 일으킨다.

사랑은 필요를 채우는 것이다.

어떻게 사람을 사랑해야 하는가?

우리는 하나님이 사람들을 사랑하시는 것과 같은 방식, 즉 사람들의 필요를 채워줌으로써 그들을 사랑해야 한다.

"또 네 이웃을 사랑하고 네 원수를 미워하라 하였다는 것을 너희가 들었으나 나는 너희에게 이르노니 너희 원수를 사랑하며 너희를 핍박하는 자를 위하여 기도하라"(마 5:43-44).

원수를 어떻게 사랑해야 할까? 하나님이 무엇이라고 말씀하시는가? 당신이 사랑하는 사람을 떠올리고 그 사람을 대하는 것과 똑같이 원수를 대하라. 사랑은 모든 사람을 똑같이 대하는 것이다. 예수님이 당신 삶의 주가 되시는 순간, 당신은 사랑할 사람을 선택할 권리를 영원히 박탈당한다.

야고보서 2장 8절에서 9절은 "네 이웃 사랑하기를 네 몸과 같이 하라"

는 최고의 법을 지키면 잘하는 것이지만 사람을 차별하면 죄를 짓는 것이며 율법이 범법자로 정죄할 것이라고 기록한다.

마태복음 5장 45절에 기록된 이야기를 함께 나누고자 한다. 감히 당신이 주님이라고 한 번 가정해 보자. 당신이 두 명의 농부가 밭을 가는 모습을 보고 있다. 둘 중 한 명은 당신을 경외한다. "주님, 당신을 사랑합니다."라고 고백하고, 땅의 소출을 바치고 절하며 경배한다. 하지만 건너편 밭을 가는 다른 농부는 당신을 멸시하고, 당신의 이름을 헛되이 부르고, 소출이 늘어도 당신에게 바치지 않고, 온갖 나쁜 짓으로 당신을 모독한다.

당신이 하나님이라면 어떻게 하겠는가? 사랑하는 농부에게는 비와 햇살을 줄 것이다. 당연하지 않은가? 다른 농부의 농사는 망쳐놓을 것이다. 그렇지 않겠는가? 이것이 우리의 자연스런 반응이다. 하지만 예수님은 무엇이라고 말씀하셨는가? "하나님이 그 해를 악인과 선인에게 비취게 하시며 비를 의로운 자와 불의한 자에게 내리우심이니라"(마 5:45).

관계의 원에서 우리는 결코 사랑스럽지 않은 이들을 발견하게 된다. 정말 저렇게 심술궂은 사람은 처음 봤다는 생각이 드는 직장 동료도 있을 것이다. 그들은 당신에게 마음을 열지 않겠지만 그래도 이렇게 기도하라.

"아버지, 제게 그들의 필요를 보여주세요. 제가 여기 있습니다. 아버지는 저의 모든 책임을 아십니다. 어디로 가든 삶에서 누구를 만나든, 제가 소금이 되겠습니다. 사람들의 삶을 어루만지고, 인내하며 돕고 치유하며 사랑하는 소금이 되겠습니다."

정말 불가능하다는 생각이 드는 사람을 만나게 되거든 기도하라.

"아버지, 그의 환경을 움직이셔서 그를 당신께로 이끄시고 그의 필요를 채워주세요."

이처럼 하나님이 주신 진정한 아가페 사랑은 감정에 좌우되지 않는다. 감정은 변한다. 하지만 사랑은 요동하지 않는다. 사랑은 깊은 동기에서부터 비롯된다. 그 동기는 환경으로부터 오는 것이 아니다. 환경과 완전히 단절된 동기가 아니라면 아무런 유익이 없다. 진정한 사랑이라면 상대방이 사랑으로 화답하든, 그 사랑에 마음을 열든, 먼저 사랑하든, 문제가 되지 않는다.

하나님은 우리를 상황 속으로 이끄신다

이 시대를 생각할 때 나의 이야기가 그리 실제적으로 들리지 않는다는 걸 안다. 그러나 분명히 효과가 있다! 그리고 한 가지 물어보자. 당신이 아니라면 누가 하겠는가? 예수님은 말씀하셨다. "누구든지 너로 억지로 오 리를 가게 하거든 그 사람과 십 리를 동행하고"(마 5:41).

상상력을 발휘하여 예수님의 말씀을 머릿속에 그려보자. 한 유대인 소년이 포도밭에서 가지를 치고 있다. 당시 로마법에 따르면 로마 병사는 유대인에게 자신의 짐을 오 리까지 져 달라고 요구할 수 있었다.

한 로마 병사가 지나가다 그 소년에게 말한다. "이봐, 거기! 내 짐을 좀 들어줘." 소년은 분이 치밀어 오르지만 이를 악물고 주먹을 꼭 움켜쥐고는 울타리를 넘는다. 그런데 울타리를 넘다가 그만 돌무더기를 넘어뜨리고 만다. 더욱더 화가 치밀어 오른다. 눈빛만으로도 사람을 죽일 수 있다면 이미 로마 병사를 죽이고도 남을 기세다. 소년은 병사의 짐을 들고 한 마디도 하지 않는다. 그리고 오 리를 다 갔을 때 마치 바위를 내려놓듯 병사의 짐을 내려놓고 몸을 돌려 포도밭으로 돌아온다.

다음날 로마병사가 또 다시 소년이 일하는 포도밭을 지나게 된다. 포도밭을 둘러본 병사는 어제 본 소년을 다시 한 번 괴롭혀야겠다고 생각한다.

"야, 이리 와서 내 짐 좀 들어라."

소년은 고개를 들고 인사한다.

"안녕하세요!"

이번에는 울타리 문을 열고 나와서 병사의 짐을 든다.

"어디까지 가세요?"

"황제께로 가는 거야. 로마로 돌아가는 거지."

"가족이 있으세요?"

"응, 아내와 세 아이가 있어."

소년은 로마 병사에게 계속 말을 건다. 어느 새 예정된 오 리에 도착한다. 로마 병사도 이정표를 봤다. 그런데 유대 소년은 보고도 모른 척한다. 결국 두 사람은 십 리 길을 함께 간다. 마침내 소년이 말한다.

"이제는 돌아가서 일을 해야겠네요."

"애야, 아까 지나오면서 이정표 못봤니? 너 지금 십 리나 왔어."

"저도 알아요. 하지만 제 주님이 말씀하셨는걸요. '누구든지 너로 억지로 오 리를 가게 하거든 그 사람과 십 리를 동행하라' 고 말이에요."

이 이야기를 듣고 "그러면 이만저만 힘이 들지 않을 텐데…."라고 말하고 싶은가? 그렇다면 십자가로 가시기까지 예수님은 얼마나 힘이 드셨겠는가?

기억하라. 사랑은 행함이다. 행동이다. 필요를 채워주는 것이다. 우리의 태도는 누가 통제권을 쥐고 있느냐에 의해 결정된다. 예수님이신가, 아니면 나 자신인가? 내 태도가 결정되면 나는 그 태도에 따라 반응한다. 예수님이 바라시는 사람이 될 수 있는 길은 오직 하나, 옛 본성을 따르지 않고 예수님을 따르는 것뿐이다. 왕의 권위에 대한 복종 말이다. 우리가 왕의 권위에 복종할 때 주님이 영광을 받으시고, 사람들은 내 안에서 예수님을 보게 된다. 예수님을 따르는 것은 자연적인 일이 아니다. 초자연적인 일이다.

주님을 전할 기회를 수없이 차단당하고 하나님의 성령이 소멸되는 이유는, 우리가 환경에 그릇된 반응을 보이기 때문이다. 우리는 세상과 똑같이 반응한다. 그러니 결실을 볼 수가 없다.

"대체 아가페 사랑은 어떤 사랑입니까?"

성경은 이렇게 이야기한다. "피차 사랑의 빚 외에는 아무에게든지 아무 빚도 지지 말라 남을 사랑하는 자는 율법을 다 이루었느니라"(롬 13:8). 십계명을 보라. 당신이 정말 사랑하는 사람에게서는 아무것도 훔치지 않을 것이다. 사랑하는 사람이라면 죽이지 않을 것이다. 진정한 사랑의 관계가 있다면 간음도 하지 않을 것이다.

필요를 채우기 위한 자원은 하나님이 공급하신다

당신의 삶을 통해 하나님의 사랑이 흘러가고, 당신이 다른 이들에게 다가가 그들의 필요를 채워주는 것이 당신의 삶을 향한 하나님의 계획이다. 하지만 사람들의 필요를 채우기 위한 자원은 당신의 곳간이 아니라 하나님의 곳간에서 나온다. 얼마나 좋은가?

"아버지, 제가 통로가 되기를 원합니다. 저를 이 땅에, 이 육신 가운데 두신 이유는 저를 통해 당신의 사랑을 흘려 보내시고, 사람들에게 다가가시고, 그들을 붙드시고 관계를 세우시며, 아가페 사랑으로 그 관계를 견고하게 하시기 위함입니다."

때문에 내가 관계를 세우면, 하나님이 그 관계를 통해 그를 하나님께로 이끄신다. 그래서 우리에게 관계의 원이 있고 관계가 있는 것이다. 우리가 이 관계를 통해 필요를 채워주고 하나님의 사랑을 보일 때, 사람들은 우리를 통해 하나님을 보고 알게 된다.

하나님은 사랑의 동기를 부여해 주신다

관계의 원에 있는 사람들 가운데 사랑스럽지 않은 이들도 있을 수 있다. "그 사람은 도저히 사랑할 수가 없어요." 이런 말을 하게 될 수도 있다. 하지만 기억하라. 하나님이 그를 사랑한다고 말씀하신다. 하나님과 뜻을 합하고 하나님의 뜻에 따르기 위해 우리는 먼저, 하나님이 사랑하시는 사람을 사랑하고 그의 필요를 채워줘야 한다.

사람을 사랑하기 때문이 아니라 예수님을 사랑하기 때문에 그분을 세상에 전하는 것이다. 부활 이후 예수님이 바닷가에서 제자들을 위해 조반을 준비해주신 그때가, 예수님과 베드로의 가장 중요한 만남의 시간이었다.

"베드로야, 네가 나를 사랑하느냐? 내 양을 먹여라."

"주님, 저는 양을 사랑하지 않는데요. 저는 어부예요."

베드로가 이렇게 대답을 했을지도 모른다. 그러면 주님은 이렇게 말씀하셨을 것이다.

"베드로야, 나는 네가 양을 사랑하는지 물은 게 아니라 나를 사랑하느냐고 물었다"(요 21:15-17 참고).

인간의 필요를 본다고 해서 세상을 사랑하는 마음이 생기지 않는다. 세상의 필요를 채워주기 위해 자신이 가진 것을 주고, 또 주는 이타적인 마음의 사람들이 있다. 그러나 결국에는 자신이 바싹 말라버리고 만다. 이들이 가진 자원이 충분치 않기 때문이다. 이처럼 이상주의는 환멸로 변해버린다. 많은 경우 환멸은 쓴뿌리가 되고, 그 쓴뿌리로 인해 관계가 깨어진다. 자신의 우물이 바닥 나 완전히 말라버릴 때까지 나눠주고, 또 나눠주는 이타적인 목사의 모습이 좋은 예가 되겠다. 그가 다른 사람의 필요를 채워주는 이유는 그럼으로써 자기 자신의 필요가 채워지기 때문이다.

사람들이 그의 진정한 동기를 알아차리고 그에게 등을 돌리면, 결국 그 목사는 좌절과 패배감에 사로잡혀 괴로워하고 공허해하면서 사역을 떠나고 만다.

우리는 하나님 사랑의 통로

그 사람은 자신이 사람들의 필요를 채우는 원천이 아니라 통로일 뿐임을 깨닫지 못하고 있다. 우리는 우리의 자원과 사랑이 하나님으로부터 왔으며, 계속해서 하나님으로부터 공급받아야 한다는 것을 깨달아야 한다. 이 진리를 깨닫지 못하면 결국 인본주의에 빠지게 되고, 이 세상의 아귀다툼을 견디지 못하게 된다. 하나님을 향한 사랑이, 잃어버린 자들을 향한 사랑보다 우선해야 한다. 하나님을 사랑할 때 우리는 그분이 사랑하는 사람들을 사랑할 수 있게 된다. 행함이 없는 사랑, 필요를 채워주지 않는 사랑은 사랑이 아니다. 하나님은 사람을 사랑하실 때마다 그의 필요를 채워주신다.

관계의 원을 따라 움직이면서 기도하라.

"아버지, 제가 여기 있습니다. 제가 주님의 위대한 사랑의 곳간으로 가겠습니다. 아버지가 공급해 주시는 그 사랑이 저를 통해 흘러가서 제 주위에 있는 사람들의 필요를 채우도록, 제가 아버지의 공급하심에 의지하겠습니다."

당신이 가족의 필요를 채우기 시작했을 때 당신 자신의 필요도 채워진다. 때로 우리는 "아무도 나를 사랑하지 않아요. 아무도 내 필요를 채워주지 않아요. 그런데 제가 왜 다른 사람들의 필요를 채워야 합니까?"라고 말한다. 답은 복음의 정신에 담겨 있다. 우리는 십자가로 나아가 우리 자신에 대해 죽어야 한다.

모든 그리스도인들은 로마서 6장과 7장을 깊이 묵상해야 한다. 우리는 우리 자신에 대해 죽고, 예수님이 우리 안에 사시도록 해야 한다. 그렇게 할 때 예수님이 우리를 통해 그분의 사랑을 흘려보내신다.

개인적 적용

묵상노트나 일기장에 다음 질문의 답을 적으라. 14장의 진리를 이해하고 삶에 적용할 수 있도록 자세히 기록하라.

1. 이 장의 서두에 나온 제리와 오토바이 거울 이야기를 생각해보라. 잘못된 태도나 반응, 기분 나쁜 행동으로 관계의 원에 있는 누군가와의 관계에서 기회를 '날려버린' 적은 없는가? 그 사람이 당신에 대해 알고 있는 무엇 때문에 양심에 거리낌이 있는가? 그렇다면 그 사람에게 무슨 말을 해야 할지, 아니면 어떻게 편지를 써야 할지 생각해보라. 제리가 썼던 문장을 사용해도 좋다. "제가 이러이러한 잘못을 했습니다. 하지만 예수 그리스도와 맺은 관계 때문에 저는 예수님이 제 삶에서 그런 태도를 용납하지 않으실 것을 압니다." 먼저 그 관계를 바로잡는 데 힘쓰라. 양심을 깨끗하게 하라. 그런 다음, 그 사람의 필요를 생각해보라. 그 사람을 위해 중보하고, 사랑을 나타내기 위해 당신이 채워줄 수 있는 필요가 무엇인지 알려주시기를 주님께 구하라.

2. 설문 대상들을 위해 기도하면서 하나님께 그들의 필요를 알게 해주시기를 구하라. 가족의 필요를 채워줌으로써 하나님의 사랑을 나타내라. '긴급 수배자' 명단에 있는 이들의 필요를 채워줌으로써 하나님의 사랑을 나타내라.

몸 세우기

14장의 진리를 각자의 삶에 적용하고 그리스도의 몸을 세우기 위해 소그룹에서 다음의 질문과 활동을 함께 하라.

1. 당신의 필요를 채워준 이들을 통해 하나님의 사랑을 경험했던 때를 구체적으로 이야기해보라. 그들이 무엇을 했는가? 당신은 어떻게 반응했는가?

2. 하나님이 '다른 이들의 필요를 채워줌으로써 사랑을 나타내라'는 것을 당신에게 어떻게 가르치고 계신가?

3. 필요를 채워준다는 개념을 적용하기 어려운 부분이 있는가? 당신의 감정과 태도를 이야기해보라. 어떻게 어려움을 극복할 수 있을지 서로 이야기해보라. 이 어려움을 주님께 가져가고, 어려워하는 사람과 상황을 놓고 기도하라.

4. 잠시 소그룹 지체들을 생각해보라. 혹시 당신을 통해, 또는 소그룹을 통해 하나님이 필요를 채우기 원하시는 사람은 없는가? "제가 당신의 필요를 채워줌으로써 하나님의 사랑을 당신에게 보일 방법은 없습니까?"라고 물어도 좋다. 지체의 필요가 소그룹이 도울 수 있는 수준을 넘어선다면 그 필요를 채울 자원을 공급해 주시기를 하나님께 구하라.

5. 지금까지의 공부를 통해 지난 한 주 어떤 활동, 또는 경험을 했는가? 하나님이 당신의 관계에서 어떻게 역사하고 계신가?

6. 모든 소그룹 구성원들에게 "이번 주에 당신을 위해 어떻게 기도할까요?"라고 물으라. 그 기도제목을 놓고 구체적으로 기도하라.

관계의 원 안에서 사랑하기

가족의 필요 채우기

가족의 필요를 채우기 위해 매일 내가 어떤 노력을 하는지 이야기해 보겠다. 먼저 나는 매일 자문한다. "내 아내 캐롤라인을 위해 내게 맡겨진 책임은 무엇인가?" 하나님은 나를 내 아내의 삶 가운데 두셨고 나는 아내와 나와의 관계에 대한 하나님의 조건을 받아들였다.

나는 아내의 필요가 무엇이든 그 필요를 채우기 위해 존재한다.

내게는 딸 다마리스도 있다. 다마리스는 열네 살이다. 금발에 녹색 눈동자를 지닌 우리 딸은 언제나 활기로 가득 차 있다. 끊임없이 종종거리며 돌아다닌다. 딸아이는 프랑스어로 눈송이라는 뜻의 네제뜨라는 개 한 마리를 키우고 있는데, 눈송이처럼 하얗고 하는 짓이 정말 특이하다.

아침에 자명종이 울리면 나는 일어나기 싫어 몸을 웅크린다. 그때 다마리스가 자기 방문을 열고 마루로 나오면 네제뜨도 따라 나온다. 우리

침실은 길이가 5m쯤 되는데 다마리스가 침실문을 열면 네제뜨는 세 발 짝쯤 뛴 후에 공중을 날아 내 위에 착지한다. 그리고는 아예 목욕을 시키는 수준으로 나를 핥아댄다. 개 좀 데려가라고 소리를 지르면 딸아이는 이렇게 대답한다. "다 아빠를 사랑해서 그러는 거예요." 사실 그렇게 사랑해줄 필요는 없는데도 말이다!

또한 다마리스는 나의 말을 들으며 많은 걸 배운다. 내가 쓰는 표현들을 배우기도 한다. 다마리스에게 필요한 것이 있으면 난 언제나 그것을 알 수 있다. 정말 필요한 것이 있으면 다마리스는 나를 앉혀놓고 자신에게 무엇이 필요한지를 아주 어른스럽게 설명한다. 가끔은 토끼처럼 뛰어와서 "아빠, 나 필요한 게 있어요."라고 말하고는 쉴 새 없이 재잘거리기도 한다. 이럴 때는 꼭 슬롯머신에 50센트짜리 동전을 넣고 손잡이를 내려 보는 식이다. 혹시 아는가? 아빠가 기분이 좋아서 동전이 무더기로 쏟아지는 횡재를 하게 될지. 우리 딸 다마리스는 이렇다.

82세가 되신 우리 어머니도 있다. 어머니는 보이는 건 뭐든 사랑하지 않고는 못 배기시는 분이다. 얼마나 아름다운 영혼을 가지신 분인지 모른다. 어머니는 편지 쓰는 사역을 하신다. 아마도 한 달에 100통 이상 쓰시는 것 같다. 그저 감성적이고 공허한 글을 쓰시는 것이 아니라 부드러운 문체로 필요를 채우는 편지를 쓰신다. 어머니의 편지는 힘과 용기를 준다.

하루는 "어머니, 어떻게 그런 편지를 쓰실 수가 있어요?" 하고 여쭤봤다. "글쎄다. 네 아버지가 보고 싶고, 문득 외로워지고, 두려움이 몰려오고, 네 아버지 손길이 그립고, 목소리가 사무치게 생각나면 도움이 필요한 사람을 찾는단다. 그리고는 주님이 나를 통해 그들에게 다가가시도록 하는 거지. 내가 그들을 위로하면 하나님이 나를 위로하시더구나."

이 세 사람이 내 직계가족, 원2다. "하지만 당신의 원2에는 믿지 않는 사람이 하나도 없지 않습니까?"라고 물을 수도 있다. 맞는 말이다. 하지만 원2에 있는 이들을 사랑하지 않고는, 원7에 있는 사람들을 결코 사랑할 수 없다. 주님은 우리에게 구원받은 자와 잃어버린 자를 모두 사랑하는 삶의 방식을 명하셨다. 나의 원2는 다른 이들의 필요를 채워줌으로써 그들을 사랑하는 훈련을 하는 곳이다. 또한 우리 가족들이 각자 자신들의 관계의 원에 있는 사람들의 필요를 채워줌으로써 사랑을 보이는 법을 배울 수 있도록, 내가 돕는 자리다.

다시 내 설문양식 한 장을 차지하는 우리 아내, 캐롤라인에게로 돌아가 보자. 나는 캐롤라인을 사랑한다. 때문에 아내를 위해 기도하며 하나님께 묻는다. "아버지, 제 아내의 필요는 무엇입니까?" 사랑은 필요를 채워주는 것이다.

친구에게서 이런 이야기를 들은 적이 있다. "아내에게 직접 물어보기 전까지는 아내의 필요가 무엇인지 전혀 알지 못했네. 아내의 필요 중 하나는 정기적으로 집을 벗어나 쇼핑을 하는 거라네. 아내는 내가 함께 가 주기를 바라지만 사실 나는 정말 가기 싫거든. 하지만 그게 아내의 필요이기 때문에 난 함께 간다네."

내 친구의 기분이 어떤지 나도 잘 안다. 나는 쇼핑을 좋아하는 어머니와 두 누나 밑에서 자랐다. 내가 막내였기 때문에 나는 늘 세 사람에게 끌려다녀야 했다. "얌전히 행동하고, 조용히 있어. 금방 끝나." 어머니와 누나들은 이렇게 말하곤 했다. 그러나 세 사람의 금방은 짧으면 5분, 길면 여섯 시간이라는 뜻이었고, 후자를 뜻하는 경우가 대부분이었다. 내 아내도 어머니, 누나들과 똑같다. 쇼핑몰에 가면 쇼핑몰 이 끝에서 저 끝까지 최소한 여섯 번은 왔다 갔다 한다. 모든 매장을 빠짐없이 둘러보고 각 매장의 모든 물건을 빠짐없이 다 살펴본다. 그리고는 백에 아흔 아홉은 제일 처음 들렀던 매장으로 가서 제일 처음 봤던 물건을 산다.

나는 쇼핑을 정말 싫어하지만, 캐롤라인은 내가 함께 가주는 걸 좋아한다. 아내의 필요가 무엇인지 알게 되었으니, 그로 인해 내가 얼마나 힘이 들든 나는 그 필요를 채워주고 싶다.

그리스도인의 결혼

예수님이 말씀하신 사랑이 무엇인지 우리가 제대로 이해하지 못하기 때문에 삶에 문제가 발생한다. 우린 이렇게 말한다. "나는 나를 사랑합니다. 나는 당신이 나를 행복하게 만들어줬으면 좋겠어요. 나를 행복하게 만들어주지 못한다면 난 당신하고 헤어질 거예요." 이는 그리스도인의 결혼이 아니다. 그리스도인의 결혼이란 내가 나 자신을 먼저 예수 그리스도께 내어 맡기고, 그리스도의 측량할 수 없는 사랑으로 그분이 제시하시는 조건에 따라 아내에게 나를 내어주는 것이다. 그렇게 할 때 아내를 대하는 나의 태도는 그리스도가 교회를 대하시는 태도와 같아진다. 그리스도는 교회를 사랑하셨고, 교회를 위해 자신의 생명을 쏟으셨다.

아직 미혼이라면 기대 수준을 절대 이 밑으로 낮추지 말라. 100% 진심이다. 이것이 내 사랑스럽고, 아름답고, 놀랍고, 신비한 아내와 나와의 관계다.

가족에게 관계를 가르쳐주라

난 이 원칙을 이미 딸아이에게 가르치고 있다. 어느 날 아침, 다마리스가 옷 방에 머리를 쑤욱 들이밀면서 말했다.

"아빠, 오늘은 학교에 서부시대 복장을 하고 가는 날이에요."

"재미있겠다. 그런데?"

"아빠 모자 좀 쓰고 가면 안 돼요?"

첫 반응은 물론 "절대 안 돼!"였다. 그것은 선물로 받은 고가의 모자였다. 내가 여름철에 특히 즐겨 쓰는 고급스런 밀짚모자였다. 게다가 그날 아침에는 주룩주룩 비까지 내렸다. 다마리스 나이 대 남자아이들은 여자아이 모자를 벗겨내고 장난치는 게 일이다. 내가 그래봤기 때문에 아주 잘 안다.

그래서 어떻게 됐을까? 결국 다마리스는 그날 내 모자를 썼다. 하지만 아내가 먼저 셀로판지로 모자를 잘 쌌다. 캐롤라인이 다마리스의 필요와 나의 필요를 채우는 방법을 잘 알고 있었기 때문이다. 사랑은 필요를 채워주는 것이다.

하지만 많은 이들이 가정에서 필요를 채워주는 법을 배우지 못하고 있다. 관계 강습 최고의 학교가 마땅한 역할을 하지 못하고 있는 것이다. 그리고 그 임무를 학교에, 교회에, 주일학교에, 청소년 단체에, 정부에 떠넘기려 하고 있다. 하지만 우리가 누구인지를 배워야 하는 곳은 다름 아닌 가정이다.

아내의 향수병

언젠가 이 원칙을 학생들에게 가르쳤다. 그러자 며칠 후 한 학생이 날 찾아와 이렇게 말했다.

"톰슨 교수님, 제가 다 망쳐버렸습니다."

"그래요? 어디 한번 들어 봅시다."

"신학대학원 학기가 시작된 지 얼마 되지도 않았는데, 아내는 향수병에 걸렸어요. 지금까지 가족들과 멀리 떨어져서 살아본 적이 없었거든요. 여기서 얻은 집도 전에 살던 집보다 훨씬 작았고요. 아무튼 아내가 어제 너무 힘들어하더군요. 전 아내에게 설교를 하기 시작했어요. '여보, 당신도 하나님이 우리를 이곳에 부르신 걸 알잖아요. 이곳에 우리의 부르심이 있다는 걸 알잖아요.'"

그 설교가 어찌나 큰 은혜가 됐는지 그 학생의 아내는 그냥 입을 다물어버렸다. 헬라어를 공부하러 서재로 가면서 그는 자신의 경건함에 탄복했다. 이래서 내가 학생들에게 이야기하는 것이다. "설교는 회중들에게 하는 겁니다. 아내에게 하는 게 아닙니다!"

다음날 아침, 하나님이 수업 중에 그 학생의 마음을 붙드셨다. "전 제 아내의 필요를 채워주지 못했어요." 그는 집으로 돌아가 아내에게 말했다.

"여보, 날 용서해 주겠어요? 내가 너무나 눈이 어두워 당신의 필요가 무엇인지조차 알지 못했어요."

그러자 그의 아내는 대답했다.

"여보, 난 그저 새로운 도시와 새로운 삶이 두렵고, 외롭고, 불안했던 거예요. 내가 바라는 건 당신이 나를 꼭 안고 '여보, 아무 일 없을 거야.'라고 말해주는 것뿐이었어요."

무슨 얘기를 하고 있는지 이해가 되는가? 혹시 당신도 비슷한 경험을 한 적이 있는가? 자녀를 품에 안고 그저 아이의 말을 들어줘야 하는 때는 없는가? 가면을 벗고 그저 가족들의 이야기에 귀를 기울여야 하는 때는 없는가? 그들의 필요를 알아내라. 그리고 그 필요를 채워주라.

남편의 필요

몇 달 전 신학대학원 학생 부인들을 위해 야간 강의를 하던 때의 일이다. 당시 나는 관계의 원에 대해 설명했다.

두 번째 수업이 끝난 후 한 자매가 나와 이야기를 하고 싶어 했다.

"제 남편은 한 과목 때문에 무척 힘들어하고 있어요. 저는 하루 종일 일을 하고요. 온종일 힘들게 일한 후, 저는 집에 가서 정신없이 저녁을 준비하죠. 그리고는 이 수업을 들으러 걸어와요. 남편이 차로 데려다 줄 수도 있지만, 그렇게 하지 않았어요. 지난 주 저녁 강의를 듣고 집에 들어가는데 귓가에 계속 이런 소리가 들리는 거예요. '사랑은 필요를 채워주는 것! 사랑은 필요를 채워주는 것!' …. 문을 열자 소파에 누워서 축구를 보고 있는 남편이 보이더군요."

그 남편이 자매를 보고 한 말은 "여보, 애들 좀 씻기고 재울래?"였다.

"저녁 먹은 그릇들은 제가 집을 나올 때의 모습 그대로 쌓여 있었어요. 집은 쓰레기장이라고 해도 믿을 만큼 지저분했고요. 그러니까 남편은 하루 종일 아무것도 안 한 거죠."

자매는 한숨을 내쉬었다.

"전 숨을 크게 들이마셨어요. 사랑하고 싶은 기분이 전혀 들지 않았지만 주님이 나를 통해 사랑하실 것을 신뢰하기로 결심했죠. 남편의 필요가 무엇일까? 첫 번째 필요는 분명 제가 조용히 넘어가는 거였어요."

그래서 그 자매는 남편에게 말했다.

"안 그래도 하루 종일 애들이 너무 보고 싶었어요. 애들 씻기면서 원 없이 볼 수 있겠네요."

그런데 그녀가 옷을 갈아입고 아이들 방으로 가는 동안 화장실에서 물소리가 들렸다. 남편이 이미 아이들을 씻기고 있었던 것이다. 남편은 말했다. "여보, 당신이 이 녀석 물기 좀 닦아줘. 난 다른 녀석을 마저 씻길 테니까." 자매는 말을 이었다.

"하나님이 제 마음에 역사하셔서서 제 마음이 남편을 향해 움직일 수 있도록 하셨어요. 요즘 남편과 저는 서로 신경이 곤두서 있었어요. 하지만 그런 모든 긴장감이 일순간에 사라져 버린 것 같았어요. 필요를 채우는 통로가 되는 것이 하나님이 제게 주신 책임이라는 사실을 비로소 깨닫게 됐어요."

경고의 말 한 마디. 지금 관계에 있어 정말 중요한 한 가지를 나누고자 한다. 남편들이여, 아내들이여, 이 경고를 진지하게 받아들이라. 밑줄 치라! 기억하라!

> 결혼에 대한 예수 그리스도의 조건을 받아들였다는 것은 곧
> 당신의 배우자보다
> 당신과 더 가까운 사람이
> 절대 없어야 한다는 의미다.

친구든, 친지든 당신의 배우자보다 당신과 더 가까워지게 됐다면, 당신의 관계가 뭔가 크게 잘못됐다는 뜻이다. 그래서 자녀는 부모를 떠나야 한다. 자녀가 부모를 떠나는 시점이 오기 전까지는 부모와 자녀의 관

계가 가장 가까운 관계다. 하지만 결혼은 부모와 자녀의 관계를 바꾼다. 이를 깨닫지 못하는 사람들이 있다. 하지만 이것은 부부 관계에서 너무 중요하다.

자녀의 필요 채워주기

그렇다면 자녀와의 관계에서는 어떤가? 자녀들의 필요는 무엇인가? 하나님은 우리를 가정이라는 학교에 보내셨다. 배우는 과목은 관계다. 부모는 자녀의 필요를 채워줘야 한다. 아기는 자신의 필요를 스스로 채울 수 없다. 부모가 채워줘야만 한다. 진정으로 자녀의 필요를 채워주고 싶다면, 우리는 우리 자녀가 다른 아이들을 사랑하고 다른 아이들의 필요를 채우도록 교육해야 한다.

내게 말로 표현 못할 기쁨을 주는 존재 다마리스는 눈에 넣어도 아프지 않은 내 딸이다. 볼 때마다 새록새록 새롭기만 한 내 딸이다. 다마리스는 나보다 돈을 더 많이 버는 것 같다. 농담이 아니다. 언젠가 가족들과 함께 식당에 갔을 때의 일이다. 내가 "이런, 돈이 없네"라고 하자 다마리스는 "아빠, 제가 낼게요."라고 말하며 10달러짜리 지폐를 꺼내 점심 값을 계산했다. 다마리스는 아이 돌보는 일을 한다. 우리 교회는 중고등부 학생들에게 아이 돌보는 법을 가르치는 프로그램을 운영하고 있다. 뿐만 아니라 적십자, 소방관, 경찰관들이 와서 비상사태에 어떻게 대처해야 하는지도 가르친다.

다마리스는 이 모든 교육을 받고 자격증을 취득했다. 우리 동네 아이들은 모두 다마리스를 좋아한다. 우리 집에는 나를 찾는 전화보다 우리 딸을 찾는 전화가 더 많이 걸려온다. 다마리스는 전화를 받으면 조그만

다이어리에 꼼꼼히 적는다. 그리고 약속한 날이 되면 아이를 돌보러 간다. 나는 다마리스가 올 때까지 기다린다. 어떤 때는 새벽 한 시, 한 시 반이 되어서야 집에 돌아오지만 그래도 나는 자지 않고 기다린다.

다마리스는 아이들을 좋아한다. 다마리스가 사랑하는 법을 배우는 모습을 보면서 내 딸이 성장하는 것을 느낀다. 다마리스는 필요를 채워주는 법을 배우고 있다. 정말 아름다운 모습이다.

다마리스를 위해 기도할 때면 나는 내 딸의 필요를 생각한다. 그리고 자문해본다. '다마리스에게 영향을 끼치는 사람들은 누구일까?' 다마리스는 분명 선생님들의 영향을 받는다. 그러면 그 선생님들의 이름을 다마리스의 설문 양식에 모두 적고, 그들을 위해 기도한다. 자녀의 삶에 권위를 가진 사람들을 위해 기도하라. 당신의 자녀들이 분명 그들의 영향을 받을 테니 말이다.

귀를 기울이라

부모들이여, 우리는 자녀들에게 귀를 기울여야 한다. 우리는 십대가 된 자녀들의 이야기에 귀를 기울이고 그들의 필요가 무엇인지 들어야 한다. 때로는 자녀들의 필요가 우리 생각과는 전혀 다른 경우도 있다. 그들에게 귀를 기울이라. 청소년들은 사랑을 갈구한다. 그들은 부모가 자신들이 어떤 과정을 통과하고 있는지 알고 자신들의 진정한 필요가 무엇인지 알기를 갈구하고 있다.

하루는 열일곱 살 난 자매가 느닷없이 내 사무실 문을 열고 들어왔다. 마치 대들기라도 할 기세였다. 그러나 그 자매는 자리에 주저앉아 울며 이렇게 말했다. "우리 부모님은 집에 몇 시까지 들어오라는 얘기도 하지 않으세요! 제 걱정을 하기나 하실까요?"

부모들이여, 자녀들을 우리에게서 밀어내고 쫓아낼 이유는 없다. 우리는 하나님이 우리에게 주신 자녀들을 위해 기도해야 한다. 성령님이 이들에게 말씀하시고 이들을 깨닫게 하시도록 기도해야 한다. 하지만 무엇보다 우리를 우리 자녀들에게 필요한 부모로 만들어주시기를 기도해야 한다. 우리가 자녀들에게 귀 기울이고 그들의 말을 듣고, 그들의 필요를 채워줄 수 있도록 기도해야 한다. 이 세상 최고의 성공스토리는 자녀를, 예수 그리스도의 성품을 드러내고 다른 이들의 필요를 알고 채워주는 사람으로 키운 부모들의 이야기다. 이런 게 바로 성공이다!

길을 잃은 아들

학생 중 한 명이 내게 와서 열세 살 난 자신의 아들을 위해 기도해달라고 요청했다. 부모에게 반항하기 시작한 아들은 아직 주님을 알지 못한 상태였다. 우리는 그 아이를 위해 함께 기도하기 시작했다. 그리고 아들을 위한 기도와 함께 그 학생이 아들에게 필요한 아버지가 되게 해주시기를 기도했다.

3개월 후, 그 학생이 나를 다시 찾아왔다.

"드릴 말씀이 있습니다. 어젯밤에 아이가 제 방으로 뛰어 들어와 울면서 이렇게 말하더군요. '아빠, 전 길을 잃어버렸어요.'"

"무슨 소리냐. 여기 엄마 아빠도 있고, 넌 지금 집안에 있잖니."

그러나 아들은 울부짖었다.

"아뇨, 아빠! 전 길을 잃었어요. 하나님께 가는 길을 잃어버렸어요. 주님에게서 잃어버린 자가 됐어요!"

그제야 깨달은 아버지는 아들에게 복음을 전했다. 아들은 주님을 영접했다. 아버지의 설득이 아닌 성령의 깨닫게 하심으로 말미암아 주님을 영접했다. 이것이 중보기도의 힘이다.

사랑하기 힘든 사람 사랑하기

우리가 사람들의 필요를 채우면 그 과정에서 예상치 못한 선물을 받게 된다. 다시 말해 우리가 다른 사람들을 사랑하면, 하나님이 덤으로 얹어주시는 것이 있다. 바로 하나님과 다른 사람들의 사랑을 받게 되는 것이다.

몇 년 전 내가 목사로 섬기고 있을 때의 일이다. 어느 날 저녁, 한 중고등부 학생이 내 사무실에 들어왔다. 빨강머리에, 활달한 성격에, 절대 기죽는 일이 없을 것 같은 성격의 여학생이었다. 그 여학생은 아주 당당하게 내 사무실로 들어와 소파에 앉더니, 마치 연기를 하는 것처럼 눈물을 몇 방울 흘리며 말했다.

"톰슨 목사님, 전 너무 불행해요."

"그게 무슨 말이니?"

"아무도 저를 사랑하지 않아요."

목회자로서 내가 어떻게 반응했을 것 같은가? 내 대답을 들으면 정말 전문가답고 품격 있는 답을 해줬다고 생각하게 될 것이다.

"브렌다, 그게 무슨 말이니? 내가 너희 부모님을 아는데. 물론 부모님이 새로 일을 시작하시면서 많이 바쁘시지만, 두 분 다 너를 사랑하셔.

네 친구들도 내가 알잖니. 다들 널 사랑한단다."

"아니요, 저를 사랑하지 않아요. 아무도 저를 사랑하지 않아요. 제가 지금 죽는다 해도 아무도 신경 쓰지 않을 거예요."

"브렌다, 한 가지만 물어보자. 너는 그리스도인이니?"

"목사님, 아시면서 뭘 물어보세요!"

"브렌다, 어떤 상황에서든 다른 사람이 너를 사랑해야 마땅하다고 어디에 쓰여 있니?"

"그게 무슨 말씀이세요?"

"너는 하나님의 섭리 가운데 다른 이들에게 사랑을 흘려보내는 통로로 지음받았단다. 문제는 네가 그 사랑이 잘못된 방향으로 흘러가기를 바란다는 거지. 그래서 네가 그렇게 불행하다는 생각을 하게 된 거란다. 네가 원래 지음받은 대로, 사랑이 제대로 된 방향으로 흘러가게 되면 아마 그런 생각은 들지 않을 걸. 사랑은 네가 해야 하는 거야. 사랑을 받기만 하는 사람 안에는 물이 고여 썩은 웅덩이가 생겨. 네가 지금 그런 게 아닌가 싶다. 이제 네가 가서 사람들을 찾아보고 그들의 필요를 채워주렴. 그 사람들을 반드시 좋아해야 하는 건 아니야. 그들을 사랑하면서 만족감을 느끼지 않아도 괜찮아. 아무런 감정이 느껴지지 않아도 괜찮아. 다만 네 마음에 결단하렴. '사랑하는 하나님, 내 삶에 하나님이 어떤 사람들을 보내주시든 제가 그들의 필요를 채우겠습니다.' 라고 말이야. 내일 당장 주님이 너를 쓰실 수 있도록 너를 내어드리렴. 주님과 단 둘이 있는 시간을 가져봐. 그리고 네가 만날 누군가의 필요를 채워주렴. 혹시 네가 정말 사랑하기 힘든 사람이 있니?"

"쥬디요."

"쥬디가 누군데?"

"1학년인데 정말 바보 같아요. 스쿨버스를 같이 타는데, 짜증나요."

"뭐가 그렇게 짜증이 나니?"

"매일 45분 동안 버스를 타야 하는데, 버스 안에서 끝없이 떠들어요. 그 애가 떠드는 소리는 정말 듣기 싫거든요. 그런데도 3학년인 저한테 수다를 떨면서 도대체 떨어지질 않아요."

"그럼 알 거 다 아는 3학년 언니로서 아무것도 모르는 1학년의 필요를 좀 채워주면 어떨까?"

우리는 큰소리로 웃었다.

"첫 번째 숙제는 쥬디를 사랑하는 거야. 그게 내가 너한테 주는 처방이다. 이제 나는 예배드리러 가야겠다. 주일에 보자."

브렌다는 주일에 나를 다시 찾아와 다음과 같은 이야기를 들려줬다.

"목요일 아침에 버스를 탔어요. 자리에 앉자마자 역시나 쥬디가 나타나 제 바로 옆자리에 떡하니 앉는 거예요. 정말 짜증났어요. 그래서 기도했죠. '주님, 정말 죽기보다 싫지만 이 아이의 필요를 채워주겠습니다.' 제 생각에는 그저 잘 들어주는 게 가장 필요한 일인 것 같았어요. 그래서 쥬디 쪽으로 몸을 돌려 처음으로 저한테 얘기하는 그 아이의 얼굴을 봤어요. 그렇게 얼굴을 들여다봤더니 이전에는 전혀 볼 수 없었던 작은 얼굴이 눈에 들어오는 거예요. 입으로는 끊임없이 수다를 떨지만 그 아래는 상처받고 아파하는 작은 소녀가 있다는 걸 깨달았어요. 쥬디와 얘기를 하다가 제가 물었어요. '쥬디, 언니 오빠랑 엄마 아빠 얘기 좀 해봐.' 그랬더니 갑자기 조용해지더니 잠시 동안 아무 말도 하지 않았어요. 그러다 이런 말을 하는 거예요. '언니, 사실 엄마랑 아빠랑 이혼하실 거래.

나 너무 무서워. 우리 가족은 다른 데로 이사 가야 한대. 세상이 무너지는 것만 같아.' 목사님, 전 그저 듣기만 했어요. 그게 제가 할 수 있는 유일한 일이었으니까요. 하지만 순간 그 작은 아이의 필요를 채우기 원하시는 하나님의 사랑이 저를 통해 흘러가는 걸 느꼈어요. 저는 쥬디를 안아줬어요. 그리고 학교에 도착할 때까지 그 아이와 계속 얘기했어요. 버스에서 내리고 나서 쥬디가 가방을 바닥에 내려놓더니 저를 안으며 말했어요. '브렌다 언니, 정말 사랑해요.' 오스카 목사님, 쥬디의 필요를 채워주고 나서 하루 종일 제가 사랑해야 할 다른 사람을 찾아봤어요. 그날 오후 집에 와서 현관문을 열었더니 마루에 중학교 1학년인 제 동생 킴이 앉아 있었어요. 마루에서 '뽀빠이'를 보고 있더라고요. 마루는 무슨 폭격이라도 맞은 것처럼 정신없이 어질러져 있었고요. 제 동생도 참 저를 짜증나게 해요."

브렌다는 동생에게 물었다.

"킴, 그거 전에 한 번 봤던 거 아니야?"

"응. 열일곱 번째 보는 거야."

"오늘은 숙제 없어?"

"수학 숙제가 있는데, 어떻게 하는지 모르겠어."

"그래? 그럼 일단 부엌으로 숙제 가져와. 내가 도와줄게."

브렌다의 표현을 빌리자면 킴의 눈이 송아지 눈처럼 커졌다.

"언니가 내 숙제를 봐준다고?"

"그래, 옷만 갈아입고 금방 올게."

"세상에, 이런 일이!"

브렌다는 말을 이었다.

"저는 킴과 식탁에 앉아 함께 숙제를 했어요. 킴이 이해 못하는 문제는 제가 설명해줬죠. 그리고 나서는 함께 동생 방을 치우자고 했어요."

두 사람은 먼저 킴의 방을 치우고 난 다음 온 집안을 치웠다. 그리고 함께 저녁을 준비했다. 부모님이 집에 도착하셨을 때, 집안은 깨끗이 치워져 있고 식탁 위에는 따뜻한 저녁이 준비되어 있었다. 브렌다의 부모님은 너무 놀라 기절할 지경이었다. 식사 후 브렌다의 가족은 함께 시간을 보냈다. 그리고 잠자리에 들 시간이 되자 브렌다는 샤워를 하고 침대에 누웠다.

"제가 잠옷을 입고 침대에 누워 있는데, 엄마가 제 방으로 오셔서 제 침대 옆에 앉으셨어요. 그리고 말씀하셨어요. '브렌다, 오늘 네가 우리에게 얼마나 큰 도움이 됐는지 몰라. 잠들기 전에 너에게 두 가지를 얘기해 주고 싶구나. 킴이 조금 전에 잠들면서 언니를 정말 사랑한다고 하더라. 그리고 또 하나는, 아빠랑 엄마가 새 일을 시작하게 되어 아주 바쁘지만 우리 역시 널 정말 사랑한단다. 그걸 네가 알아줬으면 좋겠어.'"

브렌다는 울면서 말했다.

"오스카 목사님, 저는 그동안 저만 생각했어요. 제 것만 생각했어요. 이 세상이 나를 알아주기 바라고 친구들과 경쟁하려고만 했어요. 하지만 이제 사랑이 나를 통해 밖으로 흘러가고, 내가 다른 사람들의 필요를 채워주면 제 필요도 채워진다는 걸 알았어요."

관계의 원에 당신을 정말 '짜증나게' 하는 사람이 있는가? 어쩌면 그에게 큰 문제가 있기 때문에 그러는지도 모른다. 그에게 다가가 그의 필요에 민감해져야 한다. 당신이 돕지 않는다면 누가 그 사람을 돕겠는가?

담배 깡통이 주는 기쁨

오래 전 시골에 교실이 하나인 학교가 있었다. 이 학교에서는 초등학교 1학년부터 고등학교 1학년이 모두 한 교실에서 수업을 들었다. 그 중에 항상 장난칠 궁리를 하는 아이가 있었다. 이 아이는 담배 캔에 자신의 보물을 담아두곤 했다.

담배 캔 보물상자를 가져본 적이 없는 사람이라면 인생의 기쁨을 논할 수 없다고 말할 만큼 담배 캔은 벌레, 달팽이, 토끼 꼬리 등등 온갖 보물을 담아둘 수 있는 보물상자다.

어느 날 쉬는 시간에 이 아이가 벌 한 마리를 잡았다. 아이는 벌을 담배 캔에 넣어두고 좋아서 어쩔 줄 몰랐다. 아이에게는 더할 나위 없는 즐거움이었다. 캔 속에서 "지이이이이이잉" 하는 벌 소리가 들렸다. 쉬는 시간이 끝나는 종이 울리자 아이는 청바지 뒷주머니에 캔을 집어넣고 교실로 향했다. 주머니에서는 계속해서 "지이이이잉" 하는 소리가 들렸다. 아이는 꽉 끼는 청바지 뒷주머니에 작은 캔을 집어넣으면 어떤 일이 벌어지는지 몰랐다. 결국 아이가 자리에 앉으면서 캔 뚜껑이 열렸고, 벌이 캔을 빠져나왔다. 좁은 공간에 갇혀 있느라 있는 대로 성질이 난 그 벌은 좁은 바지 주머니 안에서 온갖 성질을 부렸다. 아이는 자리에서 일어나 팔짝팔짝 뛰기 시작했다. 이 모습을 본 선생님은 "죠니, 대체 왜 그러니? 가만히 앉아 있어!"라며 아이를 혼냈다. 하지만 아이는 도저히 가만히 앉아 있을 수가 없었다. 아이는 계속해서 교실을 팔짝팔짝 뛰어다녔다. 그러자 선생님은 또 소리쳤다.

"죠니, 가만히 좀 앉아 있으라니까!"

"선생님, 이 뒤쪽에 선생님이 전혀 모르는 일이 벌어지고 있어요."

그들은 아파하고 있다

죠니의 말을 들으면 부족하나마 상황을 떠올려 볼 수 있다. '당신을 정말 짜증나게 하는' 사람에게 다가갈 때나 사랑하는 사람이나 친구가 좋지 않은 반응을 보일 때, 그들을 위해 기도하라. 당신이 전혀 알지 못하는 일이 그들의 삶에 벌어지고 있는지도 모른다. 그들에게는 맞받아치는 말이 아닌, 당신의 사랑이 필요하다.

주위 사람들의 필요에 민감해지라. 당신이 짐작조차 할 수 없는 일들이 그들에게 벌어지고 있는지도 모른다. 당신이 그들의 필요를 채워줄 수 있을지도 모른다.

외톨이라고 생각되는가? 아무도 당신에게 신경 쓰지 않고, 아무도 당신을 사랑하지 않는다고 생각되는가? 우울한 마음이 드는가? 그렇다면 당신에게 처방을 내려주겠다. 관계의 원에 있는 다른 사람의 필요를 채워주라.

당신의 문제를 낱낱이 털어놓는 방식으로 상대방을 위로하려고 하지 마라. '금문교 위의 두 사람' 이 되고 말 것이다. 투신자살을 하려고 한 사람이 금문교 난간에 올라갔다. 그리고 그걸 본 다른 사람이 '내가 저 사람을 설득할 수 있을 거야.' 라고 생각하며 난간으로 다가갔다. 그런데 그들은 45분간 얘기를 나눈 뒤, 함께 다리에서 뛰어내렸다.

이런 방법을 택하라는 말이 아니다. 하나님은 당신을 사랑하신다. 그러므로 이제는 당신이 나가서 누군가를 사랑하라. 이 세상에서 가장 행복한 사람은 하나님의 사랑의 통로가 된 사람이다. 사랑은 필요를 채워주는 것이다.

교회에서 연습하기

받은 만큼만 돌려주는 문화가 고착화된 교회에 가본 적이 있는가? 필요가 있는 사람들끼리 한 데 모인 이런 교회에서는 자신의 필요가 채워지는 데 은밀한 만족감과 위로를 느낀다. 그런데 이런 교회에서는 필요가 채워지고 나면 그것이 밖으로 터져나오는 외적 폭발대신 내분이 생기고 결국 내파(內波)가 발생한다.

내파가 무엇인지 아는가? 내적 폭발이 일어난 후 그대로 사그라지는 것이다. 남는 것은 잔해뿐이다. 교회 안에서 그런 모습을 본 기억이 있는가? 처음에는 서로를 사랑하고 전혀 위협을 느끼지 않는다. 그러다 새로운 사람이 '안전한 우리들만의 세계'에 들어오려고 하면 위협을 느낀다. 많은 교회들이 제자리걸음을 하는 이유는 이처럼 받은 만큼만 돌려주는 폐쇄적 공동체가 되어버렸기 때문이다. '말씀은 선포'하지만 다른 사람들에게는 다가가지 않는 공동체가 되어버렸기 때문이다.

주일학교에서도 똑같은 상황이 벌어질 수 있다. 위협을 느끼고 자기 자신에 대한 확신을 갖지 못하면, 우리는 어울리던 친구들하고만 어울리려 한다. 그리고 낯선 사람이 우리의 안전함을 조금이라도 흔들지 않기를 바라게 된다. 그러나 교회를 향한 하나님의 계획은 예루살렘에 머물러 있는 것이 아니었다. 마찬가지로 우리의 담당 구역은 예루살렘만이 아니다.

예수님이 명하신 일을 하지 않고 12년간 예루살렘에 머물러 있던 이들에게 무슨 일이 일어났는가? 불이 떨어졌다. 핍박이 닥쳤다! 사도행전을 읽으면서 믿는 자들이 각지를 두루 다녔다고 생각했는지 모르겠다. 한동안은 그랬다. 처음에는 여기저기 흩어져 불을 일으켰지만 이내 폐쇄적인 무리가 되어버렸다. 유대인들의 경우 특히 더 심했다. 결국 이들은 폭발을 일으키는 대신 내파하고 말았다. 당신의 삶을 향한 하나님의 계획을 알지 못하면 당신에게도 이런 일이 일어날 것이다.

몸을 이해하기

에베소서 4장, 로마서 12장, 고린도전서 12장은 그리스도의 몸인 교회의 은사에 대해 기록한다. 다스림의 은사는 상황을 인식하고 통제하는 은사다. 나에게는 다스림의 은사가 없다. 나는 쇼핑백에 물건을 제대로 정리해서 담을 줄도 모른다. 하지만 나에게는 자비의 은사가 있다. 내가 받은 성령의 은사는 자비이며, 나는 목회자요 교사다. 나는 내가 받은 은사가 무엇인지 안다. 그리고 내게 주어진 은사에 대해 후회함이 없다. 강의를 시작하고 30분만 지나도 나는 그들 중 어떤 사람들이 마음 아파하는지 알 수 있다. 나처럼 자비의 은사를 받은 사람들도 있고, 다스림의 은사를 받은 이들도 있다.

머리되신 그리스도 아래서 한몸된 우리는 온 세상을 주님께로 이끌어야 한다. 내가 받은 은사는 당신이 받은 은사와 다르다. 내가 받은 은사를 부러워 말라. 우리는 하나님의 주권에 따라 은사를 받았다. 그러니 하나님께 특정한 성령의 은사를 구하지 말라. 그분은 당신과 무엇을 하고 싶으신지 분명히 아시며, 당신이 몸의 어느 부분에 꼭 맞는지도 알고 계신다.

당신이 발가락인데 "주님, 저는 눈이 되고 싶어요. 꼭 눈이 되어야겠어요. 제게 눈이 되는 은사를 주세요."라고 구한다고 생각해보자. 그러면 주님은 "안 된다. 나는 너를 발가락으로 만들었단다."라고 말씀하실 것이다.

"주님, 그래도 전 눈이 되고 싶어요."

그러면 주님은 이렇게 말씀하실 것이다.

"그럼 눈이 되게 해주마. 대신 너는 오직 양말 속만 보게 될 것이다."

우리는 우리의 영적 은사를 이해하고, 그 은사를 그리스도의 몸을 세우는 데 사용해야 한다. 결국 사람들을 사랑하고 그들의 필요를 채워야 한다는 이야기로 귀결된다. 이해조차 할 수 없는 사람을 어떻게 사랑할 수 있을까? 예수님이 당신 안에, 그리고 상대방 안에 거하신다면 두 사람 사이에 성격상의 충돌이 있다는 건 말이 안 된다. 많은 경우 소위 충돌이라는 것은 두 사람이 자신들의 영적 은사를 제대로 이해하지 못하고 자신들이 그리스도의 몸 된 교회의 어느 부분에 맞는지 알지 못하기 때문에 발생한다.

다시 말해 우리는 상대방을 하나님의 관점에서 바라봐야 한다. 상대방이 몸 안에서 어떤 역할을 할 사람인지 이해하라. 이것을 이해하고 나면 상대방의 행동을 이해할 수 있게 된다. 당신에게 자비의 은사가 있고, 상대방에게 예언의 은사가 있다고 하자. 이처럼 다른 은사를 가진 사람들이 서로를 용납하기 위해서는 각자가 교회를 향한 하나님의 계획에서 어느 부분을 담당하는지 이해해야 한다.

교회는 필요를 채워줌으로써 사랑을 나타내는 법을 연습하는 곳이다. 예수님은 우리가 서로 사랑할 때 사람들이 우리가 예수님의 제자임을 알게 될 것이라고 말씀하셨다. 서로를 사랑하는 이들로 가득한 교회의 모습을 볼 때 사람들은 그 사랑에 끌릴 수밖에 없다. 이와 같이 믿는 자들에게 사랑을 보이는 연습을 하다보면 어느덧 당신의 관계의 원에 들어오는 이들에게도 사랑을 보일 준비를 갖추게 된다.

개인적 적용

묵상노트나 일기장에 다음 질문의 답을 적으라. 15장의 진리를 이해하고 삶에 적용할 수 있도록 자세히 기록하라.

1. 하나님은 당신이 당신의 가족을 어떻게 사랑하기를 바라시는가? 지금 당신의 직계가족을 위해 기도하는 시간을 가지라. 주님께 가족 한 사람 한 사람의 필요를 알려주시기를 구하라. 그리고 바로 오늘 그 가족의 필요를 채우기 위해 당신이 무엇을 하기 원하시는지 물으라. 가족의 설문지에 메모하라. 주님이 알려주시는 것으로 해야 할 일에 대한 목록을 작성하라. 하나님의 기쁨을 위해 필요를 채우기 시작하라.

2. 가족 중 누군가가 당신의 필요를 그냥 지나친다는 생각에 상처받은 적은 없는가? 어떻게 해야 그 가족을 먼저 사랑함으로써, 사랑이 당신과 그 가족 사이에 흐를 수 있을지 주님께 물으라. 가족에게 당신의 필요를 알리기 위해 무슨 말을 해야 할지 주님께 지혜를 구하라. 가족들이 너무 바쁘거나 자기 일에만 몰두한 나머지 당신이 보내는 신호를 감지하지 못할 수도 있다. 다마리스처럼 "나 필요한 게 있어요."라고 말해야 할 수도 있다.

3. 당신을 정말 '짜증나게' 하는 사람들이 있는가? 그 중에서도 당신을 가장 짜증나게 하는 사람을 위해 지금 당장 기도하라. 그 사람의 필요를 알려주시기를, 최소한 한 가지라도 알려주시기를 주님께 구하라. 하나님은 당신이 어떻게 그 사람의 필요를 채워줌으로써 그 사람을 사랑하기를 바라시는가? 그것에 대한 계획을 세우고, 그 계획을 실행할 기회를 모색하라.

4. 최근에 당신 주위에 있는 이들이 어떤 이유로 정말 아파하고 있음을 깨닫게 되었는가? 그것이 필요를 채워줌으로써 사랑을 보이라는 초대는 아닌지 하나님께 물으라.

5. 당신의 필요를 채우시는 하나님께 감사하는 시간을 가지라. 예수님과 당신을 위해 그분이 십자가에서 행하신 일로 말미암아 감사하라. 지금까지 공급해주신 하나님께 감사하라.
"내려주신 복을 세어 보아라, 주의 크신 복을 네가 알리라."

몸 세우기

15장의 진리를 각자의 삶에 적용하고 그리스도의 몸을 세우기 위해 소그룹에서 다음의 질문과 활동을 함께하라.

1. 하나님이 가족의 필요를 채우도록 당신을 어떻게 인도하셨는가? 가족들은 어떻게 반응했는가? 가족들이 특별한 방식으로 사랑에 화답했는가?

2. 당신의 사랑이 일방통행으로 끝난다 할지라도 당신이 어떻게 반응하기를 하나님이 바라실지 이야기하라. 사랑을 되돌려 받지 못하는 상황에서 하나님은 당신이 어떻게 계속 사랑하기를 바라시는가? 어느 지점에 '선을 그어야' 할지 결정하기에 앞서 예수님의 삶을 생각해보라. 예수님이라면 어떻게 하실까? 예수님은 어떻게 하셨는가?

3. 당신을 정말로 짜증나게 하는 사람을 사랑하도록 하나님이 어떻게 당신을 인도하셨는가? 당신은 어떻게 했는가? 그 사람은 어떻게 반응했는가? 그것이 그 사람에 대한 당신의 태도에 어떤 영향을 미쳤는가?

4. 지금까지의 공부를 통해 지난 한 주 어떤 활동, 또는 경험을 했는가? 하나님이 당신의 관계에서 어떻게 역사하고 계신가?

5. 모든 소그룹 지체들에게 "이번 주에 당신을 위해 어떻게 기도할까요?"라고 물으라. 그 기도제목을 놓고 구체적으로 기도하라.

Stage 6

제자 삼기 :

제자 삼고 성장을 도우라

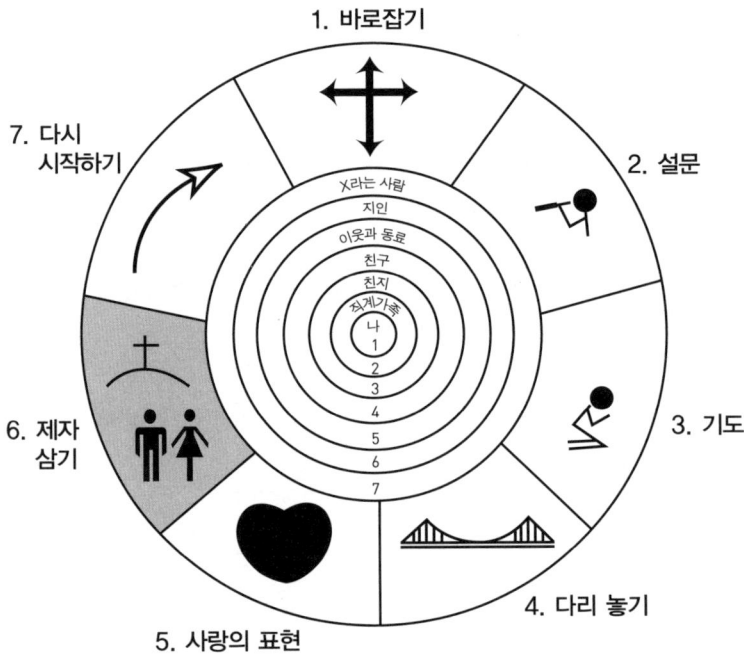

누군가를 위해 기도하고, 관계를 가꾸고, 그에게 하나님의 사랑을 전하다 보면 예수 그리스도의 말씀을 듣고 그의 삶을 대면해야 하는 때가 온다. 하나님의 눈으로 다른 이들을 볼 때, 우리는 그들이 그리스도에게서 잃어버린 자임을 깨닫게 되고, 그리스도의 좋은 소식을 함께 나누고 싶어진다. 그들에게 하나님과 구원에 대한 하나님의 조건을 알리게 된다.

우리는 우리 안에 계신 그리스도를 증거하고, 그분을 믿는 우리의 믿음을 나누기만 하면 된다. 죄를 깨닫게 하는 것은 성령님의 책임이다. 복음의 진리를 깨닫게 하는 분도 성령님이시다. 한 사람이 그의 삶을 그리스도께 내어드렸을 때 우리는 하늘의 천사들과 함께 기뻐한다. 하나님께 쓰임받아 삶을 변화시키는 기적이 일어나는 모습을 목도하게 된다.

그리스도께 나온 후에는 주님의 제자로 성장해야 한다. 우리는 기도와 하나님의 말씀을 통해 새신자들이 예수님과의 개인적인 관계를 발전시키도록 도와야 한다. 그리스도의 주 되심에 순복하여 그리스도가 그들의 주인이 되시도록 그들을 도와야 한다. 또한 자신에 대해 죽고 주님이 그들 안에 사시게 함으로써 그리스도의 성품이 그들 안에 자라도록 도와야 한다.

16장

사람들을 예수 그리스도께 소개하기

어느 날 신학대학원 구내 서점 앞에서 한 학생이 나를 붙잡았다.

"톰슨 교수님, 제가 예수님을 알지 못하는 분의 장례 예배를 집례하게 됐습니다. 제발 저 좀 도와주세요. 한 번도 해본 적 없는 일이라 얼마나 걱정이 되는지 모르겠어요."

"무슨 얘기인지 알겠습니다. 30분 후에 사무실로 오세요. 함께 고민해 봅시다."

그 학생은 약속 시간에 내 사무실로 왔다.

"어렵다는 걸 저도 압니다. 저도 구원받지 못한 분들의 장례식을 여러 번 집전했죠. 그런데 어느 분 장례식인가요?"

"저희 삼촌이요."

"시간은 얼마나 남았나요? 장례식이 언제죠?"

"저도 모릅니다."

아직 장례 준비가 안 된 거라고 생각한 나는 다시 물었다.

"이틀 안에 장례가 치러집니까?"

"아, 아뇨. 꼭 그렇지는 않습니다."

나는 '이런, 장례를 치르기 전에 이 친구가 먼저 죽겠군.' 하고 생각했다. 물론 그에게는 전혀 내색하지 않았다. 나는 침착한 표정을 유지하려 애쓰며 그에게 물었다.

"그게 무슨 얘기죠?"

"교수님, 사실 삼촌은 아직 안 돌아가셨어요."

"내게 구원받지 못한 분의 장례식이라고 했잖아요!"

"예, 그건 사실입니다. 삼촌은 구원받지 못했고, 앞으로도 계속 그럴 것 같습니다. 삼촌을 위해 많은 사람들이 기도해왔지만 워낙 지성이 강한 분인데다 절대로 곁을 주지 않으세요. 그런데 폐기종이 생겨서 폐기능이 급격히 저하되고 있습니다."

"내게 더 좋은 생각이 있어요. 형제님의 삼촌에 대해 마태복음 18장 19절의 말씀을 취합시다. 우리 주님은 '너희 중에 두 사람이 땅에서 합심하여 무엇이든지 구하면 하늘에 계신 내 아버지께서 저희를 위하여 이루게 하시리라.' 말씀하셨습니다. 형제님의 삼촌과 지옥 사이를 가로막고 하나님께 그분을 구해 달라고 간구합시다. 삼촌의 문제는 지식이 아닙니다. 죄를 깨닫지 못하는 것이 문제입니다. 삼촌은 자신이 잃어버린 자임을 깨달으셔야 합니다. 이제 하나님께 환경을 움직이셔서 삼촌을 그리스도께 인도해 달라고 간구합시다."

함께 기도한 후 나는 그에게 물었다.

"지금까지 복음을 듣고 삼촌을 대면한 사람이 있었나요?"

"네. 사람들이 교회에 가자고 여러 번 권했어요."

"아뇨, 그 얘기가 아닙니다. 삼촌께 '사랑하는 삼촌, 지금까지 제가 들은 소식 중에서 가장 좋은 소식을 삼촌께도 들려드리고 싶어요.' 하면서 예수님이 누구신지, 예수님이 무엇을 행하셨는지, 그것이 자신의 삶에 어떤 의미가 있는지 나눈 사람이 있느냐는 말입니다. 삼촌에게 현재 삼촌의 필요와 그리스도의 공급하심을 직접적으로 제시하고, 그리스도가 삼촌을 위해 행하신 일을 받아들여야 한다고 간곡한 마음으로 대면한 사람이 있느냐는 말입니다."

"솔직히 삼촌이 제 말을 들으실지도 잘 모르겠어요."

"형제님, 그건 삼촌이 내리실 결정 아닙니까? 우리가 할 일은 삼촌이 결정을 내렸을 때 무엇을 얻고 결정을 내리지 않았을 때 무엇을 잃게 될 것인지 알리는 것입니다. 그 선택을 할 수 있도록 해야 합니다."

몇 주 후 복도에서 그 학생을 만났다.

"톰슨 교수님, 삼촌이 예수님을 영접하셨어요. 제가 난생 처음으로 복음을 전했는데, 삼촌이 받아들이셨어요. 아주 단순한 진리로 대면했을 때 삼촌이 뭐라고 하셨는지 아세요?"

"뭐라고 하셨죠?"

"삼촌은 이렇게 말씀하셨어요. '내가 종교적인 얘기들을 믿을 수 없었던 건 사람들이 자신들이 무엇에 대해 이야기하고 있는지 내게 말해주지 않았기 때문이란다. 먼저 물어보기에는 내가 너무 교만했어.'"

바로 이것이다. 평소와 다를 바 없는 목소리로 예수님이 당신을 위해 행하신 일, 그들을 위해 행하실 수 있는 일을 이야기하라. 예수님이 누구신지, 죄가 무엇인지, 하나님이 어떻게 죄 사함을 주시는지를 이야기하며 사람들을 대면하라.

어느 위대한 감리교 설교자가 말했다.

"나는 복음을 들었고, 복음을 들었고, 복음을 들었노라. 어느 날 하나님의 은혜로 나는 복음을 들었노라."

대면할 만큼 아끼라

사람들은 성령으로 말미암아 죄를 깨달아야 한다. 구원받기 전까지 자신은 잃어버린 자임을 깨달아야 한다. 하나님이 보시는 그대로의 모습으로 자신을 봐야 한다. 하나님 앞에 벌거벗은 모습으로 설 때 비로소 사람은 하나님이 보시는 그대로의 자신을 보게 된다. 중보기도에 대한 응답으로 하나님의 성령이 바로 이런 일을 행하신다. 이것이 대면의 시작이다.

언젠가 우리 관계의 원에 있는 이들을 대면해야 하는 때가 온다. 그때가 되면 우리는 "예수 그리스도를 개인적으로 알게 된 때가 있었습니까, 아니면 여전히 그 과정이 진행 중입니까?"라고 물어야 한다. 때로 우리는 기도하고 또 기도해놓고는 막상 하나님이 옆구리를 쿡쿡 찌르시며 대면할 때가 됐다고 하실 때는 침묵한다. 그럴 때 입을 열어야 한다.

우리는 복음을 들고 사람들을 대면해야 한다. "전 그 사람에게 삶으로 보여줄래요. 제가 원래 말을 잘 못하거든요." 이렇게 말하는 사람이 있다. 그러나 사실 다른 주제로는 얼마든지 이야기할 수 있지 않은가? 케이크 굽는 법에 대해서나 축구에 대해서는 아무렇지도 않게 이야기하지 않는가? 그럴 때는 아무 문제가 없지 않은가!

말이 아닌 삶으로만 보여주는 식으로 복음을 전하려 한다면 두 가지를 먼저 고려해야 한다. 첫째, 예수님은 복음을 삶으로 보여주셨을 뿐 아니라 말씀으로도 전하셨기 때문에 삶으로만 보여주려면 예수님보다 더 훌륭한 삶을 살아야 한다. 둘째, 당신이 선한 삶을 산다 하더라도 그런 삶을 살 수 있는 힘의 원천이 어디에 있는지 아무에게도 알리지 못한다면 결국 싸움의 결과는 패배일 뿐이다.

복음을 전하거나, 예수님이 당신의 삶에 행하신 일을 나누는 것이 당신에게 문제가 되어서도 안 된다. "하지만 두려운 걸요." 나도 그 마음을 잘 안다. 하지만 두려워하지 마라. 사람들을 위해 기도하고, 그들을 사랑하고, 그들의 필요를 채우기 시작하면 주님이 그들의 마음을 준비시키시고, 당신의 마음도 준비시키실 테니 말이다. 사람들에게 주님이 당신 삶에 어떤 의미인지 이야기하거나 요한복음 3장 16절의 말씀을 나누라. 기독교 소책자를 활용하라. 신약의 말씀을 인용하라. 하나님이 그들의 마음속에서 놀라운 일을 행하시면 그들은 들을 준비가 된다. 사람들을 협박하지 마라. 사랑 안에서 자연스럽게 이야기하라.

그래도 두려운 마음이 든다면 당신에게 벌어질 수 있는 최악의 사태를 생각해보라. 지금부터 내가 나누고자 하는 이야기가 도움이 될지도 모르겠다.

르노의 십자군

몇 년 전 교회의 평신도 다섯 분과 캘리포니아에서 열린 전도 집회에 갔다. 우리는 캘리포니아 총회에 속해 있는 네바다 주(州) 르노 지역으로

배정이 되었는데 그곳에서 놀라운 경험을 했다. 공항에 마중 나온 사람들은 통성명을 하자마자 우리를 준비시키기 시작했다.

"형제님들, 이곳은 바이블벨트(보수적이고 성경적인 성향이 강한 주들의 통칭 - 옮긴이)가 아닙니다."

우리는 바로 경고를 받았다.

"이곳에서는 복음을 증거하기가 힘듭니다."

집회 장소에 도착할 때까지 르노에서 복음을 전하기가 정말 어렵다는 말을 적어도 다섯 번은 들었다. 덕분에 자신감이 아주 하늘을 찌를 만큼 높아졌다.

나와 함께 한 다섯 명의 평신도들은 성공한 사업가들로 세상사가 어떻게 돌아가는지 잘 아는 사람들이었다. 또한 이들은 하나님을 향한 놀라운 사랑을 가지고 다른 이들에게 그분을 전하는 것을 기뻐하는 사람들이었다. 집회 장소에 도착하자 하고 싶은 말을 한 마디씩 하라는 요청을 받았다. 하지만 말문을 열기도 전에 또 한 번 르노에서 복음을 전하기가 정말 어렵다는 얘기를 들었다. 집회에 온 이들에게 격려가 필요하다는 것을 느낄 수 있었다.

함께 간 형제가 일어나 부드러운 목소리로 말했다.

"형제님들, 이곳에서 복음을 전하기가 어렵다는 말씀을 들었습니다. 저도 알 것 같습니다. 지금 이곳에서 여러분이 하고 계시는 일에 감사드립니다. 하지만 여러분께 한 가지 여쭤보고 싶습니다. 여러분께 일어날 수 있는 최악의 일은 무엇일까요?"

침묵이 흘렀다. 잠시 후 앞줄에 앉은 남자아이가 일어나 소리쳤다.

"죽는 거요!"

"그러면 최근에 복음을 전하다 돌아가신 분이 몇 분이나 됩니까?"

그가 되물었다. 함께했던 모든 사람들이 폭소를 터뜨렸고, 긴장이 풀렸다. 그 기간 동안 다섯 명의 형제들은 내게 참 많은 것을 가르쳐줬다. 그들은 이렇게 말했다.

"우리에게 전해야 할 좋은 소식이 있다면 우리 말에 귀를 기울이는 모든 사람에게 그 소식을 전할 겁니다."

하나님이 우리를 쓰실 수 있도록 내어드릴 때 하나님은 역사하신다.

쓰실 수 있도록 내어드릴 뿐

어느 날 오후, 세 명의 형제와 함께 빨래를 하기 위해 차를 몰고 세탁방을 찾아 나섰다. 그런데 갑자기 그 중 한 명이 외쳤다.

"잠깐!"

"왜 그러세요?"

나는 급브레이크를 밟으며 물었다.

"저기 어떤 부인이 마당에 물을 뿌리고 계시네요. 저 부인과 얘기를 해봅시다."

세 사람은 마치 낙하산 부대라도 되는 것처럼 일사분란하게 차에서 내려 마당에 서 있는 그 부인에게 다가갔다. 나는 차에 남아 있었다. 잠시 그들과 이야기를 나누던 부인은 수도꼭지를 잠갔다. 그리고 그들과 함께 집안으로 들어갔다. 나에게도 함께 들어가자고 손짓을 했다. 나는 속으로 생각했다. '대체 제정신입니까? 자매만 있는 집에 형제들이 들어가면 안 된다고 가르치지 않았습니까?' 십대로 보이는 아이 두 명이 문 밖을 내다봤다. 그래도 집안에 누군가 있다는 사실이 너무나 반가웠다.

'참, 나… 이래봐야 아무 소용없을 텐데….'

나는 차에서 내려 집 안으로 들어가 내 소개를 했다. 그리고 의자에 앉아 앞으로 무슨 일이 일어나는지 지켜보기로 했다. 부인이 말했다.

"와 주셔서 너무 감사해요. 지난주부터 저는 남편과 별거에 들어갔어요. 정말 힘들었어요. 저희 아이들도 화가 많이 났고요. 저희는 교회에 다니지 않아요. 이런 상황을 터놓고 얘기할 사람이 한 명도 없었어요."

형제들은 부인에게 복음을 전했다. 매우 단순하고 소박하게 전했지만, 그들이 전한 복음은 그녀의 필요를 채웠다. 부인이 말했다.

"오, 지금 말씀해주신 것들을 전에는 전혀 이해하지 못했어요. 아시겠지만 그간 마음이 너무 가라앉아 있었죠. 마당에서 장미에 물을 주면서 저는 정말로 하나님이 계시다면 나를 좀 도와 달라고 애원했어요. 그런데 여러분들이 제게 다가오신 거예요."

부인과 두 자녀는 그 자리에서 예수 그리스도를 영접했다. 그날 저녁 집회에도 참석하겠다고 했다.

하나님이 환경을 움직이고 계셨다. 하나님이 마음을 준비시키고 계셨다. 하지만 자신을 내어드릴 사람이 필요했다. 복음을 들고 대면할 사람이 필요했다.

식품점의 외팔이 강도

부인과 그 자녀들이 예수님을 영접한 바로 그 시각, 다른 두 형제는 장을 보러 식품점에 갔다. 둘 다 사막에 떨어뜨려도 문제없이 살아남을 수 있을 만큼 수완이 좋은 사람들이었다. 식품점에 들어가면서 두 사람은 한 남자가 '외팔이 강도'에 돈을 집어넣는 모습을 봤다.

르노에는 구멍가게에도 외팔이 강도, 즉 슬롯머신이 있다.

한 형제가 슬롯머신 앞에 앉아 있는 남자에게 다가가서 말했다.

"그래봐야 아무 소용없을 겁니다!"(나는 그런 기술을 전수하지 않았다. 알아서 들 터득한 것이다.)

"솔직히 말씀드리면 지금 돈을 버리고 계시는 겁니다. 하지만 정말 쓸모 있는 일을 제가 알고 있죠!"

"그게 뭡니까?"

그 남자가 물었다.

"한번 말씀드려 볼까요?"

세 사람은 식품점 밖으로 나가 차 옆에 섰다. 그리고 두 형제는 그 남자를 주님께 인도했다. 집회 전에 저녁을 먹으면서 우리는 그날 오후 주님을 알게 된 사람들에 대해 이야기하면서 함께 기뻐했다.

제단 앞에서의 만남

그날 저녁 집회에는 200여명이 참석했다. 하나님의 영광이 가득한 예배였다. 내가 앞으로 나오라고 초청했을 때, 식품점에서 만난 그 남자가 왼편 통로를 따라 앞으로 나왔다. 부인과 두 자녀는 오른편 통로를 따라 나왔다. 제단 앞에서 이들은 서로를 바라봤다. 놀랍게도 식품점에서 만난 그 남자는 바로 부인의 별거 중인 남편이었다. 두 사람은 주님 안에서 그렇게 다시 하나가 됐다.

환경을 움직이시는 성령님의 역사가 이보다 더 분명할 수 있을까! 어떤 인간적 방법이 동원된다 한들 이런 문제를 풀 수 있겠는가? 하나님은 지금도 기도에 응답하고 계신다. 하나님은 기도 응답 전문가시다. "아버지, 제가 여기 있습니다. 저를 제 주위 사람들의 필요를 채우는 통로로 사용해 주세요."라고 기도하며 하나님이 쓰실 수 있도록 우리를 내어드리자.

그리스도를 알지 못하는 잃어버린 자들

잃어버린 자를 향한 사랑보다 하나님을 향한 사랑이 먼저다. 정말 그분을 사랑하면, 그분이 사랑하시는 이들을 사랑하게 된다. 우리는 하나님을 떠나 잃어버린 자 된 사람의 상태를 깨달아야 한다. 하나님의 말씀을 믿는다면 다른 대안은 없다. 주님이 없으면 인간은 잃어버린 바 된다고 기록하신 성경말씀 그대로다. 원하는 논리를 이끌어내기 위해 온갖 신학적 이론을 끌어들일 수 있을지 몰라도 결국 그리스도가 없는 자는 잃어버린 자요, 그리스도 없는 지옥에서 영벌을 받게 될 자다.

우리는 종종 복음을 사람들이 거부하지 않을 만한 수준으로 희석시킨다. 하지만 성경 전체를 관통하는 하나님의 말씀은 분명하다. "나로 말미암지 않고는 아버지께로 올 자가 없느니라"(요 14:6). "다른 이로서는 구원을 얻을 수 없나니 천하 인간에 구원을 얻을 만한 다른 이름을 우리에게 주신 일이 없음이니라"(행 4:12). "아들이 있는 자에게는 생명이 있고 하나님의 아들이 없는 자에게는 생명이 없느니라"(요일 5:12).

인간을 구원하기 위해 예수 그리스도가 죽음에까지 이르지 않았다면 십자가는 헛되다. 아무 쓸모가 없다. 하지만 그렇지 않았다. 예수님은 이 땅에 오셔서 죽으셔야 했다. 다른 길은 없었다. 그분이 우리의 유일한 길이시라면 그분이 없는 자는 잃어버린 자다. 그분을 알지 못하는 잃어버린 자들을 생각하며 우리는 울어야 한다. "그리스도가 없으면 나는 아무 소망 없이 처절하게 잃어버린 자다."라는 사실을 깨닫기 전까지 인간은 변할 수 없다.

원2나 원3의 어머니, 아버지, 자녀 또는 사랑하는 사람을 떠올릴 때, 원4의 친한 친구들을 떠올릴 때, 원5의 이웃이나 직장 동료들을 떠올릴 때, 원6의 지인들과 원7의 X라는 사람을 떠올릴 때 기억하라. 그리스도가 없다면 그들은 잃어버린 자다. 이들의 상태를 생각하며 우리는 근심해야 한다. 우리에게 얼마나 많은 시간이 남았는지는 알 수 없다. 그렇기 때문에 더더욱 예수 그리스도의 복음으로 다른 이들을 대면하는 것이 얼마나 긴박한 일인지 인식해야 한다.

예수님은 말씀하셨다. "사람이 만일 온 천하를 얻고도 제 목숨을 잃으면 무엇이 유익하리요?"(마 16:26). 그렇다! 목숨은 인간의 전 존재를 의미한다.

하나님의 눈으로 인간을 보라

하나님께 가까워질수록 인간의 생명을 더 소중히 여기게 된다. 간호사가 신생아실 유리문 앞으로 우리 딸을 데려왔던 그날을 나는 절대 잊을 수 없다. 나는 딸을 보기 위해 고개를 숙였고, 딸은 고개를 들었다. '우리 아빠다.' 나는 딸이 이런 생각을 하고 있는 걸 알 수 있었다. 인간의 생명. 얼마나 소중한가.

한 동료 목사는 이런 말을 했다. "오스카, 얼마 전에 로스앤젤레스 공항에 앉아있었어요. 공항에서는 별별 모습을 다 보게 되잖아요. 나 역시 사람들이 걸어다니는 모습, 다양한 옷차림, 다양한 냄새, 다양한 얼굴을 쳐다봤죠. 그런데 어느새 제가 사람들을 판단하고 있더군요. 왜 저 사람들은 저럴까? 그러다 갑자기 정신이 들었어요. 주님이 저를 쿡쿡 찌르시는 게 느껴졌어요. '얘야, 조심해라. 다 내가 만든 사람들이란다.' 그 순간 하나님의 눈으로 사람들을 보게 됐어요. 그들이 정말 말로 표현할 수 없을 만큼 소중한 존재로 보이기 시작했어요."

관계의 원에 있는 친한 사람을 만났을 때나, 혹 식당, 주유소, 감옥 등에서 우연히 만나게 되는 원7에 속한 사람과 이야기를 할 때에도 반드시 기억하라. 하나님이 지으신 사람이다. 하나님이 그를 사랑하신다. 하나님은 당신이 그의 필요에 민감하고 그를 아끼기 바라신다.

'교회교(敎)'에 대한 거부

실제로는 많은 이들이 그리스도를 거부하지 않는다는 사실을 기억하라. 그들은 단지 희화된 그리스도를 거부하는 것이다. 이들은 진짜 메시지를 듣지 못하고 있다. 주님에 대한 희화적 묘사를 거부해 본 적 없는가? 사실 당신이 거부한 대상은 당신의 눈에 비치는 '교회교'였다. 예수 그리스도라는 분에 대한 참된 이야기와, 그분과의 교제가 당신에게 진정 필요하다는 얘기는 제대로 듣지 못했던 것이다.

그러므로 잃어버린 자를 보게 되거든 그 사람에게 만유를 지으신 하나님과 교제할 능력이 있음을 기억하라. 이 점을 반드시 기억해야 한다.

당신의 하나님은 누구신가?

우리의 하나님이 누구신지 잊어버리지는 않았는가? 우리는 때로 이렇게 기도한다. "아버지, 하실 수 있거든 저를 도와주세요!" '하실 수 있거든'이란 말은 우리 하나님의 전능하심을 망각했다는 증거다. 우리는 주권자 되신 하나님의 광대하심과 능력을 이해하기 힘들다. 하나님과 하나님의 피조물을 깨달은 시편 기자는 많은 시간을 들여, 별과 달과 해와 하나님이 손으로 지으신 많은 것들에 대해 이야기했다.

빛의 속도는 초당 299,792km다. 어떤 아이는 빛의 속도를 듣고 이렇게 말했다. "그럼 시보레보다 더 빠르네요." 거기에 60을 두 번 곱하면 1광시가 되고, 거기에 24를 곱하면 1광일이 되고 거기에 365를 곱하면 1광년이 된다. 즉 빛은 1광년에 9조 4,670만km를 움직인다.

지구에서 가장 가까운 항성은 켄타우루스좌의 알파성이다. 그러나 이 별은 남반구에 위치해 있기 때문에 우리는 그 별을 볼 수 없다. 하지만 혹시라도 알파성을 보게 된다면 그 알파성은 사실 4.33광년 전에 알파성을 떠난 빛이라는 것을 알아두기 바란다. 그 별이 바로 지구에서 가장 가까운 항성이다.

20세기 초까지만 해도 천문학자들은 은하수가 우주에서 유일한 은하계라고 생각했다. 은하수는 직경이 10만 광년이나 된다. 그런데 이제는 천문학자들이 우주에 수십억 개의 은하계가 있다고 말한다. 그리고 이 모든 것을 지으신 그분을 우리는 아버지라 부른다. 물론 오직 예수 그리스도를 통해서만 우리는 그분을 아버지라 부를 수 있다.

하나님의 형상을 따라 지어진 작고 유한한 존재가 그 하나님과 매일 교제할 능력이 있다고 생각해보라. 그런 사람들에게 그들도 하나님을 알 수 있다는 사실을 이야기해주지 않는 것은 상상조차 못할 일이다.

몇 년 전 어느 밤, 시편 기자가 이야기하는 하나님의 경이로우심에 대해 설교하면서 나는 이렇게 말했다. "하나님이 영생을 되돌리시는 '대형 쇼'가 시작될 때 당신은 어디 계시겠습니까?" 특정인을 염두에 둔 말은 아니었다. 하지만 초청의 시간에 스무 살 청년이 눈물을 흘리며 앞으로 나왔다. "저는 형편없는 사람입니다. 전 예수님을 믿어야 합니다."

젊은이들이 왜 사교(邪敎)나 이교에 끌려든다고 생각하는가? 사교 집단들이 우리가 다가가지 않고 사랑하지 않는, 외롭고 아파하며 삶의 환멸과 공허함을 느끼는 젊은이들을 찾아내기 때문이다. 그리고 그들에게 다가가 "우리가 당신을 돌봐줄게요. 당신을 사랑해줄게요."라고 말하기 때문이다. 그러면 그 말을 들은 젊은이는 그대로 빨려 들어가고 만다. 우리는 관계의 원에 있는 이들을 대면해야 한다. 잃어버린 자들이 하나님께 나아갈 수 있도록, 구원에 다가갈 수 있도록 우리는 하나님의 사랑의 통로가 되어야 한다. 그들을 제자로 삼기 위해 반드시 대면해야 한다.

개인적 적용

묵상노트나 일기장에 다음 질문의 답을 적으라. 16장의 진리를 이해하고 삶에 적용할 수 있도록 자세히 기록하라.

1. 당신이 사랑하고 섬기며 아버지라 부르는 하나님의 위대하심을 생각해보라. 그분의 사랑과 임재, 능력을 경험했던 때를 생각해보라. 그리고 예수 그리스도를 통해 하나님을 알지 못했다면 당신의 삶이 어떠했을지 생각해보라. 당신이 그리스도를 알지 못했다면 당신의 삶에서 어떤 부분이 빠졌겠는가? 당신 안에서 그리고 당신을 위해서 하나님이 행하신 일을 감사하며 하나님을 찬양하라.

2. 당신의 관계의 원에 있는 이들 가운데 그리스도를 알지 못하는 이들의 삶이 어떠할지 생각해보라. 그들은 가정의 위기를 어떻게 헤쳐나가는가? 감당하기 어려운 육신의 질병이나 경제적 어려움에 어떻게 대처하고 있는가? 외로움이나 열등감, 죄책감, 쓴뿌리와 같은 문제는 어떻게 해결하고 있는가? 그리스도가 그들의 삶을 어떻게 변화시키실 수 있는가? 당신의 관계의 원에 있는 이들 중 그리스도를 알지 못하는 이들의 영적 필요를 보게 해달라고 하나님께 구하라.

3. 기회가 생겼을 때 다른 이들에게 복음의 기본적인 메시지를 전할 준비를 하라. 다음의 방법들이나 익숙한 다른 방법을 사용해 다른 이들에게 예수 그리스도를 믿는 믿음을 전하라.
   - 개인적 간증 : 그리스도가 없었던 당신의 삶이 어떠했는지, 그분이 필요하다는 것을 어떻게 깨닫게 됐는지, 어떻게 그리스도인이 되었으며 구세주이신 주님께 돌이켰을 때 하나님이 당신의 삶에 어떤 일을 행하셨는지 이야기할 수 있게 준비하라.
   - 4영리 : 구원의 계획을 설명한 4영리 책자를 구비해두라. 관계의 원에서 그리스도가 필요한 사람에게 읽고 설명해줄 수 있도록 미리 공부하라. 설명을 마친 후 그 사람에게 책자를 건네라.
   - 신약성경 : 구원의 계획과, 읽고 공부할 구절이 표시되어 있는 비싸지 않은 신약성경을 여러 부 구비해두라. 복음을 전하는 데 신약성경을 어떻게 활용할 것인지 방법을 익히라. 구원의 계획을 제시한 후에 신약성경을 선물하라.
   - 영화나 비디오 : 복음의 메시지를 효과적으로 제시하는 예수 영화나 다른 영

개인적적용

화, 비디오테이프도 있다. 사람들과 복음을 나눌 준비가 되면 집으로 초대해 다과와 함께 영화를 관람하거나, 본인 집에서 볼 수 있도록 비디오를 빌려준 후 대화를 나누기 위해 추후 그 집을 방문하거나, 비디오를 가지고 그 집을 찾아가 함께 보자고 권할 수 있다.

- 구원의 계획 암송 : 효과적으로 복음을 전하는 방법을 알려주는 다양한 프로그램들이 있다. 이 프로그램들을 통해, 사람들의 삶을 향한 예수님의 말씀을 이해하는 데 도움이 되는 성경구절과 설명을 암송할 수 있다. 성경을 가지고 하나님의 구원의 계획을 자연스럽게 사람들에게 이야기할 수 있도록 공부하라.
- 하나님의 네트워크 : 누구나 그리스도와의 경험을 이야기할 수 있고, 하나님은 이를 통해 사람들을 이끄신다. 하지만 하나님은 당신을 그리스도의 몸, 당신이 속한 교회에 두셨다. 그리고 교회의 각 지체는 몸 전체가 모든 이들을 제자 삼기 위해 건강하게 제 기능을 할 수 있도록 각기 다른 은사를 받았다. 다른 이들이 그리스도께 나아가도록 하기 위해, 하나님이 당신과 다른 사람을 어떻게 네트워크로 묶으시는지 주목하라. 한 사람은 다리 놓기와 사랑 표현에 은사가 있고, 다른 사람은 복음을 전하는 데 은사가 있을 수도 있다. 세례 요한이 어떻게 안드레에게 그리스도를 알리고, 안드레가 자신의 형제 베드로를 그리스도께로 데려갔는지 기억하라. 영적 SWAT팀 이야기, 기억하는가? 관계를 통해 복음을 전하는 일에 당신과 동역할 사람을 교회에서 찾아보라.

몸 세 우 기

16장의 진리를 각자의 삶에 적용하고, 그리스도의 몸을 세우기 위해 소그룹에서 다음의 질문과 활동을 함께하라.

1. 다른 이들에게 복음을 전하기 위해 어떤 준비가 되었는지 돌아가면서 이야기해보라. 지금까지 다른 이들에게 어떻게 복음을 전했는지, 그들이 어떤 반응을 보였는지 이야기해보라.

2. 다른 이들에게 복음을 전하는 데 교회의 어떤 자원을 활용할 수 있는지 확인하라. 목사님을 초청해 신앙을 증거할 수 있는 다양한 방법을 배울 수도 있다.

3. 기도하고, 다리를 놓고, 사랑을 보인 후에 가장 마음에 묵직하게 다가오는 두세 명, 혹은 그리스도께 나아가는 데 가장 근접한 두세 명의 '긴급 수배자'를 정하라. 이들이 그리스도께 나아가도록 돕기 위해 하나님은 이제 당신이 무엇을 하길 원하신다고 생각하는가? 제자 삼으라는 하나님의 말씀에 순종하려고 하는 당신을 위해 우리가 어떻게 기도하기를 원하는가?

4. 지금까지의 공부를 통해 지난 한 주 어떤 활동, 또는 경험을 했는가? 하나님이 당신의 관계에서 어떻게 역사하고 계신가?

5. 모든 소그룹 지체들에게 "이번 주에 당신을 위해 어떻게 기도할까요?"라고 물으라. 그 기도제목을 놓고 구체적으로 기도하라.

제자 삼기

수업 시간에 칠판에 제자의 특징을 적으며 학생들에게 물었다.

"믿음의 고백을 한 여러분의 자녀들이 제자가 되도록 그들을 가르치고 계십니까?"

몇 주 후 짐이라는 학생이 나를 찾아왔다.

"그날 저는 중고등학교에 다니는 저희 아이들을 생각했습니다. 우리 아이들이 예배 때마다 어떤 모습인지 생각해봤죠. 그들이 날마다 주님과 달콤하고 개인적인 관계를 누리고 있는지 생각해 봤을 때, 그 부분이 전혀 없다는 것을 깨닫게 됐습니다. 제자의 다른 특성도 찾아봤습니다. 그리고 깨달았습니다. 저는 제자를 삼은 게 아니라 교회 출석자를 만들고 있었다는 사실을 말입니다."

이 사실을 깨닫고 짐은 바로 자녀들을 위해 중보하기 시작했다. '아버지, 저를 저희 아이들이 예수 그리스도의 제자가 되도록 도울 수 있는 그

런 아버지로 만들어 주십시오. 저희 아이들이 제 안에서 제자의 모습을 보게 해주십시오.'

"몇 주가 지났습니다. 어느 날 밤 예배를 마친 후, 열네 살 난 저희 딸이 저를 안으며 말하더군요. '아빠, 제 삶에서 예수님을 실체로 느낄 수가 없어요. 아빠처럼 저도 예수님과 개인적인 관계를 맺고 싶어요. 저 좀 도와주세요.' 그 순간 부모 자식 간의 모든 갈등과 긴장이 사라져버렸습니다."

제자 삼으라는 명령

언젠가 모든 그리스도인들이 주님 앞에서 자신의 삶을 결산할 날이 온다. 주님은 우리가 삶의 기준으로 삼을 계명을 많이 주셨다. 지상명령이라고도 불리는 주님의 마지막 계명은 마태복음 28장 19절과 20절에 기록되어 있다. "그러므로 너희는 가서 모든 족속으로 제자를 삼아 아버지와 아들과 성령의 이름으로 세례를 주고 내가 너희에게 분부한 모든 것을 가르쳐 지키게 하라 볼지어다 내가 세상 끝날까지 너희와 항상 함께 있으리라."

이 말씀에서 방점이 가장 크게 찍혀 있는 단어는 '가서'가 아닐까 싶다. 하지만 헬라어로 이해했을 때는 강조점이 달라진다. 이 구절에서 유일한 헬라어 명령어는 2인칭 복수형 제1 부정과거 능동 명령어인 '마테테우사테'(matheteusate)이다. 마테테우사테라는 단어의 어원은 '제자'를 의미하는 헬라어 '마테테스'(mathetes)다. 나머지 동사인 '가다', '세례 베풀다', '가르치다'는 모두 분사형태로 '제자 삼다'라는 주(主)동사에 의지하고 있다. 따라서 헬라어의 의미대로 이 두 구절을 다시 풀이하면 "그러므로 너희가 가면서 모든 민족을 제자로 삼으라. 또한 아버지와 아들과 성령의 이름으로 세례를 베풀고 내가 너희에게 분부한 모든 것을 가르쳐 지키게 할지며 볼지어다 내가 세상 끝날까지 너희와 항상 함께 있으리라"가 된다.

우리는 가르치는 것을 잘하고, 세례도 잘 베푼다. 하지만 어찌된 일인지 핵심에서는 약해지고 말았다. 즉 가면서 제자 삼는 건 그리 잘하지 못한다.

'지상명령'이라 불리는 이 구절 중 몇 가지를 짚어보자. 먼저 예수님은 우리가 간다고 가정하셨다. 예수님은 "너희가 가면서"라고 현재 분사를 사용하셨다. 하지만 많은 경우 우리는 지상명령을 반대로 적용한다. 예수님을 따르는 자로서 우리는 "너희가 가면서 전하라"는 말씀을 따르는 대신 "와서 들으라"고 한다.

'제자'가 무슨 뜻이냐고 학생들에게 물을 때마다 각양각색의 답이 나온다. '제자'란 무슨 뜻일까? 제자가 무엇인지 개념이 분명히 서 있지 않다면 나가서 제자 삼기가 정말 힘들다.

제자란 무엇인가?

신약에서 배우는 자를 의미하는 중요한 단어 중 하나는 '배우다'라는 뜻의 '만타네인'(manthanein)을 어원으로 한 단어다. 그런데 제자를 뜻하는 단어(마테테스)는 이 만타네인에서 파생되었다. 즉 제자란 '배우는 자'를 뜻한다.

다마리스는 만타노(나는 배운다 또는 나는 가르침을 받는다) 하기 위해 학교에 간다. 다마리스와 선생님들 사이에는 가르침의 관계가 있다. 내년에는 다른 선생님들이 다마리스를 가르치게 될 것이다. 학생들은 학교에 와서 교실에 앉아 배우고, 그 단계의 배움이 끝나면 다른 선생님들에게로 옮겨간다.

유대 문화권에서는 교육이 대개 가정이나 서기관 학교에서 이루어졌다. 하지만 헬라 문화권에서는 소위 '순회(peripatetic) 교사들'이 교육을 담당했다(peri는 '주위'를 pateo은 '걷다'를 의미한다). 교사들은 이곳저곳을 걸어다니며 자신들의 철학을 가르쳤다. 이들은 가는 곳마다 학생들을 모아 가르치고 가르친 시간에 대한 수업료를 받은 후 다른 곳으로 떠났다. 당시 교사와 학생의 관계는 현대 사회와 별 차이가 없었다. 단순히 배우고 가르치는 관계였다.

앞서 밝혔듯이 지상명령에 사용된 단어는 제자를 뜻하는 헬라어 마테테스에서 파생되었다. 마테테스는 예수 그리스도의 참된 제자의 몇 가지 특성을 구체적으로 보여준다. 이번 장에서는 그 특성들 중 네 가지를 살펴보고자 한다.

1. 제자는 스승과 개인적인 관계를 맺는다.
2. 제자는 스승의 온전한 권위 아래 있다.
3. 제자는 스승의 성품을 소유하고 나타낸다.
4. 제자는 스승을 위해 고통받을 준비가 되어야 한다.

제자는 스승과 개인적인 관계를 맺는다

통신 수업을 통해서는 결코 제자가 될 수 없다. 제자는 스승과 개인적인 관계를 맺는다. 부처와 개인적인 관계를 맺을 수 있는가? 마호메트와 개인적인 관계를 맺을 수 있는가? 달과는 어떤가? 불가능하다. 물론 극소수의 사람들에게는 가능할 수도 있다. 하지만 예수님이 이 땅을 떠나시고 성령님이 오신 이유는, 그를 통해 주님이 실제로 당신 안에 거하시기 위함이다.

자신이 진정 거듭났는지 알기 위해 구원받았던 20년 전으로 되돌아가거나 세례 기록부를 살펴봐야 한다면 제자로서 당신은 낙제점이다. 당신이 살아계신 하나님과 교제하는 시간은 어제도, 내일도 아닌 바로 오늘이어야 한다. 즉 하나님과의 개인적이고 친밀한 관계는 당신이 제자인지를 보여주는 가장 확실한 기준이다.

오래 전에 들었던 한 간증집회 이야기가 생각난다. 한 자매가 자리에서 일어나 냉소적인 목소리로 이렇게 말했다. "하나님은 40년 전에 저를 구원하셨어요. 그 이후로 제 잔은 한 번도 마르거나 넘친 적이 없어요." 그러자 앞줄에 앉아있던 한 아이가 옆에 앉은 아이를 쿡쿡 찌르며 말했다. "아마 그 잔에 애벌레도 같이 넣고 키웠나 보다."

당신에게는 이런 일이 없도록 하라. 또 일러두고 싶은 것이 있다. 교회에 와서 세례를 받고 등록을 하고 예배에 참석한다고 해서 그 사람이 예수 그리스도와 개인적인 관계를 맺고 있다고는 할 수 없다. 제자를 삼을 때 가장 먼저 확인해야 할 사항 중 하나는 그 사람과 예수님의 관계다. 예수 그리스도와 개인적인 관계를 맺기 전까지는 결코 주님 안에서 성장할 수 없다.

사람들을 당신의 제자로 삼지 않도록 주의하라. 그들을 주 예수 그리스도의 제자로 만들라. 사람들을 당신의 제자로 삼으면 그들은 당신을 따라하려고 애쓸 것이다. 그러다가 당신이 가진 은사를 갖지 못하게 되면 크게 좌절하고 말 것이다. 그들은 그들의 개성을 통해 예수 그리스도의 성품을 맺어야 한다.

나는 빌리 그래함이 아니다. 그렇게 될 생각도 없다. 젊은 목사 시절, 나는 젊은 빌리 그래함이 되고 싶었다. 하지만 담임 목사님이 말씀하셨다. "오스카 목사, 당신은 빌리 그래함이 아니오."

그때 내가 빌리 그래함이 아니라는 사실이 참 실망스러웠다.

신학대학원에서 강의를 하는 동안 나는 임시 목사로 많은 교회를 섬겼다. 담임 목사님이 사임하신 교회에 임시 목사로 간 적도 있었다. 사실 그 교회의 담임 목사님은 탁월한 강해 설교로 명성이 높은 분이었다. 나와도 아주 가깝게 지내는 분인데, 어쨌든 내가 그분 후임이 됐다. 나는 나를 잘 알고, 그 목사님도 잘 안다. 누군가 물었다.

"그 목사님의 빈 자리를 채우는 건 힘들지 않을까요?"

나는 대답했다.

"저는 빈 자리를 채울 생각이 없습니다. 어차피 제가 들어가는 자리와 그분이 남긴 자리가 서로 맞지 않을 테니까요. 저는 오스카 톰슨입니다. 교인들은 제 모습 그대로 저를 받아들여야 하고, 저 또한 하나님이 제게 주신 은사들로 만족합니다. 제 안에 계신 그분으로 충분하니까요."

나는 나다. 하나님이 나를 만드셨기에 나는 내 모습 그대로 나를 받아들인다. 내 개성을 통해 내가 그분의 성품을 맺을 수 있다면 나는 그것으로 만족한다. 다른 사람을 질투할 필요가 없다.

목사들이여, 위대한 하나님의 사람의 뒤를 이어야 할 때 두려워 말라. 그 사람으로 인해 겁먹지 말고, 그 사람이나 그의 사역을 질투하지 말고 그 사람에 대한 교인들의 사랑을 시기하지 말라. 두려움과 질투는 사역의 크나큰 걸림돌이 될 것이며 당신은 하나님이 뜻하신 일을 하지 못하게 될 것이다. 하나님의 사람이 교회를 떠났을 때 교인들이 그를 사랑하고 그 사랑을 버리지 않고 그에 대해 이야기하는 것은 아주 당연하다. 그것은 당신이나 당신을 향한 사람들의 사랑과 아무런 관계가 없다. 당신은 그저 당신의 모습을 지키면 된다. 주님이 당신의 삶 속에 사시게 하면 된다. 그러면 사람들도 당신을 사랑하게 될 것이다.

제자는 스승의 온전한 권위 아래 있다

스승의 온전한 권위 아래 있다는 것은 제자가 주님의 개인적 소유가 된다는 의미다. 예수님이 당신 삶의 주인이 되시도록 한다는 의미다. 그리스도 중심이 된다는 의미다. 그럴 때 당신의 삶은 하나님이 역사하시고, 사랑하시고, 사람들에게 다가가시며 사람들의 필요를 채워주시는 통로가 된다.

서기관들과 바리새인들과 사람들이 예수님의 권위에 의문을 품는 장면은 종종 등장하지만, 제자들이 예수님의 권위에 의문을 제기하는 모습은 신약을 통틀어 딱 한 번 등장한다. 제자들은 예수님께 여러 가지 질문을 했지만 대체로 예수님의 답을 이해하지 못했다. 그래도 제자들은 예수님의 권위에 의문을 품지 않았다. 단 한 번의 예외가 있었다. 예수님이 제자들에게 십자가에 죽으실 것을 말씀하셨을 때 베드로가 그럴 수 없다고 했던 마태복음 16장 21절부터 23절의 사건을 기억하는가? 그때 예수님은 베드로를 보시며 말씀하셨다.

"사탄아, 내 뒤로 물러가라!"

제자는 하나님이 만유의 주권적 통치자이심을 인정해야 한다. 당신을 지으신 그분만이, 당신이 창조된 목적을 이루는 삶을 살기 위해 무엇이 최선인지 아신다. 그러므로 제자는 하나님의 인도하심을 따라 하나님이 뜻하신 충만함을 경험할 수 있도록 그분의 통치에 순복해야 한다.

제자는 스승의 성품을 소유하고 나타낸다

제자가 스승의 성품을 소유하고 나타내는 것이 바로 앞서 논의한 '진정한 삶의 목적'이다. 우리가 삶 속에서 그분의 열매를 맺고, 그분의 생명을 맺고, 그분의 사역을 맺고, 그분의 사랑을 맺는 것이다. 그 열매는 언제나 씨앗, 즉 하나님의 말씀과 그리스도의 성품을 드러낼 것이다. 갈라디아서 5장 22절과 23절이 믿는 이들의 삶 속에 녹아들어 나타날 것이다.

마태복음 13장 18절부터 23절의 씨 뿌리는 자의 비유를 기억하라. 이 비유는 열매를 맺지 못하게 방해하는 장애물들에 대해 설명하고 있다. (1) 빼앗긴 씨앗, (2) 얕은 밭에 떨어진 씨앗, (3) 기운이 막힌 씨앗, (4) 좋은 씨앗에 대한 비유를 기억하자.

우리가 살펴본 바와 같이 열매 맺음의 결과는 요한복음 15장에서 확인할 수 있다.

- 위로는 기도의 응답을 받고(7절),
- 안으로는 기쁨이 넘치며(9-11절)
- 밖으로는 사랑이 흘러간다(12-13절).

기억하라. 사랑은 필요를 채워주는 것이다.

제자는 스승을 위해 고통받을 준비가 되어야 한다

다니엘서 3장은 고통의 한복판에서 드러나는 참된 제자도를 생생하게 보여준다. 느부갓네살 왕은 사드락과 메삭과 아벳느고가 하나님에게 등을 돌리고 왕의 금신상에 절하면, 맹렬히 타는 풀무불에 던지지 않겠다고 말한다. 그 말에 사드락과 메삭과 아벳느고는 이렇게 대답했다.

"느부갓네살이여 우리가 이 일에 대하여 왕에게 대답할 필요가 없나이다 만일 그럴 것이면 왕이여 우리가 섬기는 우리 하나님이 우리를 극렬히 타는 풀무불 가운데서 능히 건져내시겠고 왕의 손에서도 건져내시리이다 그리 아니하실지라도 왕이여 우리가 왕의 신들을 섬기지도 아니하고 왕의 세우신 금 신상에게 절하지도 아니할 줄을 아옵소서"(단 3:16-18).

이와 같이 우리도 "아버지, 제가 어떤 대가를 치르게 되든 저를 어디로 인도하시든, 저는 준비가 됐습니다. 저는 아버지의 것입니다. 죽기까지 충성하겠습니다." 이렇게 고백하는 지점까지 가야 한다. 현대를 사는 대부분의 사람들에게 하나님은 믿음을 위해 죽음까지 불사하라고 요구하지 않으신다. 하지만 우리에게는 기꺼이 그렇게 하겠다는 확고한 의지가 있어야 한다. 어쩌면 그 결정을 내려야 할 때가 올 수도 있다. 아니, 전 세계의 그리스도인들은 매일 이 결정을 내려야 한다. 실제로 매해 수천 명의 그리스도인들이 주 예수 그리스도를 부인하기를 거부하고 죽음을 맞이하고 있다.

그리스도를 위해 육신의 죽음을 감수하는 일이 평생 오지 않을 수도 있다. 하지만 예수님을 위해 당신의 교만과 명예를 죽여야 하는 상황이 닥칠 수도 있다. 예수님을 위해 꿈과 계획을 포기해야 할 수도 있다. 다른 이들을 사랑하는 과정에서 주님을 위해 많은 것을 희생해야 할 수도 있다. 당신은 예수 그리스도의 주 되심에 당신의 의지를 완전히 내어드렸는가? 당신은 제자인가?

주님이 당신을 어떤 골짜기로 인도하실지 나는 알지 못한다. 낙망의 골짜기일 수도 있고, 슬픔의 골짜기, 압박의 골짜기가 될 수도 있다. 하지만 제자는 자신이 주님의 손에 있다는 것을 아는 자다. 그 무엇도 하나님의 허락 없이 자신의 삶에 일어날 수 없음을 알고 하나님이 언제나 감당할 힘을 공급해 주심을 믿는 자다. 그러므로 제자는 우리 주님의 승리 안에서 어떤 상황도 헤쳐나갈 수 있다.

제자의 성장을 도우라

부모들이여, 자녀들 안에 제자의 성품을 길러주고 있는가? 만약 그렇다면 당신은 진정 복 있는 자다. 자녀들을 제자로 준비시키고 있는가 아니면 그저 아이를 키우고 있는가? 아이를 키우고, 가르치고, 문제를 일으키지 않게 보호하는 것이 전부라면 그들의 삶에 무언가 빠져 있다. 우리는 아이들을 제자로 훈련해야 한다. 하나님에게서 멀리 떨어져 있는 자녀로 인해 마음 아파하는 이들도 있을 것이다. 하지만 그들이 언젠가 제자가 될 거라는 소망을 버리지 마라. 그것을 위해 기도하라. 또한 그들이 당신 삶의 실체가 되시는 예수님을 볼 수 있어야 한다는 사실을 잊지 마라.

주일학교 교사들이여, 반 학생들을 가까이 들여다보라. 주일 아침에 그들을 가르치는 당신의 책임은 무엇인가? 바로 그들을 제자로 훈련하는 것이다.

가정을 제외하고 이 세상에서 가장 중요한 제자훈련 기관은 바로 교회다. 목사와 교역자들이여, 교인들이 그리스도 안에서 성장하고 성숙해지도록 도우며 그들을 주님의 제자로 삼고 있는가? 그들이 다른 이들을 제자로 훈련시킬 수 있도록 교인들을 가르치고 있는가?

교회를 '패거리'라고도 부를 수 있겠다는 생각이 든다. 그리 우아한 표현은 아닐지 모르지만 그 패거리가 주일 아침에 모인다. 그들에게 어떻게 하겠는가? 겁을 주겠는가 아니면 혼을 내겠는가? 아니다! 그들을 먹여야 한다. 사랑해야 한다. 그들의 필요를 채워줘야 한다.

그들에게 하나님의 말씀을 먹일 때, 제자가 되기 원하는 갈급함을 드러내는 이들을 보게 될 것이다. 나는 학생들에게, 말씀을 선포하면 알짜가 눈에 들어올 거라고 얘기한다. 그 알짜를 건져내어 제자로 만들라. 하나님의 말씀으로 양육받으면 제자가 되려는 소망을 갖는 사람들도 생겨난다. 씨앗이 뿌려지면 어떤 씨앗들이 싹을 틔우는 것과 같다. 모든 이들의 관계의 원에 예루살렘이 있고, 유대가 있고, 사마리아가 있고, 땅 끝이 있다. 예수님은 당신이 있는 곳에서 시작해 밖으로 뻗어가라고 말씀하셨다. 그렇다면 당신은 지금 어디에 있는가? 어디로 가고 있는가? 예수님은 제자 삼으라고 우리에게 말씀하셨다. 제자 삼고 있는가?

새내기 그리스도인들이 제자로 성장하도록 도우라

새내기 그리스도인들이 주님과 사랑의 관계를 세우고 키워가기 위해서는 도움이 필요하다. 그들이 성숙한 그리스도인이 되도록 당신이 도와야 한다. 하지만 혼자 그 일을 해야 한다고 생각하지 마라. 하나님은 그리스도의 몸이 성장하는 데 모든 지체가 각자의 역할을 담당할 수 있도록 교회를 세우셨다. 교회와 함께 다음과 같은 방법으로 새신자의 성장을 도울 수 있다.

- 새신자가 지역 교회에 뿌리를 내릴 수 있게 돕고, 세례를 받고 주님을 따르도록 안내하라.
- 기도하는 것을 가르치라. 하나님 아버지와의 친밀하고 개인적인 기도의 관계로 이끌라. 고백, 찬미, 감사, 간구, 중보와 같은 여러 유형의 기도를 알려주라. 말씀으로 기도할 수 있게 가르치라. 다른 그리스도인들과 함께 기도하도록 독려하라. 다른 이들에게 기도를 부탁하는 것이 얼마나 중요한지 알려주라.
- 하나님의 말씀을 정기적으로 읽고 공부하는 것을 가르치라. 말씀 속에서 길을 찾을 수 있게 도우라. 성경을 개괄적으로 설명해주라.
- 성경 암송의 이유와 방법을 설명하라. 구원의 경험과 관련된 구절을 암송하게 함으로써 그 말씀을 다른 이들을 그리스도께로 인도하는 데 활용하게 할 수도 있다.
- 하나님이 말씀으로 명하신 것들에 대해 순종하는 것이 얼마나 중요한지 가르치라. 또한 어떻게 해야 시험을 이기고 승리할 수 있는지, 날마다 죄에 대하여 죽을 수 있는지 가르치라.
- 어떻게 다른 이들과 화목하게 되고, 용서를 구하고 받을 수 있는지 가르치라.
- 가족과 친구, 이웃과 동료들을 제자 삼기 위해 관계의 원을 어떻게 활용하는지 가르치라.
- 관계의 다리를 놓고 필요를 채워줌으로써 사랑을 표현하도록 가르

치라.

사람들을 예수 그리스도께로 향하게 할 때 그분을 구세주로 받아들이는 이들도 있을 것이다. 그들의 성장과 성숙을 돕는 것이 바로 제자 삼는 것이다. 그리스도께서 당신에게 분부한 "모든 것을 가르쳐 지키게" 하는 것이다. 새신자들이 다른 이들을 제자 삼을 수 있도록 돕는 일을 미루지 마라. 갓 그리스도인이 됐을 때를 기점으로 관계의 원에 있는 잃어버린 자들의 수가 점점 줄어들게 될 수도 있다. 게다가 많은 경우 새신자들은 하나님께로부터 받은 사랑과 용서 때문에 누구보다 뜨거운 열정과 기쁨을 가지고 있다. 제자 삼는 일을 시작하기에 그때가 최적기다.

제자 삼음의 마지막 단계는 새신자들이 당신이 지나온 과정을 시작하도록 돕는 것이다.

다른 이들에게 그리스도를 전하는 그 과정을 거치면서 새신자들은 더 많이 알고 싶은 열망을 갖게 되고, 더 순종하고, 더 사랑하겠다는 소망을 품게 된다. 이들이 자신의 예루살렘, 유대, 사마리아, 땅 끝에서 제자 삼는 하나님의 일에 동참하게 될 때, 이들의 치어리더가 되어주라.

개인적 적용

묵상노트나 일기장에 다음 질문의 답을 적으라. 17장의 진리를 이해하고 삶에 적용할 수 있도록 자세히 기록하라.

1. 당신이 예수 그리스도의 제자로 성장하도록 도와준 이들을 잠시 생각해보라. 그들이 해준 일 가운데 무엇이 가장 큰 도움이 되었는가? 또한 그들의 실수에서 무엇을 배울 수 있는가? 당신이 제자가 되도록 도와준 이들을 보내주신 하나님께 감사하는 시간을 가지라.

2. 다음의 영역에서 예수 그리스도의 제자로서 당신이 몇 점인지, 그리고 어떻게 더 깊이 성장하고, 하나님께 가까이 가기를 원하시는지 하나님께 물으라.
   - 제자는 스승과 개인적인 관계를 맺는다.
   - 제자는 스승의 온전한 권위 아래 있다.
   - 제자는 스승의 성품을 소유하고 나타낸다.
   - 제자는 스승을 위해 고통받을 준비가 되어야 한다.

3. '새내기 그리스도인들이 제자로 성장하도록 도우라' 단락의 목록을 이용해 새 신자들이 성숙한 제자가 되기 위해 배우고 행해야 할 일의 목록을 직접 작성해 보라. 당신이 배운 것들 가운데 무엇이 가장 큰 도움이 되었는가? 가장 큰 도움이 되었거나 가장 의미 있었던 조언이나 충고는 무엇이었는가?

4. 사람들의 도움 가운데 가장 보탬이 되었던 것들을 적어보라. 도움을 받은 책이 있는가? 교회 프로그램을 통해 훈련을 받았는가? 프로그램이나 활동에 참가하면서 현장 교육을 받았는가? 당신이 했던 일 가운데 가장 의미 있었거나 가장 도움되었던 것은 무엇인가?

5. 관계의 원 설문지를 다시 보라. 당신의 가족이나 다른 이들 가운데 믿는 자들이 성장하고 성숙하도록 돕기 위해 당신이 무엇을 해야 하는가? 당신에게 가장 가까운 이들, 그리스도 안에서의 성장과 성숙이 가장 필요한 이들을 위해 기도하라. '가면서' 제자 삼는 일에 주님과 동역하기 위해 당신이 무엇을 해야 하는지 알려주시기를 구하라. 주님이 당신에게 말씀하시는 것들을 적어두라.

몸 세 우 기

17장의 진리를 각자의 삶에 적용하고 그리스도의 몸을 세우기 위해 소그룹에서 다음의 질문과 활동을 함께 하라.

1. 당신의 교회가 '와서 들으라'는 유형의 교회인지, '가면서 전하는' 유형의 교회인지에 대해 이야기하라. '가면서 전하는' 교회가 되기 위해 하나님은 당신이 무엇을 하기 원하신다고 생각하는가?

2. 당신이 새신자를 제자 삼는 일에 교회가 어떤 자원이나 활동을 제공하고 있는가? 지체들이 예수 그리스도를 따르는 자로 깊이와 성숙함을 더해가는 데, 교회가 어떤 도움을 줄 수 있는가?

3. 17장의 개인적 적용 중 다음의 영역에서 가장 의미 있거나 도움이 되었던 것으로 목록에 기록한 것은 무엇이었는가?
 – 당신이 배운 것이나 충고 또는 조언
 – 당신의 성숙과 성장에 보탬이 된 자원이나 활동 등

4. 소그룹과 함께 지금까지의 공부를 평가하는 시간을 가지라.
 – 관계의 원을 공부하면서 가장 의미 있었거나 도움이 되었던 활동, 혹은 경험은 무엇이었는가?
 – 다시 소그룹 공부를 하게 된다면 더 의미 있고 도움이 되게 하기 위해 어떤 점을 바꾸겠는가?
 – 교회에서 다음 번 관계의 원 공부에 참여하여 도움을 받을 수 있다고 생각되는 사람은 누구인가?
 – 하나님이 당신의 삶이나 다른 이들의 삶에서 행하신 일 가운데 그리스도의 나라에 가장 큰 영향을 끼친 일은 무엇이었는가?

5. 관계의 원 공부를 마무리하면서 당신을 가르쳐 주시고 당신의 삶을 통해 역사하신 하나님께 감사하는 시간을 가지라. 모든 소그룹 지체들에게 "앞으로 당신을 위해 어떻게 기도할까요?"라고 물으라. 그 기도제목을 놓고 기도하는 시간을 가지라.

Stage 7

다시 시작하기 :

새신자들이 제자 삼을 수 있도록 도우라

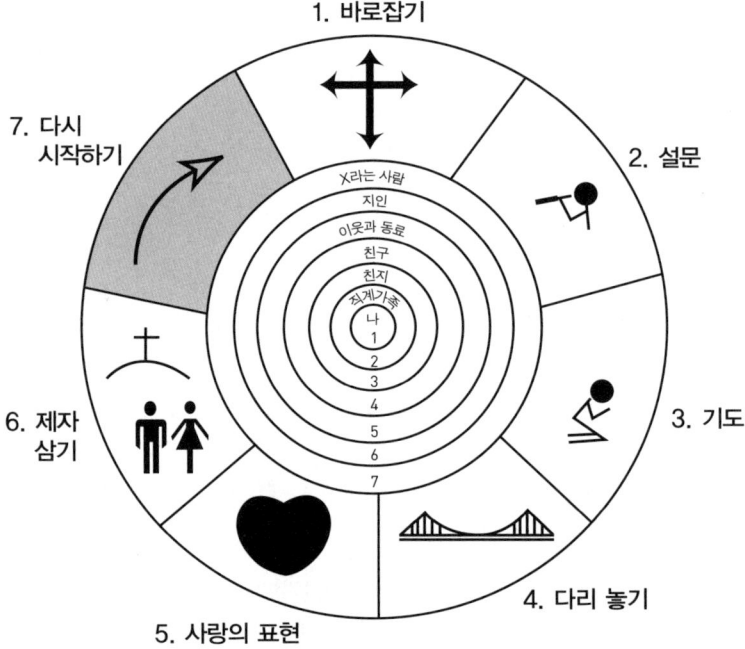

그리스도를 따르겠다는 결단은 제자 삼는 과정의 끝이 아니라 시작이다. 새신자가 온전히 헌신된 예수 그리스도의 제자가 되도록 돕는 것은 교회의 임무이기도 하다. 한 사람이 그리스도인이 되었다고 해서 제자 삼는 과정이 완료되지 않는다. 그에게는 그 과정이 처음부터 다시 시작된다.

이 단계를 통해 당신은 다른 이들이 하나님과 자신, 그리고 다른 이들과의 관계를 바로잡을 수 있도록 돕게 될 것이다. 설문을 작성하고, 기도하고, 그들이 자신의 관계의 원에 있는 이들에게 다가가는 다리를 놓도록 도울 것이다. 그들이 하나님의 사랑의 통로가 될 때 용기를 불어넣어 줄 수도 있다. 그러면 그들의 사랑하는 친구와 가족, 지인들이 예수 그리스도의 제자가 되는 모습을 보며 그들과 함께 기뻐하게 된다.

1장으로 다시 돌아가 새신자와 다시 시작하라!

 **맺음말** _ 나의 깨달음

오스카 톰슨은 1980년에 암으로 소천했다. 하나님은 그가 소천하기 전까지 말기 질병을 앓고 있는 많은 이들을 위한 사역에 그를 사용하셨다. 이 글은 암환자들에게 보내는 오스카 톰슨의 편지에서 발췌한 것이다. 지금까지 많은 이들이 도움을 받은 것처럼 주님이 그의 지혜를 사용하셔서 당신의 필요를 채우시기를 기도한다.

하나님은 그분의 생명과 성품을 나타낼 그릇으로 인간을 창조하셨습니다. 그러나 아담 이래로 이 계획은 인간의 반역과 죄로 인해 계속 좌초되어 왔습니다. 하지만 하나님이 부으시는 구속적 사랑의 기적으로 말미암아 인간은 회복되어 하나님의 목적이 이루어지는 통로가 될 그 관계를 되찾을 수 있습니다. 하나님은 삶의 모든 환경을 사용하셔서 그의 자녀들을 그분의 사랑과 은혜의 그릇으로 빚어가십니다. 지금부터 제가 전하는 이야기는 제 삶에 나타난 하나님의 역사의 극히 일부에 지나지 않습니다.

1976년 버지니아 비치에서 개최된 남침례 교단 총회에 가는 길에 캐롤라인과 다마리스와 저는 관광차 잠시 워싱턴 D.C.에 들렀습니다. 그런데 그날 저녁, 갑자기 오른쪽 엉덩이에 참을 수 없는 통증이 느껴졌습니다. 저는 바로 병원으로 옮겨져 진통제를 투여받았고 곧 비행기를 타고 집으로 돌아갔습니다. 일단은 디스크인 것 같다는 잠정 진단을 받고 병원에 입원했습니다.

몇 주 간 몸을 추슬러보려 애를 썼지만 아무 소용이 없었습니다. 절박한 마음에 저는 척추유합수술을 받았습니다. 하지만 두 달이 지나도 통증은 사라지지 않았습니다. 두 달 후에는 엉덩이에 시험적 개흉술을 받았습니다. 그러나 개흉술을 통해 엉덩이뼈에 수술로도 제거할 수 없는 악성 종양이 자랐다는 사실이 밝혀졌습니다. 뼈 스캔 결과 종양이 발과 무릎, 엉덩이, 늑골, 어깨, 두개골까지 전이되었음을 알게 됐습니다.

그날 밤 의사가 제 방을 다녀간 후, 우리의 평강이신 그분으로부터 온 깊고 달콤한 평안이 제 안에 솟구쳤습니다. 도저히 말로는 표현할 수 없는 평안이었습니다. 저는 병상에 둔 신약성경을 들고 기도했습니다. "아버지, 제가 만약 살지 못하게 된다면 제게 얼마나 많은 날이 남았는지 알고 싶습니다. 말씀해 주세요." 그때 오래 전에 암송했던 말씀 한 구절이 떠올랐습니다. "찬송하리로다 그는 우리 주 예수 그리스도의 하나님이시요 자비의 아버지시요 모든 위로의 하나님이시며 우리의 모든 환난 중에서 우리를 위로하사 우리로 하여금 하나님께 받는 위로로써 모든 환난 중에 있는 자들을 능히 위로하게 하시는 이시로다"(고후 1:3-4).

"아, 아버지, 알겠습니다. 저를 골짜기로 보내셔서 제가 지난 골짜기

맺음말 | 315

를 지나는 사람들을 위로하게 하시려는 거군요."

그때 계속 읽으라는 감동이 느껴졌습니다. 8절부터 11절은 하나님의 약속을 제 마음에 계시해 주었습니다.

"힘에 지나도록 심한 고생을 받아 살 소망까지 끊어지고 우리 마음에 사형 선고를 받은 줄 알았으니 이는 우리로 자기를 의뢰하지 말고 오직 죽은 자를 다시 살리시는 하나님만 의뢰하게 하심이라 그가 이같이 큰 사망에서 우리를 건지셨고 또 건지시리라 또한 이후에라도 건지시기를 그를 의지하여 바라노라 너희도 우리를 위하여 간구함으로 도우라 이는 우리가 많은 사람의 기도로 얻은 은사를 인하여 많은 사람도 우리를 위하여 감사하게 하려 함이라"(고후 1:8~11).

저는 성경을 내려놓고 주님 안에서 기뻐하다 평화로이 잠들었습니다. 제가 살 수 있다는 생각에 기뻤을까요? 아닙니다! 살든지 죽든지 전혀 개의치 않을 수 있음이 기뻤습니다. 제 생명은 그분의 통제 하에 있습니다. 그분의 놀라운 사랑을 느낄 수 있었기에 기뻤습니다. 암송했던 구절들이 계속해서 떠올랐습니다. 요한일서 4장 18절이 의식의 수면 위에 강하게 떠올랐습니다.

"사랑 안에 두려움이 없고 온전한 사랑이 두려움을 내어 쫓나니 두려움에는 형벌이 있음이라 두려워하는 자는 사랑 안에서 온전히 이루지 못하였느니라"(요일 4:18).

저는 하나님의 허락하심 없이는 그 어떤 일도 제 삶에 일어날 수 없다는 것을 알았습니다. 그분이 허락하신 일이라면 분명 그 일을 감당할 은혜도 함께 옵니다. 존재의 문제는 살고 죽는 것이 아닙니다. '그분의 성품과 생명이 내 안에 나타나느냐' 입니다.

매일 하나님이 우리를 통해 뜻하신 일을 하시게 하는 것이 진정한 삶의 기쁨입니다. 대부분의 사람들은 두 강도에게 삶을 빼앗긴 채 갈팡질팡하고 있습니다. 그 두 강도는 바로 어제와 내일이라는 강도입니다. 어제에 대해 하나님은 용서의 은혜만을 주실 수 있습니다. 내일을 위한 은혜는 예비해두지 않으십니다. 그런데 대부분의 사람들은 안타깝게도 '만약 그랬더라면?'이라는 생각에서 헤어나오지 못하고 어제와 내일을 삽니다. 어제를 하나님의 손에 맡기면 하나님은 어제를 해결할 수 있는 은혜를 주십니다. 하지만 그분의 은혜는 하루에 한 번씩만 부어집니다. 이 사실을 깨닫지 못한 사람은 승리하는 삶을 살 수 없습니다. 환경에 흔들릴 수밖에 없습니다. 다시 말해 저는 하나님이 죽지 않을 날에 죽게 하지 않으신다는 사실을 깨달았습니다. 내일을 걱정하는 것은 헛된 일일뿐 아니라 죄악된 일입니다.

내일에 대한 걱정은 하나님의 뜻이 아닌 일들로 우리의 시간과 생각을 뒤덮어 내 삶 속 하나님의 은혜와 능력을 왜곡시킵니다.

오늘도 하나님은 제가 천여 명의 신학생들에게 신앙을 나누는 방법을 가르치십니다. 하나님은 또한 제가 고통스런 암 투병의 골짜기를 걷는 이들을 위로하는 통로가 되도록 허락하고 계십니다.

저를 담당한 의사들은 제가 '믿기지 않을 만큼 정상'이라고 말합니다. 그러나 저는 제가 다시 건강해졌다는 것보다 예수님이 주 되신다는 영광스러운 사실이 더욱 기쁩니다. 이제 저는 담대하게 사도 바울의 고백에 동참하고자 합니다.

"내가 기뻐하고 또한 기뻐하리라 이것이 너희 간구와 예수 그리스도의 성령의 도우심으로 내 구원에 이르게 할 줄 아는 고로 나의 간절한 기대와 소망을 따라 아무 일에든지 부끄럽지 아니하고 오직 전과 같이 이 제도 온전히 담대하여 살든지 죽든지 내 몸에서 그리스도가 존귀히 되게 하려 하나니 이는 내게 사는 것이 그리스도니 죽는 것도 유익함이니라 그러나 만일 육신으로 사는 이것이 내 일의 열매일진대 무엇을 가릴는지 나는 알지 못하노라 내가 그 두 사이에 끼였으니 떠나서 그리스도와 함께 있을 욕망을 가진 이것이 더욱 좋으나 그러나 내가 육신에 거하는 것이 너희를 위하여 더 유익하리라 내가 살 것과 너희 믿음의 진보와 기쁨을 위하여 너희 무리와 함께 거할 이것을 확실히 아노니 내가 다시 너희와 같이 있음으로 그리스도 예수 안에서 너희 자랑이 나를 인하여 풍성하게 하려 함이라(빌 1:18-26)."

기록일자 : _____

관계의 원 설문 형식

2단계 : 설문

이름 _____
주소 _____
우편번호 _____
집 전화번호 _____ 직장 전화번호 _____
관계
결혼 여부 : 미혼 ☐ 기혼 ☐ 이혼 ☐ 사별 ☐ 별거 ☐
가족(이름 및 관계)
_____
_____

3단계 : 기도

기도 파트너 _____ 전화번호 _____
구체적인 기도제목|필요|상황
_____
_____

4단계 : 다리 놓기

생일 _____ 기념일 _____
직업/근무지 _____
취미/관심사 _____

기억해야 할 날(기쁜 날이나 힘든 때)
_____
_____

전략 _____
SWAT팀 조력자 _____

5단계 : 사랑의 표현

필요(육체, 정서, 정신, 가족, 재정)
_____
_____

영적 필요 _____
_____

6단계 : 제자 삼기

대면과 씨 뿌리기 전략 _____
_____

복음제시 일자 및 방법 _____
반응 _____
새신자를 위한 제자 훈련 도움 또는 전략
_____
_____
_____

7단계 : 다시 시작하기

관계의 원 공부 계획 _____
_____

시작 일자 _____

*관계의 원 설문 조사를 위해 개인적인 용도로 본 양식을 복사하여 사용할 수 있습니다.

사명선언문

너희가 흠이 없고 순전하여…… 세상에서 그들 가운데 빛들로
나타내며 생명의 말씀을 밝혀 _ 빌 2:15-16

1. 생명을 담겠습니다
만드는 책에 주님 주신 생명을 담겠습니다.
그 책으로 복음을 선포하겠습니다.

2. 말씀을 밝히겠습니다
생명의 근본은 말씀입니다.
말씀을 밝혀 성도와 교회의 성장을 돕겠습니다.

3. 빛이 되겠습니다
시대와 영혼의 어두움을 밝혀 주님 앞으로 이끄는
빛이 되는 책을 만들겠습니다.

4. 순전히 행하겠습니다
책을 만들고 전하는 일과 경영하는 일에 부끄러움이 없는
정직함으로 행하겠습니다.

5. 끝까지 전파하겠습니다
모든 사람에게, 땅 끝까지, 주님 오시는 그날까지
복음을 전하는 사명을 다하겠습니다.

서점 안내

광화문점 서울시 종로구 새문안로 69 구세군회관 1층
02)737-2288 / 02)737-4623(F)

강남점 서울시 서초구 신반포로 177 반포쇼핑타운 3동 2층
02)595-1211 / 02)595-3549(F)

구로점 서울시 동작구 시흥대로 602, 3층 302호
02)858-8744 / 02)838-0653(F)

노원점 서울시 노원구 동일로 1366 삼봉빌딩 지하 1층
02)938-7979 / 02)3391-6169(F)

일산점 경기도 고양시 일산서구 중앙로 1391 레이크타운 지하 1층
031)916-8787 / 031)916-8788(F)

의정부점 경기도 의정부시 청사로47번길 12 성산타워 3층
031)845-0600 / 031)852-6930(F)

인터넷서점 www.lifebook.co.kr